投服中心系列丛书
China Securities Investor Services Center

支持诉讼维权案例评析

2018年

郭文英　徐　明◎主编

Cases Review of Securities Supportive Litigations

法律出版社
LAW PRESS·CHINA

支持诉讼维权
案例评析

Cases Review of
Securities Supportive
Litigations

总 序

2018年金秋，中证中小投资者服务中心（以下简称投服中心）主编的“投服中心系列丛书”终于与大家见面了。投服中心是中国证监会直属的证券金融类公益机构，成立3年来，不忘初心，始终坚守保护中小投资者合法权益的使命，积极探索投资者保护新路径，努力引导投资者理性投资、全面知权、积极行权、依法维权。“投服中心系列丛书”的出版是对“知权、行权、维权”工作的一个总结，希望借此契机能凝聚一批法学学者、市场实务人士等专家对资本市场的热点难点问题进行长期的探讨研究。

自2014年成立以来，投服中心在中国证监会党委的领导和部署下，在证监会投资者保护局的指导和相关部门、各派出机构的支持下，在证监会系统兄弟单位和社会各界的大力支持下，从中小投资者权益保护和救济诉讼的实际需求出发，创新了一套适合我国资本市场中小投资者保护的机制和实现路径——以投资者教育工作为基础，通过事前持股行权、事中纠纷调解、事后支持诉讼来切实维护广大中小投资者的合法权益。投资者是资本市场发展的重要基石，培育良好的投资者群体，保护好广大中小投资者合法权益，是促进资本市场健康发展的重要一环，直接关系维护社会的公平正义，直接关乎亿万人民群众的切身利益。但中国资本市场的中小投资者既是数量上的多数，又是专业知识、投资理念、维权能力等方面的“弱势少数”，因此，中小投资者合法权益时常受到漠视甚至侵害。长期以来，中小投资者权益保护问题既是资本市场的一个宏观问题，又是要落实到每位投资者身上的微观问题。如何从立法层面更细致地规定中小投资者保护的内容，形成法律、行政法规、部门规章及操作性指引；如何从司法层面推动示范判决制度、探索强制调解机制等制度的建设；如何从监管层面创新机制，加大对侵害中小投资者合法权益的违法违规行为的打击和惩罚力度,更多地保护中小投资者的合法权益;如何帮助中小投资者树立权利意识,建立长期投资、价值投资理念,强化风险意识,提高维权能力。这些问题的解决都不是一蹴而就的,我们需要扎根于中国资本市场的土壤,需要政策、法律的研究,需要投保机制的创新,需要与广大中小投资者面对面的交流。为此,投服中心出版系列丛书,以投服中心工作为蓝本,研究了一些热点问题,探索了一条“投服模式”的投资者保护道路,积累了一些经验分享给读者。

“投服中心系列丛书”由《投资者权益知识读本》《重大资产重组行权案例评析》《纠纷调解案例评析》《支持诉讼维权案例评析》《投服研究》等书组成。其中《投资者权益知识读本》登载的“权益 360”系列文章,根据我国资本市场和广大投资者的实际情况,接地气、聚人气,本着知识性、实用性、趣味性的宗旨,为投资者普及权益知识。《重大资产重组行权案例评析》《纠纷调解案例评析》《支持诉讼维权案例评析》汇集了投服中心持股行权、纠纷调解及支持诉讼工作中具有代表性的实际案例,旨在进一步发挥投服中心示范引领作用,唤醒广大中小投资者的股东意识,督促上市公司提高依法运营水平;以及进一步探讨在全国范围内的建立调解合作、小额速调、诉调对接、证券支持诉讼示范判决等机制。《投服研究》选取了投服中心课题中较突出的研究报告,包含投资者交易行为研究、上市公司章程反收购条款效力研究、证券市场投资者保护条例等一系列资本市场热点、难点问题的研究。“投服中心系列丛书”综合了普及性、专业性及学术性的特点,面向广大投资者、上市公司及专家学者等群体,期望与其一道共同推动中小投资者权益保护工作。

我们希望,“投服中心系列丛书”是一涓细流,能不断汇集中国资本市场土壤上的经验与创新机制,不断丰富学术理论,不断普及权益知识。我们相信,中国中小投资者保护事业能在资本市场各方的努力下,共同谱写新的篇章。

2018 年 8 月

目 录

第一篇

支持诉讼维权案例

Cases Review of Securities Supportive Litigations

前 言

证券支持诉讼是指中证中小投资者服务中心(以下简称投服中心)选择特定案件,一般都是涉及中小投资者众多、矛盾比较突出、社会影响较大的典型证券侵权纠纷,接受中小投资者的申请、委托,由投服中心作为支持机构,委派证券公益律师或工作人员担任诉讼代理人,支持权益受损的中小投资者依法诉讼维权。

我国资本市场自诞生以来,中小投资者一直是主要参与者,在知识水平、专业能力、信息和法律意识等方面相对弱势。可以预见,这种以散户为主的投资者结构和散户投资者的市场地位在相当长的时期内不会改变,其合法权益很容易受到侵害。由于证券民事赔偿诉讼具有"小额多诉"的特点,单个投资者自行诉讼维权面临专业知识储备不足、耗时久、举证难、成本高等重重障碍,对绝大多数的个体受害投资者而言,其诉讼成本可能远大于收益。这种情况致使很多个体投资者即使权益受到侵害,也不愿诉诸法律来维护自己的权益。在"不告不理"的民事诉讼原则下,证券侵权行为往往得不到民事追责。与中小投资者强烈的维权需求相比,其权益救济机制供给严重不足。为缓解上述供需矛盾,探索创新投资者权益救济的新机制和新路径,投服中心的证券支持诉讼应运而生。并随着首例支持诉讼案例即"匹凸匹案"的胜诉,开始走进广大投资者及社会各界的视野。

证券民事侵权诉讼并非新鲜事物。自"大庆联谊案"催生相关司法解释以来,每年都不乏社会维权案律师代理的维权实践,但其之于资本市场一直波澜不兴,投服中心支持诉讼的推出,宛如石子投湖,彻底搅动了一池春水,瞬间点燃了广大中小投资者的维权热情,申请维权的投资者数量呈几何级数递增。截至2017年年底,已经过二审终审的案件共有4起,分别是"匹凸匹案""康达新材案""安硕信息案""上海绿新案",共计支持诉讼110人次,投资者累计获赔390余万元,得到了广大中小投资者的认可,也受到了社会各界的好评。其中,“匹凸匹案”被最高人民法院认定为“2017年度人民法院十大民事行政案件”,投服中心的支持诉讼工作也得到了国际货币基金组织和世界银行的肯定。

投服中心作为持有上市公司100股的小股东,积极以股东身份行权和维权。目前,除已经提起的10起支持诉讼案件外,投服中心还提起了首例股东身份诉讼,积极探索推进持股行权业务。“海利生物案”是投服中心在持股行权过程中对公司章程条款自治侵权行为提出质询,要求其更改遭拒后以股东身份提起的诉讼,对于示范股东知权维权,具有重大意义。

本篇收录了“匹凸匹案”“康达新材案”“顺灏股份案”“安硕信息案”“海利生物案”五起案例,包括裁判文书和支持诉讼人员的心得和思考。现将其编撰出版,以飨读者,或用于维权示范,或用于理论研讨,抑或是司法实务参考,希望能为广大中小投资者合法权益的保护略尽绵薄。

“匹凸匹案”

全国首例证券支持诉讼案例

——刘某等诉鲜某、匹凸匹金融信息服务(上海)股份有限公司等证券虚假陈述责任纠纷案

徐　明[*]　吕红兵[**]

《民事诉讼法》第15条规定:“机关、社会团体、企业事业单位对损害国家、集体或者个人民事权益的行为,可以支持受损害的单位或者个人向人民法院起诉。”该条款又称“支持起诉原则”,主要适用于个人力量薄弱、维权成本过高、信息不对称的涉诉领域。在之前的司法实践中,支持起诉大多发生于消费者维权和环境保护方面,支持起诉机构主要包括消费者权益保护委员会、检察院等。

在资本市场方面,中小投资者的权益保护同样存在个体力量小、信息不对称、无法投入充足资金和时间的困境。随着市场的不断发展,中小投资者维权成为越来越受关注的问题,甚至关系着市场安全与社会稳定,不容忽视。2016年7月,作为证监会批准成立并由其直接管理的公益性投资者保护机构——中证中小投资者服务中心有限责任公司(以下简称投服中心)接受共计14名中小投资者的委托,在上海市第一中级人民法院向匹凸匹公司及相关责任人提起了全国首例证券支持诉讼,标志着我国证券市场领域支持诉讼的首度“试水”。相关制度建设亦开启了“破冰”尝试,具有重要的理论价值与实践意义。

---

* 中证中小投资者服务中心总经理,本案代理人。

** 中华全国律师协会副会长、国浩律师事务所首席执行合伙人,投服中心公益律师团牵头人,本案代理人。

本次证券支持诉讼被最高人民法院评为“2017 年度人民法院十大民事行政案件”。2018 年 3 月 9 日,最高人民法院院长周强在第十三届全国人大第一次会议第二次全体会议上所作的《最高人民法院工作报告》中亦提及本案,并肯定了本案在依法防范化解金融风险、维护中小投资者合法权益上的重大意义。本案的判决弘扬了股权文化与诚信文化,明之以法、晓之以理、喻之以义,堪称辨法析理、胜败皆明的标杆案例。

为深入总结本案的操作意义,形成可复制可推广的成功司法经验,下文将从索赔方案的确定、证据准备、庭审过程等方面对首例证券支持诉讼案件进行完整的介绍、详细的分析,从而为后续的中小投资者权益保护新机制的建立和发展提供参考、拓宽思路。

案 情 简 介

一、本案的主要诉讼参加人

本案被告之一,匹凸匹金融信息服务(上海)股份有限公司(以下简称匹凸匹公司),曾用名为上海多伦实业股份有限公司(以下简称多伦股份),系在上海证券交易所上市的一家上市公司,涉诉时的法定代表人为韩某。①

本案主要被告,鲜某,曾为多伦股份的董事长,亦系多伦股份法定代表人和实际控制人,同时代为履行董事会秘书职责、实际履行总经理职责。另有被告恽某某等,曾系多伦股份的董事、监事。

本案原告均为匹凸匹公司的中小投资者,系从二级市场购买获得该公司股票的散户,因多伦股份虚假陈述导致股价下跌而受亏损。

本案原告方的诉讼代理人为投服中心总经理徐明及投服中心公益律师团牵头人、中华全国律师协会副会长、国浩律师事务所首席执行合伙人吕红兵律师。为支持起诉,徐明总经理依据《民事诉讼法》第 58 条的规定,以“当事人所在社区、单位

---

① 该公司的基本信息:股票简称:* ST 匹凸,股票代码:600696,上市时间:1993 年 12 月 6 日,住所地:上海市海宁路 358 号国际商厦五楼,主营业务:互联网金融信息服务及软件开发等。目前,匹凸匹公司已改名为上海岩石企业发展股份有限公司,法定代表人也已更换。相关信息来源于国家企业信用信息公示系统(http://www.gsxt.gov.cn/index.html)和巨潮资讯网(http://www.cninfo.com.cn)。为行文表述方便,下文中多伦股份和匹凸匹公司指称同一家公司。

以及有关社会团体推荐的公民”这一方式，由原告户籍所在地居委会开出《推荐证明》，以接受原告委托的方式加入诉讼，成为原告诉讼代理人。

二、诉讼的起因

2015年4月15日，多伦股份发布《关于收到中国证券监督管理委员会上海监管局行政监管措施决定书的公告》，首次对外公开披露了如下事项：(1)其控股子公司荆门汉通置业有限公司(以下简称荆门汉通)于2013年3月签署《担保函》，对外连带担保债务3500万元，又于2013年12月签署《担保函》，对外连带担保债务2000万元。荆门汉通因前项担保被诉要求承担担保责任共计5500万元，其部分尚未开发的土地已被法院采取了诉前保全措施；(2)荆门汉通于2014年1月签订《最高额抵押合同》，对外最高担保3216万元，抵押财产为荆门汉通的国有土地使用权。在公告发布后，多伦股份停牌。

2015年4月29日，多伦股份发布了《关于对上海证券交易所问询函回函的公告》，首次对外公开披露了公司印章被私刻，并由此导致将荆门汉通国有土地使用权对外进行担保的事项。

同日，亦系多伦股份自4月15日停牌后复牌的第一个交易日，在上证指数总体上扬且同业(房地产业领域)股票均有不同幅度增长的情况下，多伦股份以5.95%的跌幅收盘。次日，多伦股份股价又在同业增长的情况下以7.91%的跌幅收盘。

2015年12月30日，匹凸匹公司发布了《关于公司与实际控制人收到中国证券监督管理委员会上海监管局行政处罚事先告知书的公告》，因多伦股份涉嫌多起信披违规，上海证监局在《行政处罚事先告知书》中拟对公司及时任公司董事、监事、高级管理人员给予警告，并罚款共计98万元。

2016年3月18日，匹凸匹公司发布了《关于收到中国证券监督管理委员会上海监管局〈行政处罚决定书〉的公告》，公告披露了上海证监局对鲜某、恽某某等人及匹凸匹公司作出行政处罚的情况。上海证监局在《行政处罚决定书》中认定，多伦股份未及时披露多项对外重大担保、重大诉讼事项，违反《证券法》第63条及第67条的规定，构成《证券法》第193条所述的违法行为，时任多伦股份董事长、法定代表人、代行总经理及董事会秘书职责的鲜某为直接负责的主管人员，时任董事、财务总监的恽某某是其他直接责任人员。同时，上海证监局认定，多伦股份未在

2013年年报中披露对外重大担保事项的行为违反了《证券法》第63条的规定，鲜某以及恽某某为直接负责的主管人员，其他时任董事、监事为其他直接责任人员。最终，上海证监局决定对多伦股份责令改正、给予警告，罚款40万元；对鲜某给予警告，罚款30万元；对恽某某给予警告，罚款10万元；对其余董事、监事也给予了相应的处罚。

匹凸匹公司的信息披露违法违规事件不仅招致了监管部门的行政处罚，也引发了舆论的负面评价。在匹凸匹公司收到上海证监局的《行政处罚事先告知书》后，据新财富舆情中心监测数据显示，截至2015年12月31日11时，有9家媒体发表原创文章报道此事，仅《新京报》相关文章就被转载57次，匹凸匹公司再次成为业内关注焦点。[①]《大众证券报》的"2015年十大黑榜上市公司"候选名单中，匹凸匹公司赫然在列。[②] 2016年3月，据《证券时报》报道，证监会新闻发言人邓舸通报近期上海证监局对匹凸匹公司信息披露违法违规案进行行政处罚的情况，并表示信披违法违规损害了广大投资者的利益，证监会将持续对信披违法违规行为保持高压态势。[③]

三、诉讼的发生

违法违规事件爆发后，多伦股份股价持续下跌，公司的投资者纷纷开始依法维护自身的权益，其中刘某等14名中小投资者先后找到投服中心请求获得维权支持。根据《民事诉讼法》的相关规定，投服中心主动接受了中小投资者的委托并提起证券支持诉讼。为全面维护投资者权益，投服中心进行了深入、详细的诉前准备，并派出了徐明总经理作为代理人之一加入诉讼。2016年7月20日及8月1日，上海市第一中级人民法院对14位投资者诉鲜某、匹凸匹公司等虚假陈述责任的案件分别进行了立案。2016年9月19日，上海市第一中级人民法院作出裁定，将除刘某外其余原告起诉的案件均并入刘某案一并进行审理。

---

① 参见薛敏：《匹凸匹信披违规被处罚　涉事董监高齐齐离职》，载全景舆情网：http://www.p5w.net/yuqing/kuaixun/201512/t20151231_1313805.htm，最后访问日期：2018年3月12日。

② 参见《2015年十大黑榜上市公司候选名单出炉》，载大众证券网：http://www.dzzq.com.cn/article-318492.html，最后访问日期：2018年8月10日。

③ 参见王小伟：《上海证监局对两宗信披违法违规案作出行政处罚》，载新华网：http://www.xinhuanet.com/fortune/2016-03/26/c_128835719.htm，最后访问日期：2018年5月10日。

本案的法律分析与索赔方案的确定

一、索赔前提：本案信息披露违规行为构成侵权

根据《证券法》第69条的规定，上市公司的年度报告及其他信息披露资料中有虚假记载、误导性陈述或者重大遗漏，致使投资者在证券交易中遭受损失的，上市公司应承担赔偿责任；上市公司的董事、监事、高级管理人员应承担连带赔偿责任，能够证明自己没有过错的除外；上市公司的控股股东、实际控制人有过错的，与上市公司承担连带赔偿责任。最高人民法院在《关于审理证券市场因虚假陈述引发的民事赔偿案件的若干规定》（以下简称《若干规定》）中将其进一步明确为民事侵权损害赔偿责任。

简言之，上市公司及其董事、监事、高级管理人员、控股股东和实际控制人因虚假陈述向投资者承担的系侵权损害赔偿责任。因此，须符合《侵权责任法》有关侵权责任之构成要件，包括加害行为、损害、因果关系和过错。鉴于此，本案诉讼代理人认真研析了案情，对相关构成要件的法律分析如下。

1. 匹凸匹公司及相关人员存在证券虚假陈述的违法行为。由《证券法》第63条、第67条和第68条以及《上市公司信息披露管理办法》第30条的规定，上市公司应当对包括对外担保、重大诉讼在内的事项依法履行及时、准确的信息披露义务，公司的董事、监事、高级管理人员应当保证披露信息的真实、准确、完整。依据2016年上海证监局出具的《行政处罚决定书》可知，匹凸匹公司、时任公司董事长、代为履行董事会秘书职责的鲜某以及董事、财务总监恽某某等人并未及时、准确履行上述义务，其行为完全符合《若干规定》第17条所规范之“虚假陈述行为”。

2. 损害。无损害即无赔偿是民事侵权责任的基本规则，因而投资者的损失认定是整个索赔方案的核心环节。由于证券操作的复杂性，本案赔偿数额的具体计算方法将在下文详细阐述。

3. 因果关系。因果关系是指匹凸匹公司及相关人员的虚假陈述行为与投资者股票价值损失之间存在的原因与结果关系。根据《若干规定》第18条的规定，“投资者具有以下情形的，人民法院应当认定虚假陈述与损害结果之间存在因果关系：（一）投资人所投资的是与虚假陈述直接关联的证券；（二）投资人在虚假陈述实施

日及以后,至揭露日或者更正日之前买入该证券;(三)投资人在虚假陈述揭露日或者更正日及以后,因卖出该证券发生亏损,或者因持续持有该证券而产生亏损”,因果关系的认定主要涉及对虚假陈述实施日、揭露日或更正日的准确界定,详述如下:

(1)虚假陈述实施日

根据《若干规定》第20条第1款的规定,虚假陈述实施日是指作出虚假陈述或者发生虚假陈述之日。由于本案中的虚假陈述行为是以消极不作为的“重大遗漏”或“不正当披露”的方式出现,诉讼代理人在仔细研析案情的基础上,结合最高人民法院的相关裁判意见认为,在消极不作为的虚假陈述中,实施日的确定取决于信息披露的法定时限,法定时限的最后一个期日即为消极虚假陈述的实施日;而针对临时报告,如在《证券法》中规定的“立即公告”等,应指在合理的期间内及时公告。[①]根据《证券法》第67条、《上市公司信息披露管理办法》第30条的规定,在本案中,匹凸匹公司对早已发生的重大对外担保、重大诉讼并未适时进行临时报告。同时,针对持续性的虚假陈述行为,有裁判意见认为,应把握虚假信息的连贯性,将系列虚假陈述行为视为一个整体,以首次实施系列虚假陈述行为的时点认定为实施日。[②]

据此,索赔方案以2013年3月2日荆门汉通签署第一份《担保函》作为起始,将上市公司应“立即公告”的合理期限定为两个交易日,最终确定虚假陈述行为实施日为2013年3月5日。

(2)虚假陈述揭露日或更正日

《若干规定》第20条第2款规定,虚假陈述揭露日指虚假陈述在全国范围发行或者播放的报刊、电台、电视台等媒体上首次被公开揭露之日。第20条第3款规定,虚假陈述更正日指虚假陈述行为人在中国证券监督管理委员会指定披露证券市场信息的媒体上,自行公告更正虚假陈述并按规定履行停牌手续之日。揭露日或更正日是虚假陈述行为揭示的两个角度:揭露日偏向“被动式”,系监管机关、媒体或其他人针对虚假陈述行为的揭露;而更正日偏向“主动式”,系义务人主动披露

① 参见李国光主编:《最高人民法院关于审理证券市场虚假陈述案件司法解释的理解与适用》,人民法院出版社2003年版,第263页。

② 参见云南省高级人民法院(2015)云高民二终字第196号民事判决书。

自身虚假陈述的相关事宜。需要注意的是，尽管采取的方式有所差异，但法律效果却殊途同归。正如上海市高级人民法院所述："'更正'和'揭露'所产生的法律后果并没有不同之处，对案件的处理结果并无实质性影响。"[①]

实际上，界定揭露日或更正日最大的功能在于判断因果关系是否成立。无论是揭露还是更正，其意义在于发出警示信号，提醒投资者重新、慎重判断股票价值，故能否引起理性投资者警示应为判断是否构成揭露日或更正日的根本标准。在司法实践中，针对揭露日的判断，存在将上市公司公告证监部门的《立案调查书》《处罚事先告知书》《行政处罚决定书》，甚至将媒体报道时间等作为判断标准的各类裁判意见。[②]

在本案中，代理人在确定索赔方案时认为，应以多伦股份首次公告荆门汉通对外提供连带担保并涉及重大诉讼等事项之日为更正日，即2015年4月15日。虽然2016年3月18日匹凸匹公司的公告披露了私刻公章的违法行为，并与《行政处罚决定书》保持一致，也显得更全面，但代理人认为，立足于揭露日或更正日的功能和意义，其核心应当评判揭露或更正行为是否对市场和投资者产生足够的警示强度。上海市第一中级人民法院在之前的案件判决中认为："虚假陈述行为一旦被揭示，即向证券市场发出了警示信号，投资者由此可以对所投资股票的价值作出重新判断，而股票价格将不可避免地因此受到影响，故在判断虚假陈述行为揭露日或更正日时，该揭露或更正行为是否对所涉股票价格产生影响，是一个重要的考量因素。"[③]2015年4月29日，多伦股份复牌的第一个交易日，在上证指数总体上扬且同业股票均有不同幅度增长的情况下，多伦股份以5.95%的跌幅收盘。2015年4月30日，多伦股份股价又在同业增长加的情况下以7.91%的跌幅收盘。由此可见，该公司彼时的股票价格下跌与市场整体风险或行业风险无关，完全系2015年4月15日匹凸匹公司的公告所产生的警示后果。反观2016年3月18日，匹凸匹公司公告《行政处罚决定书》后，当日和后一交易日相比，该公司股票价格未见异常，显然并未产生首次揭露或更正虚假陈述行为的效果。因此，代理人认为，本案虚假陈述更

---

① 上海市高级人民法院(2015)沪高民五(商)终字第35号民事判决书。

② 具体参见朱奕奕：《证券虚假陈述损害赔偿实证研究：实施日、揭露日，更正日》，载"国浩律师事务所微信公众号"，2018年2月13日。

③ 上海市第一中级人民法院(2015)沪一中民六(商)初字第412号民事判决书。

正日应定为 2015 年 4 月 15 日。

综上,本案投资者在 2013 年 3 月 5 日后、2015 年 4 月 15 日前购买匹凸匹公司股票,又在 2015 年 4 月 15 日后出售或继续持有股票而遭受的亏损与匹凸匹公司的虚假陈述行为存在因果关系。

4. 过错。根据《证券法》第 69 条以及《若干规定》第 21 条的规定,上市公司对因虚假陈述而造成的投资者损失承担无过错责任,因此,无论是否存在过错,匹凸匹公司都应对投资者承担相应的赔偿责任。对于公司董事、监事、高级管理人员,法律规定为过错推定责任,即法律首先推定上述人员存在过错,除非其有证据证明自身不存在过错。在本案中,作为公司董事、监事的鲜某、恽某某等人,其存在过错是很明显的,尤其是作为董事长和实际控制人的鲜某没有理由也不可能对上市公司的对外担保情况及重大诉讼情况一无所知;更何况,根据《行政处罚决定书》的认定,鲜某亦为总计 5500 万元的借款进行了保证。因此,在本案中鲜某和恽某某等人存在过错甚为明显。

综上分析,代理人认为,鲜某、恽某某等人及匹凸匹公司的信息披露违规行为满足侵权行为的构成要件,应当对符合条件的投资者承担损害赔偿责任,本案索赔具备清晰的请求权基础。

二、适格原告的确定

实际上,《若干规定》第 18 条不仅规定了因果关系的认定问题,同时也规范了投资者请求权资格确定的问题,盖因只有股票投资损失与上市公司虚假陈述行为存在因果关系的投资者才能成为适格的原告。据此,本案中适格的原告须符合以下条件:(1)在 2013 年 3 月 5 日后至 2015 年 4 月 15 日前购买过匹凸匹公司的股票;(2)在 2015 年 4 月 15 日之后卖出或继续持有匹凸匹公司的股票;(3)具有相应的损失。

代理人依此审核了 14 名投资者的有关情况,重点关注了投资者投资行为的发生时点、股票交易情况,从而确认了 14 名投资者均具有适格的原告资格。

三、赔偿责任人及首要被告的确定

索赔方案除了要确定谁有请求权,也必须明确向谁请求索赔的问题。代理人认为,根据《若干规定》第 21 条的规定,匹凸匹公司以及鲜某、恽某某等主体应承担连带赔偿责任。本着"追首恶"的原则,同时考虑相关被告的偿付能力,方案最终决定选取鲜某为首要责任人,并要求恽某某等和匹凸匹公司承担连带赔偿责任。

代理人认为,首要追究违法行为直接责任人的赔偿责任,让真正的"作恶者"担责,强化上市公司董事、监事和高管的忠实诚信、勤勉尽责意识,是提起此次证券支持诉讼的主要目的之一。在本案中,鲜某既是匹凸匹公司时任董事长和法定代表人,是公司当时的实际决策者;同时也是控股子公司荆门汉通的董事长和法定代表人,是应披露而未披露事项的直接知情者,而且当时还代行董事会秘书职责,属于上市公司信息披露义务直接负责人。基于此,方案最终决定应当追究鲜某的首要赔偿责任。

四、索赔方案的重点和难点:损失赔偿额的计算

目前,因上市公司虚假陈述导致投资者损失的计算主要依照《若干规定》第30条至第33条的规定处理。第30条明确了投资者实际损失的构成,包括三部分:一是投资差额损失;二是投资差额损失部分的佣金和印花税;三是前两项总和的利息(自买入至卖出证券日或者基准日,按银行同期活期存款利率计算)。由此可见,投资差额损失是后两项损失的计算前提和依据,是投资者损失计算的关键部分。

《若干规定》第31条至第33条规定了投资差额损失的具体计算方法。第33条规定,投资差额损失计算的基准日,是指虚假陈述揭露或者更正后,为将投资者应获赔偿限定在虚假陈述所造成的损失范围内,确定损失计算的合理期间而规定的截止日期。确定基准日后,投资差额损失按《若干规定》第31条和第32条计算:若投资者在基准日及以前卖出证券的,其投资差额损失,以买入证券平均价格与实际卖出证券平均价格之差,乘以投资者所持证券数量计算(第31条);若投资者在基准日之后卖出或者仍持有证券的,其投资差额损失,以买入证券平均价格与虚假陈述揭露日或者更正日起至基准日期间,每个交易日收盘价的平均价格(基准价)之差,乘以投资者所持证券数量计算(第32条)。

《若干规定》第33条第1项的规定,基准日一般系指自揭露日或者更正日起,至被虚假陈述影响的证券累计成交量达到其可流通部分100%之日。所谓"被虚假陈述影响的证券累计成交量达到其可流通部分100%之日",是指从揭露日或更正日起,上市公司股票每日换手率(成交股数与流通股数之比)合计首次超过100%之

日。据统计,按更正日为 2015 年 4 月 15 日起算,匹凸匹公司的每日换手率在 2015 年 6 月 2 日合计首次超过 100%,因此,2015 年 6 月 2 日为本案的基准日。将 2015 年 4 月 15 日至 2015 年 6 月 2 日 12 个交易日(停牌 22 日)的收盘价进行算数平均可得基准价为 13.52 元/股。同时,结合相关情况,索赔方案决定印花税按 1‰计算,佣金按实际标准计算,如无具体标准按 0.2‰计算,利息按当时银行活期存款年利率 3.5‰计算。

基于上述算法和标准,绝大部分投资者的索赔数额能够直接确定。以投资者刘某为例,其股票买入时间为 2015 年 4 月 14 日,当日共计买入 225,700 股,买入金额共计 3,237,329 元,买入均价为 14.34 元/股;其股票卖出时间为 2015 年 4 月 29 日,所持 225,700 股当日全部卖出,卖出金额共计 2,861,279.40 元,卖出均价为 12.68元/股。据此可知,刘某的可索赔股数为 225,700 股,应计利息天数为 15 天。由于刘某在前述所确定的基准日前已经抛售所持匹凸匹公司的全部股票,因此,刘某的投资差额损失应按《若干规定》第 31 条进行计算。具体而言,刘某的投资差额损失 =(买入平均价 - 卖出平均价)× 可索赔股数 =(14.34 - 12.68)× 225,700 = 374,662 元。进一步可算得印花税 + 佣金 = 投资差额损失 ×0.2‰ + 投资差额损失 ×1‰ = 449.59 元,利息 =(投资差额损失 + 印花税 + 佣金损失)× 年利率 × 计息天数 ÷360 = 54.30 元。综上,刘某可索赔总额 = 投资差额损失 + 印花税 + 佣金 + 利息损失 = 375,165.89 元。

值得注意的是,本案还有另外 2 名投资者由于在实施日后、更正日前买入公司股票,在更正日前还有一次或多次卖出操作,最后又在更正日或基准日后卖出或持有剩余的股票。上述行为“有进有出、多进多出”显得较为复杂,损失计算方法无法完全依照相关规定进行。

例如,本案投资者卢某某自 2013 年 12 月 16 日始至 2014 年 5 月 28 日止,反复买入卖出匹凸匹公司股票,最终合计买入 30,000 股,合计卖出 29,900 股,剩余 100 股持有至基准日后未再卖出。根据法律规定,可以确定其可索赔股数仅为 100 股,损失额计算的卖出价应适用基准价 13.52 元/股,但难点是这 100 股的买入均价该如何计算?

关于这个问题,目前实践中常用的两种认定方法为“先进先出法”和“实际成本法”。根据先进先出法,先买入的股票在卖出时被优先处理,按此,卢某某的股票在经过多次买入卖出后，最终持有的100股买入均价应按最后一次购入匹凸匹公司股票的价格6.64元/股来认定。因此，根据卢某某所应适用的基准价13.52元/股来看，其未产生任何损失。但按实际成本法计算则有所不同，实际成本法系“以实际交易每次买进价格和数量计算出投资者买进股票总成本，再减去投资者此间所有已卖出股票收回资金的余额，除以投资者在更正日后尚持有的股票数量”。[①] 该算法为最高人民法院公报案例所采用，按此种计算方法，卢某某的买入均价＝(196,015－192,879)÷100＝31.36元/股，此时卢某某的买入均价和基准价之间就存在较大的差额。不过，按照这种计算方法得出的买入均价可能数额较大，甚至有可能超过了匹凸匹公司股票价格的峰值。对此，公报案例审判法院认为：“按此种方法计算，不排除个别投资者买入证券的平均价格高于股票历史最高价的可能。这只是计算投资者投资差额损失过程中可能出现的一个数据，而且这个数据在很大程度上取决于投资者在揭露日前后的股票持有量。这个数据不等于投资者购买股票时实际成交的价格，其与……公司股票历史最高价之间没有可比性。由于证券交易的复杂性，目前用于计算投资者投资差额损失的方法有多种。只要这些方法符合《证券赔偿案件规定》第三十条、第三十一条、第三十二条确定的原则，结果公平合理，使用哪种方法计算，都在法院的自由裁量范围之内。”[②]

对此，代理人亦认为，《若干规定》第30条要求赔偿投资者损失以“实际损失”为限，“实际成本法”的买入均价计算系基于投资者实际发生的买入成本进行计算，更加符合《若干规定》第30条的要求，也更能保护多数投资者的利益，具有公平性和合理性。因此，最终的索赔方案决定对卢某某等两位投资者损失额的计算采取此种方法。

支持诉讼的过程

一、诉前准备

如前所述，本案最重要、最核心的诉前准备是确定最终的索赔方案。此外，根

① 《最高人民法院公报》2005年第11期（总第109期）刊载的黑龙江省高级人民法院关于《陈某某等23名投资者诉大庆联谊公司、申银证券公司虚假陈述侵权赔偿纠纷案民事判决书》。

② 《最高人民法院公报》2005年第11期（总第109期）刊载的黑龙江省高级人民法院二审的《陈某某等23名投资者诉大庆联谊公司、申银证券公司虚假陈述侵权赔偿纠纷民事判决书》。

据索赔方案内容,诉讼代理人还精心准备了相关的证据,主要证据包括匹凸匹公司对收到上海证监局相关行政文件的公告、从第三方证券公司营业部获取的投资者证券账户卡和股票对账单以及为每位投资者量身定做的损失计算表等。上述证据旨在证明匹凸匹公司的虚假陈述行为、相关责任人员的过错以及本案原告作为匹凸匹公司投资者的身份和受损金额。此外,根据《若干规定》第 5 条的规定,本案诉讼时效自上海市证监局公布《行政处罚决定书》之日起计算(2016 年3 月 15 日),案件起诉完全在诉讼时效期间内。

二、立案受理

根据《民事诉讼法》第 119 条的规定,立案时除原被告外,还需要确定管辖法院和诉讼请求。根据《若干规定》第 8 条及第 9 条的规定,本案地域管辖与级别管辖的法院均为上海市第一中级人民法院。结合索赔方案,代理人在立案起诉时提出 3 项诉讼请求:(1)被告鲜某赔偿各原告经济损失;(2)被告恽某某等、匹凸匹公司对上述经济损失承担连带赔偿责任;(3)被告鲜某、恽某某等以及匹凸匹公司连带承担本案诉讼费用。

三、审理过程

由于本案意义重大,庭审前,两位诉讼代理人多次深入沟通案件代理思路,并组织相关人员对本案进行专门研讨。同时,针对本案被告可能提出的相关问题与反驳意见,诉讼代理人进行了充分预设并逐项模拟应对,最终确定了详细的庭审方案。

2017 年 1 月 23 日,上海市第一中级人民法院对本案进行了公开审理,原告及被告匹凸匹公司出席了庭审,被告鲜某、恽某某等未到庭,法院依法进行了缺席审理。在庭审过程中,被告匹凸匹公司果然对原告所主张的投资损失及其计算依据、计算方式提出了异议,并辩称根据最高人民法院相关司法解释,匹凸匹公司承担连带赔偿责任后,判决应明确公司可向鲜某等追偿。针对被告的异议,原告诉讼代理人在法庭上进行了有力的回应,认为按照“实际成本法”计算更有利于保护多数投资者的合法权益。这种计算方法参考了最高人民法院公报案例,符合《若干规定》的解释精神,最能体现出投资者的实际损失情况,也兼顾了惩治违法行为人的效果。

整个庭审持续了一个多小时，法院围绕着原告主张赔偿所指向的具体侵权行为构成要件、虚假陈述实施日与揭露日的认定、投资差额损失计算基准日的认定、投资损失计算方式和被告匹凸匹公司追偿权等争议问题进行了全面详细的审理，并决定择日宣判。

四、法院判决

2017 年 5 月 18 日，上海市第一中级人民法院判决支持了原告提出的各项诉讼请求，对原告提出的相关日期认定、损失计算方法及索赔数额等意见全部予以认可。显然，本案在投服中心的支持起诉下，获得了圆满的胜利。

法院认为：(1)本案匹凸匹公司存在不正当披露的虚假陈述行为，应以 2013 年 3 月 5 日为虚假陈述行为实施日。《行政处罚决定书》认定被告匹凸匹公司于 2015 年 4 月 15 日发布公告为首次对外公开披露担保事项，故以 2015 年 4 月 15 日作为揭露日具有事实依据；(2)损失总额均以原告方各自主张的损失总额为限予以支持；(3)鲜某作为直接负责的公司主管人员，未尽管理职责，显然系涉案虚假陈述行为的直接责任人，被告鲜某对投资损失承担首要的赔偿责任，具有事实及法律依据，予以支持；(4)若被告匹凸匹公司认为其享有对被告鲜某的追偿权，应当另行提起诉讼。

综上，法院判决鲜某赔偿 14 名原告经济损失共计 2,338,894.33 元、匹凸匹公司及恽某某等对鲜某的赔偿义务承担连带责任，案件受理费用 32,797.77 元由上述主体共同负担。

案件评析

一、案件的突出特点和难点

本案是典型的不正当披露虚假陈述行为侵权案件。在该类案件中，因虚假陈述行为而遭受损失的投资者均可请求相应的损害赔偿。但现实问题是，中小投资者因虚假陈述遭受损失，想要通过诉讼途径维权面临着举证难、成本高、专业性强、获赔不确定等现实困境，因而，在实践中索赔的积极性并不高。本案最大的特点和意义在于，作为中小投资者权益的保护机构，投服中心首次全力支持中小投资者维权诉讼，真正发挥了保护中小投资者权益的职能；同时，本案证券支持诉讼，开拓了

《民事诉讼法》第 15 条全新的适用领域,积累了证券支持诉讼的基本经验。在本案诉讼过程中,维权方着重突出了"追首恶"的原则,法院予以全力支持。因此,通过本案传递出一种信号,上市公司不再是董事、监事、高级管理人员或公司控股股东、实际控制人的挡箭牌,倘若董监高或控股股东、实际控制人系违法违规行为的直接责任人员,则应承担直接的赔偿责任。

本案的难点在于索赔方案的确定、损失计算方法的确定以及揭露日或更正日的确定等相关事项。在本案代理过程中,诉讼代理人通过大量的分析讨论和案例研究,利用大数据分析方法论证了相关认定意见的合法性和可行性,并最终得到了法院的支持。同时,值得注意的是,本案适用了"实际成本法"的损失计算方法,使更多投资者的合法权益得到了公平对待和有效保护,实现了投服中心支持本案诉讼的初衷——坚决维护广大中小投资者的合法权益。

二、经验与建议

本案最核心的法律问题是实施日、揭露日或更正日的确定,当然,这是所有关于虚假陈述侵权赔偿案件的前提。因为无论是基准日、投资者维权资格的确定、因果关系的认定以及索赔数额计算均建立于实施日、揭露日或更正日相关时点确定之基础上。本案提供的经验在于,针对揭露日或更正日的确定,一个重要的判断标准即为能否引起或提醒理性投资者重新判断股票价值,此点可以结合非市场或行业因素影响下的股票价格波动情况来判断。因此,揭露日或更正日不能仅依靠信息完整披露的时间来确定,准确的判断还要进一步观察各可能日期前后时段股票价格的变动情况,结合判定揭露日或更正日的功能,综合考量,理性判断。

在揭露日或更正日确定的基础上,另一个重点问题是针对"有进有出、多进多出"投资者损失的计算。具体而言,在实施日后、更正日前存在多次股票买进卖出的情况,而后在更正日或基准日后又卖出或继续持有剩余股票,针对此类投资者的损失差额计算,实践裁判意见亦非统一,采取"先进先出法"计算者有之,采取"实际成本法"计算者亦有之。结合本案情况,在索赔方案的制定过程中,经过反复考虑与论证,诉讼代理人最终选取了"实际成本法"来计算投资者的相关损失,旨在全面保障投资者的合法利益。

三、本案的社会意义

国务院办公厅《关于进一步加强资本市场中小投资者合法权益保护工作的意见》(国办发〔2013〕110号,以下简称《意见》)明确提出要“健全适应资本市场中小投资者民事侵权赔偿特点的救济维权工作机制”。此次投服中心受中小投资者委托提起证券支持诉讼,是有效落实《意见》精神、积极探索中小投资者合法权益维权救济新机制、新途径的具体实践,影响重大,颇具意义。

通过开展证券支持诉讼,为投资者代言发声,起到示范维权、净化市场的作用,有利于引导舆论导向,提高违法侵权行为人的违法成本,促使市场主体规范运作,有力维护投资者的合法权益,保障市场交易秩序。同时,本案的成功维权,对于不主动采取措施进行赔偿、不积极应对化解纠纷、不愿意配合开展赔偿救济工作的市场主体,也将起到一定的震慑作用,有效促使相关市场主体积极赔偿化解纠纷,督促违法上市公司大股东、相关中介机构等主动承担法律责任,赔偿投资者的相关损失。

四、公益律师参与支持诉讼的感想

投服中心总经理、本案诉讼代理人之一徐明表示,投资者是证券市场的基石,投资者权益得到有效保护是证券市场持续、健康发展的前提和基础。中国证监会一贯重视投资者保护工作,将其视为监管工作的重中之重,并为此专门设立了投服中心。作为证监会直接管理的公益性投资者权益保护的专门机构,投服中心就是要站在一线,服务于广大中小投资者,切实维护中小投资者的合法权益。本案的证券支持诉讼仅是一个开端,投服中心还将陆续启动一批证券虚假陈述赔偿案件的支持诉讼工作,并以具体案例为抓手、以机制建设为重点,积极探索资本市场中小投资者保护的新途径,切实维护好中小投资者的合法权益。

中华全国律师协会副会长、国浩律师事务所首席执行合伙人、本案另一诉讼代理人吕红兵律师认为,投服中心本次积极回应中小投资者维权的迫切诉求,通过协助投资者开展此次支持诉讼,为投资者节省了大量维权时间、缩短了维权程序,明确了诉讼预期,化解了投资者维权诉讼难的问题,畅通了投资者的救济渠道,提高了投资者维权积极性和主动性。同时,诉讼着重追究对侵权行为存在过错的上市公司实际控制人鲜某及其他高管等主体的赔偿责任,警示效果明显,有助于督促上市公司董事、监事和高管勤勉尽责,确保上市公司依法合规经营。

本案律师律所介绍

吕红兵

国浩律师事务所首席执行合伙人。

全国律师行业党委委员。中华全国律师协会副会长、维权委员会主任、金融证券业务委员会主任。第七届上海市律师协会会长。全国政协委员,中国共产党上海市第九次代表大会代表,政协上海市第十一届委员会委员、社会和法制委员会副主任。

中国证监会第六届股票发行审核委员会专职委员、上海证券交易所上市委员会委员。上海仲裁委员会委员及仲裁员,上海国际经济贸易仲裁委员会委员及仲裁员。复旦大学、中国人民大学、华东政法大学、上海外贸大学兼职或特邀教授。

朱奕奕

国浩律师(上海)事务所律师,法学博士,专注处置重大复杂民商事争议案件,主要执业领域为:证券(债券、股权、票据等)、金融衍生品、私募基金、信托、资管计划、公司、房地产等民商事诉讼与仲裁。

论文《共同侵权认定论》获华东政法大学"优秀博士论文",在《证券法苑》《中国证券报》《证券时报》《东方法学》《东南法学》《中共杭州市委党校学报》《月旦民商法杂志》等期刊发表论文 10 余篇。多次主持或参与课题研究项目,多次参与"两岸民商法论坛"研讨活动,多次参与出具法律专家意见书。

国浩律师事务所

1. 基本情况简介

作为国家司法部批准组建的第一家律师集团性质的执业机构,国浩律师事务所是中国最大的法律服务机构之一,是投融资领域尤其是资本市场最专业的法律服务提供者,是一家关注并践行社会责任的律师事务所。

国浩律师事务所是中国最大的跨地域合伙制律师事务所之一,在北京、上海、深圳、杭州、广州、昆明、天津、成都、宁波、福州、西安、南京、南宁、济南、重庆、苏州、长沙、太原、武汉、贵阳、郑州、石家庄、乌鲁木齐、香港特别行政区,以及巴黎、马德里、硅谷、斯德哥尔摩等地设有执业机构。

国浩律师事务所现有 400 余名合伙人,90% 以上的合伙人具有硕士、博士学位和高级职称,其中多名合伙人为我国某一法律领域及相关专业之著名专家和学者。国浩律师事务所拥有执业律师、律师助理、律师秘书及支持保障人员2000余人。

2. 服务领域

国浩律师事务所执业领域涵盖投资领域法律事务、资本市场法律事务、争议解决法律事务、公司运营法律事务、银行信托法律事务、基础设施法律事务、环保及新能源法律事务、知识产权法律事务、房地产法律事务、反垄断法律事务、信息网络与电子商务、海商海事法律事务、国际贸易救济及WTO等各方面。

3. 专业资格介绍

(1)国浩律师事务所经中国司法部、中国证券监督管理委员会审核,具有从事证券业务之专业资格。(2)经中国司法部、国家科委、原国家国有资产管理局审核,具有从事产权界定之专业资格。(3)经中国司法部、原国家计委审核,具有从事国家基本建设大中型项目招投标业务之专业资格。(4)本所具有国家知识产权局核发的专利代理之专业资格。(5)本所系香港联合交易所、美国纽约证券交易所、美国纳斯达克证券交易市场、澳大利亚证券交易所、新加坡证券交易所等境外证券交易机构认可的可为证券发行上市及公司并购项目出具法律意见的中国律师事务所。(6)本所具有多地高级人民法院破产管理人资格。(7)本所具有国家国防科技工业局颁发的军工涉密业务备案证书。

本案相关行政处罚决定书

中国证券监督管理委员会上海监管局行政处罚决定书

(沪〔2016〕2号)

当事人:匹凸匹金融信息服务(上海)股份有限公司(曾用名上海多伦实业股份有限公司,以下简称多伦股份),法人组织机构代码:61152600－1,住所:上海市海宁路×××号国际商厦×层,时任法定代表人鲜某。

鲜某,身份证号:4206××××××××××7018,男,1975年1月出生,时任多伦股份董事长、法定代表人,2012年9月21日至我局立案调查日代为履行董事会秘书职责,2012年9月21日至2015年5月11日实际履行总经理职责。住址:上海市浦东新区。

恽某某,身份证号:3101××××××××××044X,女,1963年5月出生,时任多伦股份董事、财务总监,住址:上海市黄浦区。

向某某,身份证号:4301××××××××××3012,男,1973年2月出生,时任多伦股份董事,住址:湖南省长沙市雨花区。

曾某某,身份证号:3101××××××××××0015,男,1968 年 8 月出生,时任多伦股份独立董事,住址:湖北省武汉市东西湖区。

张某某,身份证号:3205××××××××××2018 男,1976 年 6 月出生,时任多伦股份独立董事,住址:上海市浦东新区。

陈某某,身份证号:3505××××××××××101X,男,1958 年 12 月出生,时任多伦股份监事,住址:福建省泉州市鲤城区。

金某,身份证号:1401××××××××××6511,男,1978 年 12 月出生,时任多伦股份监事,住址:上海市普陀区。

史某,身份证号:3601××××××××××3126,女,1982 年 7 月出生,时任多伦股份监事,住址:江苏省苏州市姑苏区。

依据《证券法》的有关规定,我局对多伦股份信息披露违法行为进行了立案调查、审理,并依法向当事人告知了作出行政处罚的事实、理由、依据及当事人依法享有的权利,张某某、曾某某、陈某某进行了陈述和申辩。本案现已调查审理终结。

经查明,多伦股份违法违规的事实如下:

一、未及时披露多项对外重大担保、重大诉讼事项

荆门汉通置业有限公司(以下简称荆门汉通)为多伦股份控股子公司,多伦股份持有其 70% 的股权,另一股东成都万泰置业有限公司(以下简称成都万泰)持有其 30% 的股权。2013 年到 2014 年,多伦股份未按规定披露荆门汉通的多项重大事件,具体如下:

(一)未及时披露荆门汉通于 2013 年 3 月 2 日签署《担保函》发生对外担保 3500 万元的事项

2013 年 3 月 1 日,借款人方某某向出借人彭某某借款 3500 万元,借款期限为 2 个月(2013 年 3 月 2 日至 2013 年 5 月 1 日),保证人为舒某某和鲜某,2013 年 3 月 2 日,荆门汉通签署《担保函》为该笔借款提供连带担保责任。直至 2015 年 4 月 15 日,多伦股份公告了上海证监局《关于对上海多伦实业股份有限公司采取责令公开说明措施的决定》(沪证监决〔2015〕31 号),首次对外公开披露该担保事项。

(二)未及时披露荆门汉通于 2013 年 12 月 31 日签署《担保函》发生对外担保 2000 万元的事项

2013 年 4 月 12 日,借款人方某某向出借人彭某某借款 2000 万元,借款期限为 2 个月(2013 年 4 月 12 日至 2013 年 6 月 11 日),保证人为鲜某、李某和张某某,2013 年 12 月 31

日，荆门汉通签署《担保函》为该笔借款提供连带担保责任，担保期限至2015年4月12日前。2015年4月15日，多伦股份公告了上海证监局沪证监决〔2015〕31号行政监管措施，首次对外公开披露该担保事项。

（三）未及时披露荆门汉通于2014年1月6日签订《最高额抵押合同》发生对外担保3216万元的事项

2014年1月6日，荆门汉通与中国建设银行荆门广场支行签订《最高额抵押合同》，荆门汉通为荆门市宇天建材销售有限公司的银行贷款提供最高额抵押担保3216万元，抵押物为荆门汉通荆掇国用（2010）第××××××××××××号土地。2015年4月15日，多伦股份公告了上海证监局沪证监决〔2015〕31号行政监管措施，首次对外公开披露该担保事项。

（四）未及时披露荆门汉通于2014年10月14日接到《应诉通知书》合计被诉承担担保责任5500万元的事项

2014年10月14日，荆门汉通收到两份荆门中院出具的应诉通知书，荆门汉通分别被诉承担担保责任3500万元和2000万元，合计被诉承担担保责任的金额为5500万元，占最近一期经审计净资产绝对值10.49%。2015年4月15日，多伦股份公告了上海证监局沪证监决〔2015〕31号行政监管措施，首次对外公开披露该诉讼事项。

（五）未及时披露荆门汉通于2014年10月28日获知其因股东公章被私刻导致发生对外担保42,104万元事项

2014年10月28日，荆门汉通向荆门市公安局漳河新区分局报案，称荆门汉通发现其股东（多伦股份和成都万泰）公章被私刻，并被伪造了一份股东会决议，该决议批准将荆门汉通荆掇国用（2010）第××××××××××××号土地为武汉伊托邦新市镇投资有限公司向中国工商银行武汉某支行的相关借款提供最高额抵押担保，最高担保限额为42,104万元，担保的主债权期间为2014年1月1日至2019年12月31日。2015年4月29日，多伦股份发布了《上海多伦实业股份有限公司关于对上海证券交易所问询函回函的公告》，首次对外公开披露其因股东公章被私刻导致发生对外担保42,104万元事项。

二、2013年年报中未披露对外重大担保事项

多伦股份在2013年年报中未按规定披露前述荆门汉通对自然人方某某两笔债务的担保事项，合计金额5500万元。

以上事实，由多伦股份、荆门汉通的工商登记资料，多伦股份相关定期报告及临时报告、定期报告书面确认意见，涉案相关借款合同、抵押合同、担保函、承诺函、收据、报案材

料、诉讼文书,涉案主体的询问笔录、调查记录、情况说明等证据证明,足以认定。

多伦股份未及时披露对外重大担保和重大诉讼事项的行为,违反了《证券法》第63条关于“发行人、上市公司依法披露的信息,必须真实、准确、完整,不得有虚假记载、误导性陈述或者重大遗漏”以及第67条“发生可能对上市公司股票交易价格产生较大影响的重大事件,投资者尚未得知时,上市公司应当立即将有关该重大事件的情况向国务院证券监督管理机构和证券交易所报送临时报告……”的规定,构成了《证券法》第193条所述的违法行为。对于该行为,多伦股份时任董事长、法定代表人、代行总经理及董事会秘书职责的鲜某为直接负责的主管人员,时任董事、财务总监恽某某是其他直接责任人员。

多伦股份未在2013年年报中披露对外重大担保事项的行为违反了《证券法》第63条关于“发行人、上市公司依法披露的信息,必须真实、准确、完整,不得有虚假记载、误导性陈述或者重大遗漏”的规定,构成了《证券法》第193条所述的违法行为。根据《证券法》第68条的规定,上市公司董事、监事、高级管理人员应当保证上市公司所披露的信息真实、准确、完整。对多伦股份未在2013年年报中披露对外重大担保事项的行为,多伦股份时任董事长、法定代表人、代行总经理及董事会秘书职责的鲜某和时任董事、财务总监恽某某是直接负责的主管人员,多伦股份时任董事向某某、曾某某、张某某,时任监事金某、史某为其他直接责任人员。

当事人曾某某、张某某、陈某某提出了如下陈述申辩理由:第一,多伦股份未按规定披露子公司对外担保事项的原因,是时任董事长鲜某刻意隐瞒或者未告知董事会、监事会公司相关对外担保事项,董事会和监事会也没有讨论过相关对外担保事项,独立董事和监事对公司重大对外担保事项不知情,不应被处罚;第二,曾某某提出,其为2014年新入职的独立董事,不应对入职以前公司的信息披露事项负责,张某某提出其为2013年12月27日经选举成为多伦股份独立董事,对2013年12月31日发生的担保,没有履行职责可能性;第三,张某某和曾某某提出,二人分别于2014年5月10日和2014年8月5日向公司提出建议,指出公司内部控制方面存在风险,建议公司加强内部控制,防范风险,张某某还提出其在2013年年报披露前已同时任财务总监和公司外聘会计师进行沟通,因时任财务总监和外聘会计师的蓄意隐瞒、未勤勉尽责造成了未能在年报中披露两笔担保事项,其本人已经勤勉尽责。第四,陈某某提出其在公司任职期间认真履行了监事职责,同时还积极督促推动上市公司守法合规经营,并提供了相关证据材料。

我局认为,第一,根据《证券法》第68条、《上市公司信息披露管理办法》第58条的规定,对于上市公司的年度报告,上市公司董事、监事、高级管理人员应当对公司信息披露的真实性、准确性、完整性、及时性、公平性负责,但有充分证据表明其已经履行勤勉尽责义务的除外。张某某和曾某某均于2013年12月27日经多伦股份2013年第一次临时股东大会选举成为公司独立董事,并且在审议多伦股份2013年年报的董事会决议签字保证公司年度报告内容真实、准确、完整。根据法律规定,张某某和曾某某应当对多伦股份2013年年度报告负责。

第二,上市公司信息披露的真实、准确、完整、及时、有效,有赖于全体董事、监事和有关高级管理人员勤勉尽责,实施必要的、有效的监督。这种监督,既包括督促上市公司依照法律、法规规定和监管部门要求建立并完善信息披露制度,也包括通过日常履职和检查督促公司切实执行有关规则,还包括能够及时发现公司在信息披露上存在的问题、及时督促公司改正,对拒不改正的要及时向监管部门举报。虽然在上市公司信息披露违法案中,"参与"或者"知悉"涉案违法事项尤其是侵害上市公司利益事项的责任人是我会行政执法打击的重点,但是,那些虽未"参与"、不"知悉"相关事项但未尽监督义务、未勤勉尽责的责任人也难辞其咎。

张某某提出其在公司2013年年报披露前已经同公司时任财务总监和外聘会计师进行沟通,因为时任财务总监和外聘会计师的蓄意隐瞒、未勤勉尽责造成了未能在年报中披露两笔担保事项,但张某某未能提交其和相关人员沟通情况的客观证据,并且张某某作为时任独立董事和董事会审计委员会主任,公司时任财务总监和外聘会计师的职责履行情况不能代替其履行本人的勤勉尽责义务。曾某某和张某某提供的其向时任董事长提示公司内部控制风险的相关建议书,内容较为原则笼统,且仅向董事长鲜某发出,在公司未采取改进措施的情况下,没有证据证明独立董事对上市公司进行了充分有效的监督。因此,我局认为,张某某和曾某某提交的陈述申辩材料,不能证明两人已履行勤勉尽责义务。

陈某某提出的其履行监事职责和督促推动公司遵守法律法规的相关证据材料,反映了其履行了一定程度的监事职责,但不能认定其对公司信息披露违法事项实施了必要的、有效的监督。

综上,根据当事人违法行为的事实、性质、情节与社会危害程度,根据《证券法》第193条和《行政处罚法》第27条的规定,我局作出如下决定:

一、对多伦股份责令改正,给予警告,并处以40万元罚款。

二、对鲜某给予警告,并处以30万元罚款。

三、对恽某某给予警告,并处以10万元罚款。

四、对向某某、曾某某、张某某、金某、史某等5人给予警告,并分别处以3万元罚款。

五、对陈某某给予警告。

上述当事人应自收到本处罚决定书之日起 15 日内,将罚没款汇交中国证券监督管理委员会(开户银行:中信银行总行营业部,账号:××××××××××××××××××××,由该行直接上缴国库),并将注有当事人名称的付款凭证复印件送中国证券监督管理委员会稽查局和我局备案。当事人如果对本处罚决定不服,可在收到本处罚决定书之日起 60 日内向中国证券监督管理委员会申请行政复议,也可在收到本处罚决定书之日起 6 个月内向有管辖权的人民法院提起行政诉讼。复议和诉讼期间,上述决定不停止执行。

中国证券监督管理委员会上海监管局

2016 年 3 月 15 日

本案相关判决书

上海市第一中级人民法院民事判决书

(2016)沪 01 民初 166 号

原告:刘某。

原告:陈某某。

原告:顾某某。

原告:喻某某。

原告:卢某某。

原告:杨某。

原告:徐某某。

原告:庄某。

原告:范某某。

原告:蒋某某。

原告:周某。

原告:赵某。

原告:何某。

原告:周某某。

上述 14 位原告委托诉讼代理人:徐明,中证中小投资者服务中心有限责任公司副总经理。

上述 14 位原告委托诉讼代理人:吕红兵,国浩律师(上海)事务所律师。

被告：鲜某，男。

被告：恽某某，女。

被告：匹凸匹金融信息服务（上海）股份有限公司，住所地上海市海宁路×××号国际商厦五楼。

法定代表人：韩某，董事长。

委托诉讼代理人：徐立刚，男，该公司职员。

原告刘某、陈某某、顾某某、喻某某、卢某某、杨某、徐某某、庄某、范某某、蒋某某、周某、赵某、何某及周某某分别起诉被告鲜某、恽某某及匹凸匹金融信息服务（上海）股份有限公司（以下简称匹凸匹公司）证券虚假陈述责任纠纷案件，本院于2016年7月20日及2016年8月1日分别立案后，于2016年9月19日裁定将除刘某外其余原告起诉的案件均并入本案。本院依法组成合议庭，于2017年1月23日公开开庭进行了审理。原告委托诉讼代理人徐明、吕红兵，被告匹凸匹公司委托诉讼代理人徐立刚到庭参加诉讼。被告鲜某、恽某某经本院合法传唤，未到庭参加诉讼，本院依法进行缺席审理。本案现已审理终结。

原告向本院提出诉讼请求：（1）被告鲜某分别赔偿各名原告经济损失如下：刘某人民币375,165.89元（以下币种相同）、陈某某1,646,616.15元、顾某某4477.54元、喻某某25,406.14元、卢某某1797.63元、杨某59,339.76元、徐某某12,334.02元、庄某27,940.89元、范某某1530.47元、蒋某某15,581.94元、周某5649.59元、赵某6370.53元、何某1041.81元及周某某155,641.97元；（2）被告恽某某、被告匹凸匹公司与被告鲜某对14名原告的上述经济损失承担连带赔偿责任；（3）被告恽某某、被告匹凸匹公司与被告鲜某连带承担本案诉讼费用。事实与理由：被告匹凸匹公司原名"上海多伦业股份有限公司"（以下简称多伦股份），股票代码600696。原告均系被告匹凸匹公司的投资者。2015年4月15日，被告匹凸匹公司公告收到中国证券监督管理委员会上海监管局（以下简称上海证监局）的《行政监管措施决定书》。2016年3月18日，被告匹凸匹公司公告收到上海证监局沪〔2016〕2号《行政处罚决定书》。该决定书认定，被告匹凸匹公司存在未及时披露多项对外重大担保、重大诉讼事项的信息披露违规行为，决定对本案被告分别予以处罚。原告自被告匹凸匹公司实施虚假陈述行为之日起，出于对被告匹凸匹公司的信赖，购买了其公司的股票，在虚假陈述行为被揭露后，原告因投资该股票而形成损失。原告认为，针对《行政处罚决定书》中涉及的重大事项，被告匹凸匹公司应自2013年3月2日之后的两个交易日内披露，故2013年3月5日应为实施日，2015年4月15日为揭露日，相应基准日为2015年6月2日。原告依据《证券法》、最高人民法院《关于审理证券市场因虚假陈述引发的民事赔偿案件的若干规定》

(以下简称《若干规定》)等法律法规的规定,提出上述诉讼请求。

被告匹凸匹公司答辩称:(1)认可被告鲜某作为直接责任人承担首要责任,但若其他被告承担责任,应明确可以向被告鲜某追偿;(2)各原告的损失计算,被告匹凸匹公司不予认可。

被告鲜某及恽某某未发表答辩意见。

原告方围绕诉讼请求依法提交了证据,本院组织当事人进行了证据交换和质证。对当事人无异议的证据,本院予以确认并在卷佐证。

依据本院采纳的证据及当事人庭审陈述,本院查明本案事实如下:

被告匹凸匹公司原名上海多伦实业股份有限公司,公开发行的 A 股股票代码为 600696。

2016 年 3 月 15 日,上海证监局作出沪〔2016〕2 号《行政处罚决定书》,对鲜某、恽某某、向某某、曾某某、张某某、陈某某、金某、史某及匹凸匹公司作出行政处罚。决定书认定:被告匹凸匹公司存在违法违规的事实,包括未及时披露多项对外重大担保、重大诉讼事项,以及 2013 年年报中未披露对外重大担保事项。未及时披露的对外重大担保事项包括被告匹凸匹公司控股子公司荆门汉通置业有限公司(以下简称荆门汉通)于 2013 年 3 月 2 日签署《担保函》,对外担保 3500 万元;被告匹凸匹公司于 2015 年 4 月 15 日公告上海证监局《关于对上海多伦实业股份有限公司采取责令公开说明措施的决定》(沪证监决〔2015〕31 号),首次对外公开披露了该担保事项。决定书最终认定,被告匹凸匹公司未及时披露对外重大担保事项及重大诉讼事项的行为,违反了《证券法》第 63 条关于"发行人、上市公司依法披露的信息,必须真实、准确、完整,不得有虚假记载、误导性陈述或者重大遗漏"以及第 67 条"发生可能对上市公司股票交易价格产生较大影响的重大事件,投资者尚未得知时,上市公司应当立即将有关该重大事件的情况向国务院证券监督管理机构和证券交易所报送临时报告……"的规定,构成了《证券法》第 193 条所述的违法行为。对于该行为,时任董事长、法定代表人、代行总经理及董事会秘书职责的鲜某为直接负责的主管人员,时任董事、财务总监恽某某是其他直接责任人员。此外,根据决定书中认定的事实对荆门汉通所担保的主债务,被告鲜某也提供了担保。

原告方在本案中请求赔偿的经济损失包括投资差额损失、佣金及印花税损失。对于原告方主张的虚假陈述行为实施日 2013 年 3 月 5 日、揭露日 2015 年 4 月 15 日及基准日 2015 年 6 月 2 日,被告匹凸匹公司均予认可,同时对原告主张的基准价 13.52 元/股亦予认可。计算损失时,除投资差额损失,原告方主张印花税以投资差额损失为基数,按 1% 计算,佣金损失若原告自证券公司取得的交易记录中可以反映佣金收取标准,则按该实际标准计算,否则按0.2%计算;利息则以上述3项损失总额为基数,按照年利率3.5‰,自买入日计算至卖出日或基准日。

各名原告涉案交易记录如下:

原告刘某于2015年4月14日在其信用证券账户E×××××××××内共计买入600696股票225,700股,买入总金额为3,237,329元;2015年4月29日,原告刘某将上述股票全部卖出,卖出总金额为2,861,592元。

原告陈某某自2015年4月7日至4月9日期间,在其证券账户A×××××××××内共计买入600696股票1,074,801股,买入总金额为3,490,701.31元;2015年4月29日及2015年5月7日,原告陈某某将上述股票全部卖出,卖出总金额为11,843,870.61元。

原告顾某某于2015年4月14日在其证券账户A×××××××××内共计买入600696股票2400股,买入总金额为32,299元;2015年4月30日,原告顾某某将上述股票全部卖出,卖出总金额为27,840元。

原告喻某某于2015年4月14日在其证券账户A×××××××××内共计买入600696股票18,800股,买入总金额为253,048元;2015年4月29日,原告喻某某将上述股票全部卖出,卖出总金额为227,676元。

原告卢某某自2013年12月16日至2014年5月13日期间,在其证券账户A×××××××××内共计买入600696股票30,000股,买入总金额为196,015元;2013年12月18日至2014年5月28日期间,原告卢某某将上述股票卖出29,900股,卖出总金额为192,879元。

原告杨某于2015年4月14日在其证券账户A×××××××××内共计买入600696股票80,800股,买入总金额为1,089,678元;2015年4月29日,原告杨某将上述股票全部卖出,卖出总金额为1,030,418元。

原告徐某某于2015年4月13日在其证券账户A×××××××××内共计买入600696股票10,000股,买入总金额为128,800元;2015年4月30日,原告徐某某将上述股票全部卖出,卖出总金额为116,500元。

原告庄某于2015年4月13日在其证券账户A×××××××××内共计买入600696股票30,000股,均以12.78元/股成交;2015年4月30日,原告庄某将上述股票全部卖出,均以11.85元/股成交。

原告范某某于2014年12月11日在其证券账户A×××××××××内共计买入

600696股票1200股,均以9.88元/股成交。2014年12月23日,原告范某某卖出600696股票1000股,均以7.96元/股成交;2015年4月30日,原告范某某将剩余200股卖出,以11.86元/股成交。

原告蒋某某于2015年4月14日在其证券账户A××××××××××内共计买入600696股票24,700股,均以13.45元/股成交;2015年4月29日,原告蒋某某将上述股票全部卖出,均以12.82元/股成交。

原告周某于2015年4月14日在其证券账户A××××××××××内共计买入600696股票3000股,买入总金额41,963元;2015年4月29日,原告周某将上述股票全部卖出,卖出总金额36,330元。

原告赵某于2015年4月14日在其证券账户A××××××××××内共计买入600696股票8500股,均以13.41元/股成交;2015年4月30日,原告赵某将上述股票中卖出3500股,均以11.65元/股成交,剩余5000股继续持有,直至2015年6月2日前未卖出。

原告何某于2015年4月14日在其证券账户A××××××××××内共计买入600696股票1000股,均以13.63元/股成交2015年4月29日,原告何某将上述股票全部卖出,均以12.59元/股成交。

原告周某某于2015年4月14日在其证券信用账户内共计买入600696股票178,587股,买入总金额2,443,719.38元;2015年4月29日,原告周某某将上述股票全部卖出,卖出总金额2,288,249.95元。

另,截至2013年3月4日,本案原告上述证券账户内未持有600696股票。

本院经审查,按照换手率达到100%为标准,以2015年4月15日为揭露日所对应的基准目为2015年6月2日,基准价为13.52元/股。

本院认为,上海证监局既已作出《行政处罚决定书》,认定被告匹凸匹公司存在虚假陈述行为,并对其进行了行政处罚,则可据此认定被告匹凸匹公司存在虚假陈述的过错。结合《若干规定》第17条之规定及上述《行政处罚决定书》认定的事实,可进一步认定被告匹凸匹公司实施的虚假陈述行为属不正当披露行为。《行政处罚决定书》中共认定了被告匹凸匹公司的两项信息披露违法违规事实,一是未及时披露多项对外重大担保、重大诉讼事项,二是2013年年报中未披露对外重大担保事项。原告提起本案诉讼所针对的为被告匹凸匹公司未及时披露荆门汉通于2013年3月2日签署《担保函》发生对外担保事项这一虚假陈述行为,故原告主张的损失金额是否可予确认以及相关赔偿责任主体的认定,均应围绕该项虚假陈述行为展开。

首先,关于原告主张的虚假陈述行为的实施日、揭露日及基准日。根据《行政处罚决定书》的认定,被告匹凸匹公司未批露的重大担保事项,属于《证券法》第67条规定的"可能对上市公司股票交易价格产生较大影响的重大事件",根据该条规定,对此类重大事件,上市公司应当立即报告并予公告,现原告方主张以两个交易日之内作为被告匹凸匹公司履行披露义务的期限,即以2013年3月5日为虚假陈述行为实施日,被告匹凸匹公司对此予以认可,本院亦予确认。关于虚假陈述行为的揭露日,决定书认定被告匹凸匹公司于2015年4月15日发布公告,首次对外公开披露了荆门汉通的担保事项,故原告主张该公告日为涉案虚假陈述行为的揭露日,具有事实依据。对于原告主张的基准日2015年6月2日及基准价13.52元/股,本院经审核予以确认。

其次,关于原告主张的损失。《若干规定》第30条规定,投资人的实际损失包括投资差额损失、投资差额损失部分的佣金和印花税以及上述两项所涉的资金利息。关于投资差额损失,对原告发生于虚假陈述行为实施日至揭露日之间的买卖股票行为,如果原告在该期间的证券买入平均价与其卖出平均价或基准价之间存在差额,该差额部分即投资差额损失。关于证券买入平均价的确定,本院认为,最高人民法院所指的买入证券平均价格,系指投资人买入证券的成本,由此,投资者在虚假陈述被揭示之前,即揭露日之前卖出股票而收回的相应资金,属于投资者提前收回的投资成本,应当在总投资成本中予以扣除。关于如何计算差额,《若干规定》第31条规定"投资人在基准日及以前卖出证券的,其投资差额损失,以买入证券平均价格与实际卖出证券平均价格之差,乘以投资人所持证券数量计算"。第32条规定"投资人在基准日之后卖出或者仍持有证券的,其投资差额损失,以买入证券平均价格与虚假陈述揭露日或者更正日起至基准日期间,每个交易日收盘价的平均价格之差,乘以投资人所持证券数量计算。"依据上述计算方法,本院认定各名原告的买入均价、卖出均价及相应投资差额损失如下:原告刘某的买入均价为14.34元/股,卖出均价为12.68元/股,投资差额损失为374,662元;原告陈某某的买入均价为12.55元/股,卖出均价为11.02元/股,投资差额损失为1,644,445.53元;原告顾某某的买入均价为13.46元/股,卖出均价为11.60元/股,投资差额损失为4464元;原告喻某某的买入均价为13.46元/股,卖出均价为12.11元/股,投资差额损失为25,380元;原告卢某某的买入均价为31.36元/股,投资差额损失为1784元;原告杨某的买入均价为13.49元/股,卖出均价为12.75元/股,投资差额损失为59,792元;原告徐某某的买入均价为12.88元/股,卖出均价为11.65元/股,投资差额损失为12,300元;原告庄某的买入均价为12.78元/股,卖出均价为11.85元/股,投资差额损失为27,900元;原告范某某的买入均价为19.48元/股,卖出均价为11.86元/

股,投资差额损失为1524元;原告蒋某某的买入均价为13.45元/股,卖出均价为12.82元/股,投资差额损失为15,561元;原告周某的买入均价为13.99元/股,卖出均价为12.11元/股,投资差额损失为5640元;原告赵某的买入均价为13.41元/股,卖出均价为11.59元/股,3500股的投资差额损失为6370元,剩余5000股因买入均价低于基准价13.52元,实际不存在投资差额损失,故原告赵某的投资差额损失应为6370元;原告何某的买入均价为13.63元/股,卖出均价为12.59元/股,投资差额损失为1040元;原告周某某的买入均价为13.68元/股,卖出均价为12.81元扩股,投资差额损失为155,370.69元。

针对原告主张的佣金损失和印花税损失计算方式及标准,本院经审查认为符合《若干规定》的相关内容,并具有合理性,予以确认,以上述投资差额损失金额为基数计算出的各名原告的佣金及印花税损失分别如下:

原告刘某的佣金损失为74.93元,印花税损失为374.66元;原告陈某某的佣金损失为493.33元,印花税损失为1644.45元;原告顾某某的佣金损失为13.39元,印花税损失为4.46元;原告喻某某的佣金损失为5.08元,印花税损失为25.38元;原告卢某某的佣金损失为3.03元,印花税损失为1.78元;原告杨某的佣金损失为11.96元,印花税损失为59.79元;原告徐某某的佣金损失为19.68元,印花税损失为12.3元;原告庄某的佣金损失为8.37元,印花税损失为27.90;原告范某某的佣金损失为2.74元,印花税损失为1.52元;原告蒋某某的佣金损失为3.11元,印花税损失为15.56元;原告周某的佣金损失为10.15元,印花税损失为5.64元;原告赵某的佣金损失为3.19元,印花税损失为6.37元;原告何某的佣金损失为0.62元,印花税损失为1.04元;原告周某某的佣金损失为93.22元,印花税损失为155.37元。

各名原告针对上述3项损失的利息部分提出的主张及相应计算方式,本院经审查认为,符合《若干规定》第30条"……所涉资金利息,自买入至卖出证券日或者基准日,按银行同期活期存款利率计算"的规定,本院予以确认。各名原告主张的利息计算期间,与各自交易记录相符,本院经审查均予以确认。原告的利息损失计算应将投资差额损失、利息损失及印花税损失3项损失之和作为基数,按年利率3.5%。及各自主张的利息计算期间予以计算,计算后的各名原告利息损失分别为:刘某54.30元;陈某某480.25元;顾某某0.70元;喻某某3.71元;卢某某9.15元;杨某8.73元;徐某某2.04元;庄某4.62元;范某某2.21元;蒋某某2.27元;周某0.82元;赵某0.99元;何某0.15元及周某某22.69元。

根据本院认定的上述损失总额,现均以原告方各自主张的损失总额为限,对该项诉讼请求予以支持。

最后,关于承担赔偿责任的主体。本院认为,《若干规定》第21条规定"发起人、发行人或者上市公司对其虚假陈述给投资人造成的损失承担民事赔偿责任。发行人、上市公司负有责任的董事、监事和经理等高级管理人员对前款的损失承担连带赔偿责任。但有证据证明无过错的,应予免责。"被告鲜某作为涉案虚假陈述行为实施当时的被告匹凸匹公司董事长、法定代表人、代行总经理及董事会秘书,同时其本人也是该重大担保事项所涉借款的担保人,显然对于该重大担保事项的发生已第一时间知晓。被告鲜某作为被告匹凸匹公司法定代表人,应当明知该重大担保事项属于《证券法》第67条规定的"可能对上市公司股票交易价格产生较大影响的重大事件",在此情况下,作为直接负责的公司主管人员,鲜某不但未尽管理职责,以公司名义立即将该重大事件向国务院证券监督管理机构和证券交易所报送临时报告,并予公告说明事件的起因、目前的状态和可能产生的法律后果,而且一直持续未披露状态,直至2015年4月15日公告上海证监局《关于对上海多伦实业股份有限公司采取责令公开说明措施的决定》,才对上述事项进行披露,显然系涉案虚假陈述行为的直接责任人,原告方主张被告鲜某对投资损失承担首要的赔偿责任,具有事实及法律依据,本院予以支持。

被告匹凸匹公司作为被处罚的上市公司,对被告鲜某的赔偿责任应当承担连带责任,若被告匹凸匹公司认为其享有对被告鲜某的追偿权,应另行提起诉讼。此外,被告恽某某作为被告匹凸匹公司时任董事、财务总监,系涉讼《行政处罚决定书》中认定的在涉及2013年3月2日《担保函》这一虚假陈述行为中的其他直接责任人员,亦应当对被告鲜某的赔偿责任承担连带责任。

综上所述,被告鲜某应当对原告方的投资差额损失、佣金及印花税损失、利息损失进行赔偿,被告匹凸匹公司及恽某某应当对被告鲜某的上述赔偿责任承担连带责任。依照《证券法》第67条,《若干规定》第7条、第17条、第18条、第21条、第30条、第21条、第32条、第33条第1项及《民事诉讼法》第144条之规定,判决如下:

一、被告鲜某应于本判决生效之日起10日内赔偿各名原告的投资差额损失、佣金损失、印花税损失以及上述3项损失的利息共计金额如下:原告刘某人民币375,165.89元;原告陈某某人民币1,646,616.15元;原告顾某某人民币4477.54元;原告喻某某人民币25,406.14元、原告卢某某人民币1797.63元、原告杨某人民币59,339.76元、原告徐某某人民币12,334.02元、原告庄某人民币27,940.89元、原告范某某人民币1530.47元、原告蒋某某人民币15,581.94元、原告周某人民币5649.59元、原告赵某人民币6370.53元、原告何某人民币1041.81元及原告周某某人民币155,641.97元;

二、被告匹凸匹金融信息服务(上海)股份有限公司及被告恽某某对被告鲜某的上述第一项项下付款义务承担连带赔偿责任。

如果被告鲜某、被告匹凸匹金融信息服务(上海)股份有限公司及被告恽某某未按本判决指定的期间履行给付金钱义务,应当依照《民事诉讼法》第 253 条之规定,加倍支付迟延履行期间的债务利息。

本案案件受理费人民币 32,797.77 元(原告方已预交),由被告鲜某、被告匹凸匹金融信息服务(上海)股份有限公司及被告恽某某共同负担,此款项应于本判决生效之日起 7 日内向本院缴纳。

如不服本判决,可在本判决书送达之日起 15 日内向本院递交上诉状,并按对方当事人的人数提出副本,上诉于上海市高级人民法院。

审　判　长　张冬梅

审　判　员　桂　佳

人民陪审员　陈幸学

二〇一七年五月十八日

书　记　员　刘凌钒

本案相关新闻报道

人民法院报评出 2017 年度人民法院十大民事行政案件①

由人民法院报编辑部评选的 2017 年度人民法院十大民事行政案件 1 月 6 日推出。此次入选的十个民事行政案件,均为本报 2017 年所报道的具有重大社会影响力和标志性意义的案件。

这十大案件分别为:"王老吉与加多宝包装装潢纠纷案""全国首例证券支持诉讼案""女博士诉北大撤销学位案""腾格里沙漠系列公益诉讼案""福昌电子破产重整案""国内首起网购平台打假案""腾讯诉'今日头条'侵权案""生父母向养父母索要孩子案""首例'毒跑道'公益诉讼案""江苏省政府提起环境公益诉讼案"。

这十大案件展示了过去一年中,人民法院在强化产权保护、维护生态环境、保障社会诚

① 《本报评出 2017 年度人民法院十大民事行政案件》,载最高人民法院网:http://www.court.gov.cn/zixun-xiangqing-76622.html,最后访问日期:2018 年 8 月 7 日。

信、加强破产审判保障供给侧结构性改革等诸多领域所付出的努力,也反映了人民法院在定分止争、保障人民群众合法权益、支持促进依法行政和弘扬社会主义核心价值观等方面所作的贡献与积极探索。

应本报邀请,北京航空航天大学法学院教授龙卫球、中国人民大学法学院教授刘俊海、中国人民大学法学院教授韩大元、中国政法大学教授王灿发、中国政法大学教授李曙光、中国人民大学法学院教授杨立新为上述2017年度人民法院十大民事行政案件进行了精彩点评。

……

二、全国首例证券支持诉讼案

2017年5月19日,上海市第一中级人民法院对刘某等14名原告诉被告匹凸匹金融信息服务(上海)股份有限公司及实际控制人鲜某等证券虚假陈述纠纷案作出宣判,一审支持原告全部诉请。

刘俊海点评:

我国新时代资本市场的主要矛盾是广大投资者日益增长的合理投资回报需要和资本市场发展不平衡不充分之间的矛盾。资本市场的融资功能长期重于投资功能。中小投资者维权成本高于维权收益,普遍面临着“为追回一只鸡,须杀掉一头牛”的维权窘境。违法者失信收益高于失信成本,守法者守信成本高于守信收益。

本案是全国首例由中证中小投资者服务中心依据《民事诉讼法》第15条支持投资者向上市公司及其实际控制人提起证券赔偿诉讼并出庭的民事赔偿案件。该院判令鲜某赔偿原告投资者的投资差额损失、佣金及印花税损失及利息损失,并判令匹凸匹公司及恽某某对鲜某上述赔偿责任承担连带责任,弘扬了股权文化与诚信文化,明之以法,晓之以理,喻之以义,堪称辨法析理、胜败皆明的标杆案例。

该案例是可复制可推广的成功司法经验。建议各级法院对法定公益机构依法支持的各类证券民事案件开门立案、凡诉必理,做到快立案、快审理、快判决与快执行。诉讼支持机构要创新行权模式,提升履职公信,协助法院梳理法律关系与查明案情,积极发挥“法庭之友”的协同共治作用。只有确保维权收益高于维权成本,才能康复投资信心,持续提升投资者的获得感、幸福感与安全感,把资本市场办成公平公正、共建共享的国民财富中心。

投服中心提起全国首例证券支持诉讼 探索投资者维权救济新机制①

近日,中证中小投资者服务中心有限责任公司(以下简称投服中心)接受 9 名因匹凸匹金融信息服务(上海)股份有限公司(曾用名上海多伦实业股份有限公司,股票代码 600696)虚假陈述行为受损的投资者委托,将原实际控制人鲜某作为第一被告、其他 7 名负责任高管以及匹凸匹公司作为共同被告,正式向上海市一中院递交诉状,要求连带赔偿投资者经济损失合计 215 万元。

国务院办公厅《关于进一步加强资本市场中小投资者合法权益保护工作的意见》(以下简称国办 110 号文)明确提出,“健全适应资本市场中小投资者民事侵权赔偿特点的救济维权工作机制”。此次投服中心受中小投资者委托提起证券支持诉讼,既是落实国办 110 号文精神、积极探索中小投资者合法权益维权救济新机制和新途径的具体实践,也是全国法院系统受理的第一例证券支持诉讼,标志着我国证券市场支持诉讼制度建设开始“破冰”。

中小投资者诉讼面临成本高、举证难、耗时长等困境

中小投资者是我国资本市场最主要的参与群体,但一直处于弱势地位,合法权益容易受到侵害。现阶段通过民事诉讼途径维权面临着举证难、成本高、获赔少等现实困境,中小投资者的积极性不高。

“我们普通老百姓十分痛恨上市公司、高管和控股股东损害中小散户利益的行为,但是人单力薄现实中感到很无力。侵害自身权益的信息也大多是通过股吧、微信和新闻才事后了解到的。”已经炒股多年的李女士在接受投服中心访谈时如是表示。

据她介绍,通过诉讼打官司来维护自身权益,一方面,中小投资者没有专业的法律知识和主观意识,时间和精力不允许,损失金额又不大,大多数情况不了了之;另一方面,证券市场也缺乏专业公益机构,及时发布准确的维权信息、帮助中小投资者评估风险和节省成本。

据长期和客户打交道的长江证券上海市福州路营业部副总经理朱晓红介绍,经常会有客户向营业部工作人员发牢骚,又被某某信息误导、结果高买低卖亏损严重,也不知道怎么去维权,但很少有客户真去花时间和精力打官司告上市公司。

据统计,2001 年至 2015 年共有 214 家上市公司因虚假陈述被行政处罚,但已公开信息显示仅有 65 家被投资者提起证券民事赔偿诉讼,占比仅 30%。从投服中心近期随机开展

① 参见周松林:《投服中心提起全国首例证券支持诉讼》,载中国证券业协会官网:http://www.sac.net.cn/hyfw/hydt/201607/t20160725_128517.html,最后访问日期:2018 年 3 月 15 日。

的投资者电话访谈结果来看,有些上市公司的行为实际上已经损害了中小投资者合法权益,但是其并不知情,甚至也不了解其所受损失可以通过法律途径全部获得赔偿。

长期从事证券侵权民事赔偿诉讼的上海明伦律师事务所王智斌律师分析认为,针对证券市场投资者权利救济问题,英美法系国家主要采用集团诉讼对群体性权利进行救济,特别是美国的集团诉讼采用退出制,只要广大适格投资者未明示选择退出集团的意愿,就可以来分享集团诉讼的索赔成果。目前,我国尚未建立集团诉讼制度,因此在现有诉讼机制下,只有每个受损投资者自己去主动维权才有可能获赔,投资者的权益意识、维权积极性就显得尤为重要。

投服中心提起首例证券支持诉讼　帮中小投资者打官司

一直以来,投服中心密切关注资本市场上涉嫌侵害中小投资者合法权益的行为。近年来,匹凸匹公司一系列行为,社会反响较大,诸多行为引起投资者不满。

2016 年 3 月,上海证监局作出行政处罚决定书,认定匹凸匹公司存在“未及时披露多项对外重大担保及重大诉讼事项,2013 年年报中未披露对外重大担保事项”等信息披露违法违规事实,同时认定时任公司董事长鲜某对于上述行为是直接负责的主管人员,其他相关高管为直接责任人员,作出责令改正、警告和罚款等相关处罚决定。

2016 年 5 月,因匹凸匹公司 2015 年年报披露归属于上市公司股东的净利润亏损过亿元,亏损幅度超出预告业绩的 412%,上交所对匹凸匹公司及有关责任人予以通报批评。

作为证监会批复成立的一家公益性投资者保护专门机构,为合法权益受损害的中小投资者提供支持诉讼是投服中心主要工作职责之一。

近期,不少投资者向投服中心反映因该公司虚假陈述而受损的情况,希望通过法律途径索赔维权。

面对中小投资者迫切的维权需求,投服中心主动出手、及时出手,接受 9 名中小投资者的委托,协助受损投资者准备相关证据材料,于 2016 年 7 月 20 日正式向上海市一中院递交诉状,将对上市公司虚假陈述行为负有责任的匹凸匹公司原实际控制人鲜某、时任董事和财务总监恽某某、1 名董事、2 名独立董事和 3 名监事共计 8 名作为被告,并将匹凸匹公司作为共同被告,提起首例证券支持诉讼,诉请索赔金额合计 200 余万元。

投服中心副总经理、本案诉讼代理人之一徐明指出,目前我国资本市场证券侵权行为频繁发生、侵权民事责任与民事诉讼制度有待完善,行政处罚措施也难以对证券违法违规主体形成有效震慑。投服中心作为专门服务和保护中小投资者合法权益的公益机构,帮助投资者降低诉讼成本、支持投资者诉讼是理所应当、职责所在。

“针对涉及中小投资者多、矛盾比较突出、社会影响较大的典型性证券侵权纠纷,推出证券支持诉讼服务正是切实保障投资者权益、增强投资者获得感的重要举措。”徐明表示。

探索构建证券市场投资者保护新机制

证券市场侵权行为往往具有受损人数众多而单个损失金额较小的特点,受损中小投资者自身去维权不仅需要耗费较高的时间和精力成本,还要承担以其专业知识储备所不能预期的败诉风险,一旦遭遇到困难,往往会选择放弃维权,导致诉讼索赔的“集体行动”困境。

上海消保委副秘书长唐健盛认为,中小投资者在维权时往往会面临与消费者相似的不利境地,比如,信息不对称、举证能力缺乏以及在维权方面无法投入足够的资金和时间等等。而在消费者权益保护领域,消保委通过支持诉讼和公益诉讼能较好地解决这个维权难点。2016 年,上海市消保委通过全国首例消费公益诉讼就推动了手机预装软件重构规则。此次能够在证券领域引入支持诉讼,在现行法下同样具有可行性,可以为中小投资者维权提供很大帮助,具有积极的实践意义。

在不久前,6 月 30 日,投服中心与中华全国律师协会金融证券保险专业委员会签署合作备忘录,双方将进一步整合各方优势资源,搭建相互协作的法律服务平台,展开全方面的深度合作,充分发挥证券专业律师在证券支持诉讼等投资者维权救济中的作用。

中华全国律协副会长、本案诉讼代理人之一吕红兵认为,投服中心积极回应中小投资者维权的迫切诉求,通过开展证券支持诉讼,接受投资者委托,协助投资者准备证据材料打官司,为投资者节省了大量维权时间、缩短了维权程序。此类诉讼也为潜在广大受损投资者明确了诉讼预期、起到示范维权救济效果。同时,诉讼着重追究对证券侵权行为存在过错的上市公司高管及实际控制人等主体的赔偿责任,有助于督促上市公司董事、监事和高管勤勉尽责,确保上市公司依法合规经营。

畅通投资者诉求表达和权利救济渠道,是夯实资本市场基础制度的重要一环。国办 110 号文明确提出,“健全适应资本市场中小投资者民事侵权赔偿特点的救济维权工作机制”。

此次投服中心受中小投资者委托提起支持诉讼,是落实国办 110 号文精神、积极探索中小投资者合法权益维权救济新机制和新途径的具体实践,有利于进一步畅通投资者诉求表达和权利实现渠道,夯实资本市场基础制度建设,塑造良好的法治环境。

徐明指出,此次证券支持诉讼仅是一个开端,下一步投服中心将密切关注市场侵害中小投资者合法权益的行为,陆续启动一批证券虚假陈述民事赔偿等案件的支持诉讼工作,以具体案例为抓手、以机制建设为重点,积极探索资本市场中小投资者保护新途径,切实维护好中小投资者的合法权益。

投服中心全国首例证券支持诉讼一审胜诉 14 名投资者全部获赔①

2017 年 5 月 19 日上午,上海市第一中级人民法院对原告刘某等诉被告鲜某、“匹凸匹”等证券虚假陈述责任纠纷一案(以下简称“匹凸匹案”),依法作出一审宣判,判决鲜某等责任人赔偿投资者损失合计 233.89 万元。该案系全国首例证券支持诉讼,中证中小投资者服务中心(以下简称投服中心)受托支持的 14 名中小投资者全部胜诉。

诉讼获胜　尘埃落定

“匹凸匹案”是证券领域公益性机构探索支持散户维权的第一单,也是全国首例证券支持诉讼案。自 2016 年 7 月获法院受理、2017 年 1 月公开开庭审理以来,得到了社会各界的持续关注。投服中心高度重视该案,精研案情,翔实举证,充分论证案件代理思路,反复推敲举证质证等关键环节。庭审时,投服中心还专门派出了总经理徐明和投服中心公益律师团牵头人、中华全国律师协会副会长吕红兵律师亲自出庭代理诉讼,为投资者争取最大合法权益。

上午 10 时,上海市第一中级人民法院作出一审宣判,原告诉讼代理人所主张的虚假陈述行为实施日、揭露日及基准日的认定,和投资差额损失、佣金损失、印花税损失以及上述 3 项损失的利息的计算方法和标准,法院经审查后均予以确认。14 名投资者所诉请的投资差额损失、佣金损失、印花税损失以及上述 3 项损失的利息,都获得了法院的支持,合计获赔 233.89 万元。其中,获赔金额最多的高达 164.66 万元,获赔金额最少的为 1041.81 元。

追责到人　本案首开先河

上市公司发生虚假陈述等违规侵权行为,公司治理问题固然难辞其咎,但上市公司是拟制法人主体,事在人为,“人”在其中作用不可被忽视。上市公司的实际控制人或董监高作为直接负责的主管人员,利用上市公司的法人人格进行虚假陈述,获取大量非法利益,但行政处罚对相关责任主体的经济惩戒却很有限,如本案中鲜某作为直接负责的主管人员被处以顶格罚款,但金额仅 30 万元。而从以往虚假陈述违规侵权的诉讼案例看,上市公司往往是作为唯一被告,即使相关高管承担责任,也只是承担连带赔偿责任,在经济方面的惩戒与警示效果有限。因此,本案将“维权对象”转向上市公司董监高、实际控制人等直接责任人。

---

① 参见《投服中心全国首例证券支持诉讼一审胜诉 14 名投资者全部获赔》,载新华网:http://www.xinhuanet.com/fortune/2017-05/19/c_129609518.htm,最后访问日期:2018 年 4 月 20 日。

法院经审理认为,本案被告鲜某系涉案虚假陈述行为的直接责任人,原告方主张被告鲜某对投资损失承担首要的赔偿责任,具有事实及法律依据,法院予以支持。被告鲜某作为涉案虚假陈述行为实施当时的被告匹凸匹公司董事长、法定代表人、代行总经理及董事会秘书,同时其本人也是该重大担保事项所涉借款的担保人,显然对于该重大担保事项的发生已第一时间知晓,应当明知该重大担保事项属于《证券法》第 67 条规定的“可能对上市公司股票交易价格产生较大影响的重大事件”,在此情况下,作为直接负责的公司主管人员,鲜某不但未尽管理职责,以公司名义立即将该重大事件向国务院证券监督管理机构和证券交易所报送临时报告,并予公告说明事件的起因、目前的状态和可能产生的法律后果,而且一直持续未披露状态,直至 2015 年 4 月 15 日公告上海证监局《关于对上海多伦实业股份有限公司采取责令公开说明措施的决定》,才对上述事项进行披露,显然系涉案虚假陈述行为的直接责任人。此次胜诉,首次以司法判例的形式肯定了直接责任人的首要赔偿责任。如无特殊情况,未来投服中心提起的支持诉讼案件都将遵循这一惯例,以此向社会各界传递信号,任何挑战法律底线、侵害投资者合法权益的违法主体,都有可能成为诉讼被告,面临民事赔偿追责。

维权利剑高悬　助力监管提效

“匹凸匹案”的胜诉具有很强的示范意义,极大地唤醒了广大中小投资者的维权意识,鼓励他们勇于拿起法律武器,依法维护自身权益。

信息披露违规行为严重破坏市场秩序,损害投资者利益,也严重抹黑上市公司的整体形象和信誉,证监会对此始终保持从严监管的高压态势。在此背景下,畅通维权机制、强化民事追责,打造监管之外又一把“达摩克利斯之剑”,将对监管构成有效的延伸与补充,提升监管效能。

该案诉讼期间,投服中心又适时提起了第二起支持诉讼“康达新材案”。截至目前,投服中心受托的两起诉讼中,中小投资者全部胜诉,“康达新材案”赔偿金额已全部执行完毕,取得了快立案、快审理、快执行的良好效果。

继这两起支持诉讼后,投服中心创新了诉讼维权的形式,先后公开征集因“上海绿新”“安硕信息”虚假陈述受损的中小投资者,启动了第三起和第四起支持诉讼工作。目前,第三起支持诉讼“上海绿新案”已于 4 月 17 日公开征集期限届满,公开征集效果不错,目前进展顺利,投服中心正抓紧进行诉前证据整理、损失金额计算、与投资者沟通签署法律文书等一系列工作,相关工作完成后即提起诉讼。第四起支持诉讼“安硕信息案”尚在公开征集期,请广大中小投资者密切关注征集公告,符合条件的请及时与我们取得联系。

投服中心负责人表示，下一步将进一步研究丰富支持诉讼的案件类型，持续创新维权方式，扩大支持起诉的覆盖面，更好地维护广大中小投资者的合法权益。

全国首例证券支持诉讼开审投服中心亮相法庭①

2016年1月23日上午，由中证中小投资者服务中心（以下简称投服中心）接受14名投资者委托，向匹凸匹金融信息服务（上海）股份有限公司（以下简称匹凸匹）实际控制人鲜某等八名高管及匹凸匹公司提起的证券虚假陈述纠纷案在上海市第一中级人民法院开庭审理。这是投服中心首次受中小投资者委托提起的证券支持诉讼，也是全国第一例证券支持诉讼。此次开庭，投服中心极为重视，派出了总经理徐明和投服中心公益律师团牵头人、中华全国律师协会副会长吕红兵律师亲自出庭代理诉讼。

一、庭中交锋，重点突出

在近两个小时的庭审过程中，原被告双方突出围绕虚假陈述赔偿责任承担、损失计算方法等重点问题展开交锋。

原告诉称，其系匹凸匹公司的投资者。2016年3月，上海证监局发布行政处罚决定，认定多伦股份于2013年3月2日起至2015年4月15日，未及时披露多项对外重大担保、重大诉讼事项，2013年年报中未披露对外重大担保事项，其行为违反了证券法相关规定，构成证券虚假陈述。

原告认为，匹凸匹公司虚假陈述的侵权行为造成了其损失，故将匹凸匹公司及其实际控制人鲜某与其他7名高管作为共同被告诉至法院，诉请判令实际控制人鲜某赔偿投资经济损失，其余8被告承担连带赔偿责任。14名原告提起的赔偿金额共计234万余元。

被告匹凸匹公司对原告所主张投资损失的计算依据和计算方式提出异议，并辩称根据最高人民法院相关司法解释，匹凸匹公司承担连带赔偿责任后，应可向实际控制人鲜某等追偿。因此，在认同上市公司应对投资者承担责任的同时，匹凸匹公司表示希望通过判决明确对实际控制人的追偿权。

二、精心准备，全面保护

投服中心作为公益性专门投保机构支持投资者维权，通过委派公益律师、协助调取证据等方式，帮投资者节省了大量时间和精力成本，解决了维权过程中的实际难处，得到了中小投资者的普遍称赞，赢得了中小投资者的信任。

---

① 参见《全国首例证券支持诉讼开审　投服中心亮相法庭》，载人民网：http://money.people.com.cn/stock/n1/2017/0125/c67815-29048300.html，最后访问日期：2018年5月10日。

在本案中,投服中心配备了顶尖的法律专业力量,投资者原告只需要签字委托即可、简便易行。投服中心负责准备诉讼材料、制定诉讼策略,帮助每位投资者联系证券公司调取相关交易流水、校对核算损失、制作损失计算表,形成了翔实完备的证据材料,极大地便利了投资者诉讼维权。

投服中心总经理徐明多次会同公益律师团牵头人吕红兵,组织相关人员专门研究案情,翔实准备证据材料,充分沟通案件代理思路、举证质证等关键环节,最大化争取投资者合法权益,力求全面保护投资者。

庭审过程中,由投服中心派出的原告诉讼代理人摆事实、讲法理,全力为投资者主张权利。被告匹凸匹公司对大多数投资者的损失计算方法表示认同,仅对一位投资者的计算方法表示不认可。按被告主张的方法计算,该投资者不能获赔,而按照原告主张的"实际成本法",则可以获赔。

投服中心总经理徐明认为,按照"实际成本法"计算实施日至揭露日期间股票既有买入又有卖出情形时的买入平均价格,更有利于保护多数投资者的合法权益。这种计算方法参考了最高人民法院公报案例2005年第11期"陈某某等23名投资人诉大庆联谊公司、申银证券公司虚假陈述侵权赔偿纠纷案"中的计算方法,最能体现投资者的实际损失情况,也兼顾了惩治违法行为人的效果。

投服中心公益律师吕红兵认为,这种计算方法是合理、合法的,符合《关于审理证券市场因虚假陈述引发的民事赔偿案件的若干规定》的精神,既能体现对多数投资者的充分保护,也能体现对虚假陈述侵权责任人的惩罚性。

三、区别对待,指向明确

目前,我国资本市场证券侵权行为频繁发生,侵权民事责任与民事诉讼制度有待完善,行政处罚措施也难以对证券违法违规主体形成有效震慑。打击证券侵权行为,除行政监管执法外,民事追责机制的良好运作同样重要。

对于类似本案这种实际控制人鲜某等高管以及上市公司的违法违规行为,广大投资者十分痛恨,但是真正去诉讼维权却又面临举证难、成本高、缺乏专业知识等现实困境,很多投资者都无奈地选择自己承受损失。这无疑助长了相关违法主体继续违法违规的气焰。强化民事追责机制,尤其是加大上市公司实际控制人、董事、监事或高管的违法成本,成为民心所向。本次提起的证券支持诉讼,正好可以发挥"头雁效应",提升投资者维权主动性和便利性,通过典型判决为广大受损投资者明确诉讼预期,将散沙状态的受损中小投资者凝聚起来主动维权,让违法主体付出应有代价。

本次诉讼的责任承担指向明确，将匹凸匹公司时任董事长鲜某列为第一责任人，追究其首要赔偿责任。对此，徐明指出，着重追究证券违法行为直接责任人的赔偿责任，让真正的“作恶者”担责，强化上市公司董事、监事和高管的忠实诚信、勤勉尽责意识，是提起此次证券支持诉讼的主要目的之一。本案中鲜某既是匹凸匹公司时任董事长和法定代表人，是公司当时的实际决策者，同时也是控股子公司荆门汉通的董事长和法定代表人，是应披露而未披露事项的直接知情者，而且当时还代行董事会秘书职责，属于上市公司信息披露义务人。基于鲜某的上述身份，原告主张应追究其首要赔偿责任，其他高管及匹凸匹公司承担连带责任。

吕红兵认为，中小股民是我国资本市场的弱势群体，上市公司应当依法对其虚假陈述行为承担责任。如果上市公司沦为实际控制人的工具，侵害中小股民的行为决策实际上是由实际控制人作出，则更应打击和惩治实际控制人，希望法庭明确鲜某承担首要赔偿责任。被告匹凸匹公司的诉讼代理人当庭也对追究鲜某首要赔偿责任表示赞同。

四、警示明显，示范维权

投服中心通过协助投资者开展如“匹凸匹”虚假陈述案件等典型性维权诉讼，积极支持受损投资者求偿，为投资者节省了大量维权时间、缩短了维权程序，明确了诉讼预期，化解了投资者维权诉讼难的问题，畅通了投资者的救济渠道，提高了投资者维权积极性和主动性。同时，诉讼着重追究对证券侵权行为存在过错的上市公司实际控制人鲜某及其他高管等主体的赔偿责任，警示效果明显，有助于督促上市公司董事、监事和高管勤勉尽责，确保上市公司依法合规经营。

通过开展证券支持诉讼，为投资者代言发声，有利于引导舆论导向，提高侵权行为人的违法成本，促使市场主体规范运作，起到预防纠纷的效果。同时，对于不主动采取措施进行赔偿、不积极应对化解纠纷、不愿意配合开展赔偿救济工作的市场主体，也将起到一定的震慑作用，促使相关市场主体积极赔偿化解纠纷，督促违法上市公司大股东、相关中介机构等主动赔偿投资者，起到示范维权、净化市场的作用。

徐明表示，投资者是证券市场的基石，投资者权益得到有效保护是证券市场持续、健康发展的前提和基础。中国证监会一贯重视投资者保护工作，将其视为监管工作的重中之重，并为此专门设立投服中心。作为证监会直接管理的公益性投资者保护专门机构，投服中心要站在一线，服务广大中小投资者，切实维护中小投资者的合法权益。

“康达新材案”

证券支持诉讼之康达新材虚假陈述案

王智斌*

本案是投服中心发起的第二例证券支持诉讼，也是投服中心首次针对欺诈发行提起的证券支持诉讼。本案贯彻了“穿透”原则，以上市公司实际控制人作为第一被告，直接追究实际控制人的民事赔偿责任，是对行政监管效果的有效延伸和补充。

案情简介

上海康达化工新材料股份有限公司成立于1988年，注册地址为上海市奉贤区，主营业务为胶粘剂的研发、生产、销售和服务。该公司于2012年4月在深圳证券交易所中小企业板块挂牌上市，股票简称“康达新材”，股票代码为002669。

康达新材实际控制人为陆企某，截至2018年2月28日，陆企某的一致行动人为徐某某、储某某、杨某、陆鸿某、陆天某、徐某某，陆企某及其一致行动人合计持有16.26%康达新材的股份。

经中国证券监督管理委员会（以下简称证监会）查明，康达新材在上市过程中存在未按规定报告会后事项、上市报告书存在虚假记载等违规事实，具体违规情节

* 上海明伦律师事务所合伙人、中证中小投资者服务中心公益律师。

如下：

一、未按规定报告会后事项

康达新材于2011年12月26日通过发审会审核(过会)。2012年3月19日,康达新材向证监会报送《关于本公司发审会后重大事项的专项说明》(以下简称专项说明)。2012年3月30日,康达新材公告了招股说明书,并发布《首次公开发行股票发行公告》。2012年4月16日,康达新材股票在深圳证券交易所挂牌上市。过会后至公司股票上市前,康达新材经营业绩出现较大幅度下滑,具体为:2012年1月营业利润同比下滑174.38%,2月营业利润同比下滑67.64%。2012年1月至2月合计营业利润同比下滑99.7%。主要产品风电用环氧树脂结构胶的2012年1月1日至3月15日订单同比下滑37%。康达新材在专项说明中承诺:不存在影响发行上市和投资者判断的重大会后事项,也没有对截至当时公司经营业绩出现较大幅度下滑的事项另向证监会书面说明。

二、上市公告书虚假记载

2012年4月13日,康达新材公告了《首次公开发行股票上市公告书》(以下简称上市公告书),并附有2012年一季度财务报告。

该财务报告中,康达新材虚增营业利润3,718,480.73元,虚增后2012年一季度营业利润为8,178,798.08元,调增比例为83.37%。

基于以上事实,证监会作出〔2014〕82号《行政处罚决定书》。在《行政处罚决定书》中,证监会认定康达新材未按规定向证监会报告2012年1月至2月营业利润出现大幅下滑和公司主要产品订单下滑情况的行为,违反了《证券法》第20条第1款、《上市公司信息披露管理办法》第14条的规定,构成了《证券法》第193条所述的未按规定报送报告的违法行为。陆企某与陆天某是直接负责的主管人员。康达新材在上市公告书中披露的2012年一季度主要会计数据和财务指标中虚假记载营业利润的行为,违反了《证券法》第63条的规定,构成了《证券法》第193条第1款所述的所披露的信息有虚假记载的违法行为。陆企某与陆天某是直接负责的主管人员。证监会根据《证券法》第193条的规定,决定责令康达公司改正,给予警告,并处以60万元罚款,同时对陆企某给予警告,并处以30万元罚款。

2014年10月17日,康达新材发布关于收到证监会行政处罚决定书的公告。公告披露了证监会的认定及处罚具体内容。

随后,中证中小投资者服务中心有限责任公司(以下简称投服中心)启动了国内第二例证券支持诉讼,中国证券报、证券日报等多家媒体对此进行了重点报道。

索赔方案的确定

针对虚假陈述行为提起的证券诉讼,属于特殊的侵权诉讼。在该类诉讼中,虚假陈述行为与投资者损失之间的因果关系、归责原则等各方面有其特殊性和专业性。

具体就本案而言,首先需要确定实施日、揭露日、基准日,这样才能确定可索赔的投资者范围;确定可索赔的投资者范围后,还需要进一步确定投资者的哪些损失与虚假陈述行为有关,这其中,最关键的就是具有因果关系的损失计算问题;最后,还要确定责任主体以及对被告方可能提出的抗辩作相应准备和评估,这其中主要是关于系统风险的评估等问题。

就上述问题,投服中心组织了相关研讨。

关于本案的实施日,结合证监会认定的事实,最终研讨结论认为,应以上市公告书发布之日作为本案实施日,即实施日为2012年4月13日。

揭露日的认定就稍显复杂。2013年7月5日股市闭市后,康达新材发布关于公司被证监会立案调查的公告。公告中称,康达新材于2013年7月5日接到证监会的《立案调查通知书》(编号:沪调查通字2013-1-018号),因公司涉嫌信息披露违法违规,根据证券法的有关规定,证监会决定对康达新材立案调查。2013年7月5日为周五,次一交易日(2013年7月8日)康达新材股价跌停。除此之外,康达新材于2013年1月25日发布《关于收到证监会行政监管措施决定书的公告》,该公告中对于虚假陈述行为亦有部分揭露,但从该公告发布后的股价走势来看,2013年1月25日的公告显然并未对市场形成警示作用,2013年1月25日被法院认定为揭露日的可能性不大,本案揭露日应为2013年7月6日。

确定揭露日之后,按照司法解释的规定计算基准日为2013年8月9日。

据此,可以索赔的投资者范围为2012年4月13日至2013年7月5日期间买入康达新材股票并且在该期间未全部清仓的投资者。

随后,我们研究了最高人民法院关于该类案件的公报案例和全国范围内类似案件的各种计算方法。最终,按照最有利于投资者的原则,确定了本案投资者损失的计算方法,包括投资差额损失的计算方法、佣金损失的计算方法、印花税损失的计算方法、利息损失的计算方法。

关于责任主体,基于证监会认定的事实,康达新材实际控制人陆企某应对康达新材的虚假陈述行为承担首要责任,并且,着重追究实际控制人的民事责任,有利于强化民事追责机制、警示市场主体依法合规运作,具有很强的典型意义和示范作用。最终,确定本案第一被告为陆企某、第二被告为康达新材。

确定了上述索赔方案后,投服中心与公益律师还对本案中被告方可能提出的抗辩意见,特别是系统风险问题,进行了相关研究和准备。

证券支持诉讼过程

确定了索赔方案后,投服中心组织了适格投资者的征集工作,包括回答投资者法律咨询、指导投资者打印交易记录、指导投资者完成诉讼委托、投资者损失的核算、诉讼材料的准备等。

2016 年 8 月 16 日,投服中心共接受 11 名投资者委托,以陆企某为第一被告、康达新材为第二被告,发起了国内第二例证券支持诉讼,涉及金额 24.45 万元,上海市第一中级人民法院当天即立案受理。

2016 年 10 月 11 日,本案开庭审理。原告方代理人为投服中心本案负责人郜峰以及上海明伦律师事务所王智斌律师。

庭审中,原被告关于揭露日的认定、应采用的计算方法等方面进行了激烈交锋。最终,上海市第一中级人民法院全面采纳了我方关于揭露日的观点,计算方法亦采用我方主张。

2017 年 3 月 14 日,上海市第一中级人民法院对本案进行宣判,判决结果为投资者胜诉,并且投资者的诉讼请求得到了全面支持。

一审宣判后,陆企某及康达新材方面并未在上诉期内提起上诉,一审判决生效。

之后,康达新材主动履行了判决,向投资者支付了赔偿款并按照判决承担了诉讼费用。

案件评析

康达新材虚假陈述案系投服中心发起的第二例证券支持诉讼,也是首次针对造假上市行为提起的证券支持诉讼。

该案以实际控制人为第一被告,着重追究对造假上市负有直接责任的公司实际控制人等主体的民事赔偿责任,是对行政监管效果的有效延伸和补充。本案对于强化民事追责机制、警示市场主体依法合规运作,具有很强的典型意义和示范作用。

仅就法律问题而言,本案中法院对于揭露日的认定标准作出了明确具体的阐述,对类似案件的审理,亦有示范作用。

在庭审中,揭露日的认定是原被告的争议焦点。康达新材前后发布了关于被行政监管和关于被立案调查的两份公告。从内容上看,前一份公告对涉案虚假陈述行为有部分揭露,后一份公告则未涉及具体内容;从对市场形成警示作用的角度考察,前一份公告未对市场形成任何警示作用,后一份公告发布后,康达新材在次一交易日跌停。

因此,如果从揭露内容的角度考察,本案的揭露日应为 2013 年 1 月 25 日;如果从警示性作用的角度考察,本案的揭露日则应为 2013 年 7 月 6 日。最终,法院采纳了我们的观点,以警示性作为认定揭露日的主要标准,认定本案揭露日为 2013 年 7 月 6 日。

在判决书中,上海市第一中级人民法院对于揭露日的认定标准作出了明确阐述:"虚假陈述行为一旦被揭示,即向证券市场发出了警示信号,投资人由此可以对所投资股票的价值作出重新判断,而股票价格将不可避免地因此受到影响,故在判断虚假陈述行为揭露日或更正日时,该揭露或更正行为是否对所涉股票价格产生影响,是一个重要的考量因素。"

事实上,以警示效果作为认定揭露日的主要标准,有深刻的理论基础。

根据"证券欺诈理论",公司股价是公司全部外在信息的综合反映。如果存在虚假信息,公司股价即处于虚高的状态。投资者在虚高状态下买入股票,其损失即视为与虚假陈述行为有关。至于投资者是否确实阅读了虚假的公告,在所不论。反之,只要该公司存在虚假陈述的风险被揭露,即便市场尚不清楚具体的虚假陈述行为,公司股价也必然从虚高价格向真实价格回归,投资者在此后产生的损失即属于可索赔范围。

通过本案可以看出,即便存在相关的司法解释,涉及具体案件、具体问题时仍会遭遇激烈的交锋和变数,仅了解相关法条并不足以赢得诉讼,理论知识的储备仍然是必要的。

本案律师律所介绍

王智斌

吉林大学法学学士、同济大学法学硕士,现为上海明伦律师事务所合伙人、副主任。

中国证券市场较早从事投资者维权的律师之一。自 2006 年代理投资者起诉科龙电器虚假陈述案至今,在投资者维权领域已深度耕耘 10 余年。10 余年间,通过诉讼方式,累计为超过千名投资者挽回损失,取得了良好的社会效果并获得广大投资者的认可和支持。

上海明伦律师事务所

明伦律师事务所(Bright & Young Law Firm,以下简称明伦所)是一家经中国司法行政机关批准,依照《律师法》设立的综合性、合伙制的大型律师事务所。

在业务领域方面,明伦所颇具特色的专业法律服务和敬业精神已经赢得国内外众多客户或当事人的认可,业务范围已涵盖建筑工程与房地产、外商投资、国际贸易、证券维权、公司及收购兼并、知识产权、劳动人事、现代物流、诉讼与仲裁代理、刑事辩护、律师见证等领域的诉讼和非讼法律服务;其中,诉讼与仲裁代理、刑事辩护、证券维权、公司及收购兼并、劳动人事等项业务系本所的品牌业务。

明伦所具有从事法律服务的所有资质,包括但不限于证券和“新三板”法律业务资质等;2013 年 3 月,经国家商标局批准,明伦所成为首批具有商标注册和代理资质的律师事务所;目前,明伦所正通过积极引进具有专利代理人资格的律师,力争在两年内取得专利代理资质。

明伦所每一位执业律师均受过良好的法学教育,专业造诣深,办案经验丰富,且各有专长,其中 90% 以上的律师具有博士、硕士学位或高级职称,或具有法院、检察院、仲裁委员会等司法机关工作的经历,可为大多数客户提供全方位、多层次的法律服务。

明伦所目前设立有建筑工程与房地产事务部、公司法律事务部、现代物流法律事务部、知识产权事务部、证券与“新三板”业务委员会、外商投资事务部、劳动人事法律事务部、仲裁与诉讼事务部等专业部门,可为客户提供专业的法律服务。

本案相关行政处罚决定书

中国证监会行政处罚决定书
(上海康达化工新材料股份有限公司、陆企某、陆天某等 4 名责任人)

〔2014〕82 号

当事人:上海康达化工新材料股份有限公司(以下简称康达新材),住所:上海市浦东新区庆达路×××号,法定代表人陆企某。

陆企某,男,1940 年 3 月出生,时任康达新材董事长、总经理、法定代表人,住址:上海市浦东新区川沙镇。

陆天某,女,1969 年 5 月出生,时任康达新材财务总监,住址:上海市浦东新区川沙镇。

储某某,男,1969 年 11 月出生,时任康达新材董事会秘书,住址:上海市浦东新区机场镇。

依据《证券法》的有关规定,我会对康达新材违法违规行为进行了立案调查、审理,并依法向当事人告知了作出行政处罚的事实、理由、依据及当事人依法享有的权利。当事人未提出陈述、申辩意见,也未要求听证。本案现已调查、审理终结。

经查明,康达新材存在以下违法事实:

一、未按规定报告会后事项

康达新材首次公开发行股票及上市过程开始于 2009 年,于 2011 年 12 月 26 日通过发审会审核(过会)。2012 年 3 月 16 日,证监会印发了《关于核准上海康达化工新材料股份有限公司首次公开发行股票的批复》。2012 年 3 月 19 日,康达新材向证监会报送《康达新材公司关于本公司发审会后重大事项的专项说明》(以下简称《康达新材会后事项》)。2012 年 3 月 30 日,康达新材公告了《上海康达化工新材料股份有限公司首次公开发行股票招股说明书》,同日发布了《首次公开发行股票发行公告》。2012 年 4 月 16 日,康达新材股票在深圳证券交易所挂牌上市。

过会后至公司股票上市前,康达新材经营业绩出现较大幅度下滑,具体为:2012 年 1 月营业利润为 -126.59 万元,同比下滑 174.38%,2 月营业利润为 128.18 万元,同比下滑

67.64%。2012年1月至2月合计营业利润同比下滑99.7%；主要产品风电用环氧树脂结构胶的2012年1月1日至3月15日订单同比下滑37%。康达新材在《康达新材会后事项》中承诺不存在影响发行上市和投资者判断的重大会后事项，也没有对截至当时公司经营业绩出现较大幅度下滑的事项另向证监会书面说明。

二、上市公告书虚假记载

2012年4月13日，康达新材公告了《首次公开发行股票上市公告书》（以下简称《上市公告书》），在《上市公告书》中附了2012年度一季度财务报告。在这份披露的2012年一季度财务报告中，康达新材虚增营业利润3,718,480.73元，虚增后2012年年一季度营业利润为8,178,798.08元，调增比例为83.37%。具体调整项目如下：营业成本调减1,800,000元，日常费用推迟确认1,136,462.20元，不符合资本化条件的研发支出未计入当期损益782,018.53元。

以上违法事实有《康达新材会后事项》《上市公告书》、财务报告和凭证及相关人员询问笔录等证据证明，足以认定。

康达新材未按规定向证监会报告2012年1月至2月营业利润出现大幅下滑和公司主要产品订单下滑情况的行为，违反了《证券法》第20条第1款、《上市公司信息披露管理办法》第14条的规定，构成了《证券法》第193条第2款所述的未按规定报送报告的违法行为。陆企某和陆天某是直接负责的主管人员。

康达新材在《上市公告书》中披露的2012年一季度主要会计数据和财务指标中虚假记载营业利润的行为，违反了《证券法》第63条的规定，构成了《证券法》第193条第1款所述的所披露的信息有虚假记载的违法行为。陆企某和陆天某是直接负责的主管人员，储某某是其他直接责任人员。

根据当事人违法行为的事实、性质、情节与社会危害程度，根据《证券法》第193条的规定，我会决定：

一、责令康达新材改正，给予警告，并处以60万元罚款；

二、对陆企某、陆天某给予警告，并分别处以30万元罚款；

三、对储某某给予警告，并处以5万元罚款。

当事人应自收到本处罚决定书之日起15日内，将罚款汇交中国证券监督管理委员会（开户银行：中信银行总行营业部、账号：××××××××××××××××××××，由该行直接上缴国库），并将注有当事人名称的付款凭证复印件送中国证券监督管理委员会稽查局备案。当事人如果对本处罚决定不服，可在收到本处罚决定书之日起60日内向中国证券监督管理委员会申请行政复议,也可在收到本处罚决定书之日起3个月内直接向有管辖权的人民法院提起行政诉讼。复议和诉讼期间,上述决定不停止执行。

中国证监会

2014年9月28日

本案相关判决书

上海市第一中级人民法院民事判决书

(2016)沪01民初580号

原告:沃某。

原告:鲁某某。

原告:余某某。

原告:邱某某。

原告:冯某某。

原告:陈某某。

原告:范某某。

原告:孔某某。

原告:王某某。

原告:黄某某。

原告:徐某某(上述原告地址等身份信息略)。

上述11名原告共同委托诉讼代理人:郜峰,男,中证中小投资者服务中心有限责任公司员工。

上述11名原告共同委托诉讼代理人:王智斌,上海明伦律师事务所律师。

被告:陆企某,男,1940年3月1日出生,汉族,住上海市浦东新区川沙镇场署街××号×室。

被告:上海康达化工新材料股份有限公司,住所地上海市奉贤区雷州路×××号。

法定代表人:姚某某,董事长。

上述两被告共同委托诉讼代理人:刘凯,上海邦信阳中建中汇律师事务所律师。

上述两被告共同委托诉讼代理人:姜胜,上海邦信阳中建中汇律师事务所律师。

原告沃某、鲁某某、余某某、邱某某、冯某某、陈某某、范某某、孔某某、王某某、黄某某、徐某某诉被告陆企某、上海康达化工新材料股份有限公司(以下简称康达公司)证券虚假陈述责任纠纷一案,本院于2016年8月16日立案受理后,适用普通程序,于2016年10月11日公开开庭对本案进行了审理。11名原告共同委托诉讼代理人郜峰、王智斌,被告康达公司委托诉讼代理人刘凯到庭参加诉讼。本案现已审理终结。

原告沃某向本院提出诉讼请求:(1)判令陆企某赔偿投资差额损失人民币28,116元(以下币种同)、佣金16.87元、印花税28.12元、利息108.69元,合计经济损失28,269.68元;(2)判令康达公司与陆企某对沃某的上述损失承担连带赔偿责任。

原告鲁某某向本院提出诉讼请求:(1)判令陆企某赔偿投资差额损失7118元、佣金6.41元、印花税7.12元、利息32.03元,合计经济损失7163.56元;(2)判令康达公司与陆企某对鲁某某上述损失承担连带赔偿责任。

原告余某某向本院提出诉讼请求:(1)判令陆企某赔偿投资差额损失13,319.01元、佣金5.33元、印花税13.32元、利息61.33元,合计经济损失13,398.99元;(2)判令康达公司与陆企某对余某某上述损失承担连带赔偿责任。

原告邱某某向本院提出诉讼请求:(1)判令陆企某赔偿投资差额损失3330元、佣金5.99元、印花税3.33元、利息15.36元,合计经济损失3354.68元;(2)判令康达公司与陆企某对邱某某上述损失承担连带赔偿责任。

原告冯某某向本院提出诉讼请求:(1)判令陆企某赔偿投资差额损失5740元、佣金17.22元、印花税5.74元、利息10.59元,合计经济损失5773.55元;(2)判令康达公司与陆企某对冯某某上述损失承担连带赔偿责任。

原告陈某某向本院提出诉讼请求:(1)判令陆企某赔偿投资差额损失100,496元、佣金60.30元、印花税100.50元、利息445.27元,合计经济损失101,102.07元;(2)判令康达公司与陆企某对陈某某上述损失承担连带赔偿责任。

原告范某某向本院提出诉讼请求:(1)判令陆企某赔偿投资差额损失4686元、佣金8.43元、印花税4.69元、利息0.23元,合计经济损失4699.35元;(2)判令康达公司与陆企某对范某某上述损失承担连带赔偿责任。

原告孔某某向本院提出诉讼请求:(1)判令陆企某赔偿投资差额损失38,214元、佣金12.23元、印花税38.21元、利息25.67元,合计经济损失38,290.11元;(2)判令康达公司与陆企某对孔某某上述损失承担连带赔偿责任。

原告王某某向本院提出诉讼请求:(1)判令陆企某赔偿投资差额损失27,642.32元、佣金11.06元、印花税27.64元、利息120.84元,合计经济损失27,801.86元;(2)判令康达公司与陆企某对王某某上述损失承担连带赔偿责任。

原告黄某某向本院提出诉讼请求:(1)判令陆企某赔偿投资差额损失4770元、佣金2.39元、印花税4.77元、利息8.78元,合计经济损失4785.94元;(2)判令康达公司与陆企某对黄某某上述损失承担连带赔偿责任。

原告徐某某向本院提出诉讼请求:(1)判令陆企某赔偿投资差额损失9855元、佣金5.91元、印花税9.86元、利息44.72元,合计经济损失9915.49元;(2)判令康达公司与陆企某对徐某某上述损失承担连带赔偿责任。

事实和理由:原告系康达公司股票投资者,2013年7月6日,康达公司公告称收到中国证券监督管理委员会(以下简称证监会)的《立案调查通知书》,2014年10月17日,康达公司公告收到证监会的《行政处罚决定书》,该决定书认定康达公司存在虚假陈述行为,被告陆企某系直接负责的主管人员之一,并据此对康达公司及陆企某作出处罚。原告认为,其在康达公司实施虚假陈述行为后,基于对康达公司信息披露的信赖,购买了康达公司股票。然而,康达公司披露的信息存在违法违规的情况,导致了原告的投资损失。原告购买股票的时间在康达公司虚假陈述实施日之后,虚假陈述行为被披露之前,现因虚假陈述的行为,导致原告购买股票遭受损失。故原告依据《证券法》、最高人民法院《关于审理证券市场因虚假陈述引发的民事赔偿案件的若干规定》(以下简称《若干规定》)等法律法规的规定,诉至本院,请求判如所请。

被告陆企某、康达公司共同答辩称:(1)根据现行法律法规,因虚假陈述引发的民事赔偿主体应为信息披露义务人,本案中信息披露义务人为发行人,即康达公司,而不是陆企某,故陆企某不构成本案首要赔偿责任人。陆企某不是本案虚假信息发布主体,无法确定其责任大小。(2)原告对损失计算方法错误,根据最高人民法院关于虚假陈述案件的司法解释规定和精神,本案中应以先入先出计算损失较为公平。原告错误认定了虚假陈述行为的揭露日及基准日,揭露日应为2013年1月25日,基准日为2013年2月20日。对于各原告主张的损失,其中鲁某某投资差额损失为7408.96元,佣金应按照0.06%计算,印花税没有异议;余某某投资差额损失为2.18元,佣金及印花税没有异议;冯某某投资差额损失为1603.60元,佣金应按照0.06%计算,印花税没有异议;陈某某投资差额损失9891.92元,佣金及印花税没有异议;王某某没有投资差额损失,佣金及印花税没有异议;徐某某投资差额损失应为2446.08元,佣金及印花税没有异议。对其余原告主张的投资差额损失金额没有异议。

各方当事人围绕诉讼请求依法提交了证据,本院组织当事人进行了证据交换和质证。

原告为证明其主张,向本院提交如下证据材料:(1)行政处罚决定书;(2)立案调查公告;(3)11名原告股票对账单;(4)11名原告证券账户卡。

原告庭后补充提交一份中国证券登记结算有限责任公司出具的11名原告持有的002669股票变动情况表。

被告陆企某、康达公司对上述证据质证后,发表如下质证意见:对证据(1)的真实性、合法性及关联性均无异议;对证据(2)的真实性及合法性没有异议,但对关联性有异议,2013年1月25日处罚公告更符合揭露日的特征。对证据(3)、(4)真实性、合法性及关联性均不认可,认为交易记录系证券公司出具,不是由证券登记中心出具。有部分原告没有开户卡或部分开户卡内容没有全部体现。深交所允许一个客户在不同交易所进行交易,原告仅提供了在一个证券公司交易记录,不能排除原告在其他证券公司开户交易的情况。对原告提交的补充证据的真实性没有异议,但查询情况表未能显示股票交易价格,不能够证明股票交易的完整性,该资料第3点亦载明如果作为证据使用,需进一步查证核实。

被告陆企某、康达公司未向本院提交证据材料。

鉴于被告对原告提供的证据(1)、(2)的真实性没有异议,本院予以采纳。结合原告提供的证据(3)、(4)及补充证据,能够证明上述证据的真实性及与本案的关联性;被告虽提出异议,但未举证证明其异议成立,本院不予采信。综上,本院对于原告提交的证据均予以采纳。

根据原告提供的证据,结合原、被告的质证意见和在庭审中的相关陈述,本院认定本案基本事实如下:

被告康达公司系上市公司,其公开发行的A股股票代码为002669。被告陆企某原系康达公司董事长、总经理、法定代表人。

2013年1月24日,康达公司发布关于收到证监会行政监管措施决定书的公告。公告中称,被告于2013年1月24日收到证监会下达的《行政监管措施决定书》,决定书中认定,康达公司于2012年3月30日刊登招股说明书,2012年4月13日刊登上市公告书并在上市公告书中技露了2012年1月至3月营业利、调同比下降39.27%的情况,康达公司对刊登招股说明书前经营业绩出现较大幅度下滑的事项,未向证监会书面说明,也未在招股过程中作相应的补充公告。被告的上述行为违反了《上市公司信息披露管理办法》第14条的规定,按照《上市公司信息披露管理办法》第59条的规定,决定对康达公司采取出具警示函的监督管理措施。

2013年7月5日股市闭市后,康达公司发布关于公司被证监会立案调查的公告。公告中称,康达公司于 2013 年 7 月 5 日接到证监会的《立案调查通知书》(编号:沪调查通字 2013 - 1 - 018 号),因公司涉嫌信息披露违法违规,根据证券法的有关规定,证监会决定对被告公司立案调查。被告将在立案调查期间,积极配合证监会的调查工作,严格履行信息披露义务,提请广大投资者注意投资风险。

2014 年 9 月 28 日,证监会作出〔2014〕82 号《行政处罚决定书》,该决定书确认康达公司存在以下违法事实。(1)未按规定报告会后事项。康达公司于 2011 年 12 月 26 日通过发审会审核(过会)。2012 年 3 月 19 日,康达公司向证监会报送《关于本公司发审会后重大事项的专项说明》(以下简称《专项说明》)。2012 年 3 月 30 日,康达公司公告了招股说明书,并发布《首次公开发行股票发行公告》。2012 年 4 月 16 日,康达公司股票在深圳证券交易所挂牌上市。过会后至公司股票上市前,康达公司经营业绩出现较大幅度下滑,具体为:2012 年 1 月营业利润同比下滑 174.38%,2 月营业利润同比下滑 67.64%。2012 年 1 月至 2 月合计营业利润同比下滑 99.7%。主要产品风电用环氧树月言结构胶的 2012 年 1 月 1 日至 3 月 15 日订单同比下滑 37%。康达公司在《专项说明》中承诺:不存在影响发行上市和投资者判断的重大会后事项,也没有对截至当时公司经营业绩出现较大幅度下滑的事项另向证监会书面说明。(2)上市公告书虚假记载。2012 年 4 月 13 日,康达公司公告了《首次公开发行股票上市公告书》(以下简称上市公告书),并附有 2012 年度一季度财务报告。该财务报告中,康达公司虚增营业利润 3,718,480.73 元,虚增后 2012 年一季度营业利润为 8,178,798.08 元,调增比例为 83.37%。证监会认定,康达公司未按规定向证监会报告 2012 年 1 月至 2 月营业利润出现大幅下滑和公司主要产品订单下滑情况的行为,违反了《证券法》第 20 条第 1 款、《上市公司信息披露管理办法》第 14 条的规定,构成了《证券法》第 193 条第 1 款所述的未按规定报送报告的违法行为。陆企某与案外人陆天某是直接负责的主管人员。康达公司在上市公告书中披露的 2012 年一季度主要会计数据和财务指标中虚假记载营业利润的行为,违反了《证券法》第 63 条的规定,构成了《证券法》第 193 条第 1 款所述的所披露的信息有虚假记载的违法行为。被告陆企某与案外人陆天某是直接负责的主管人员。证监会根据《证券法》第 193 条的规定,决定责令康达公司改正,给予警告,并处以 60 万元罚款,同时对陆企某给予警告,并处以 30 万元罚款。

2014 年 10 月 17 日,康达公司发布关于收到证监会行政处罚决定书的公告。公告披露了证监会的认定及处罚具体内容。

原告沃某为证明其所发生的证券投资差额损失,向本院提交了证券交易记录。根据该记录,针对 002669 股票,沃某于 2012 年 7 月 2 日以 12.91 元/股的价格买入 13,200 股,之后于2013年10月31日以11.874元/股的价格卖出13,200股,并在之后又多次买入卖出该股票。

原告鲁某某为证明其所发生的证券投资差额损失,向本院提交了证券交易记录。根据该记录,针对002669股票,鲁某某于2012年4月27日以13.08元/股买入1000股;于2012年5月9日以13.33元/股卖出1000股;于2012年5月14日以13.094元/股买入1000股;于2012年6月27日以12.74元/股买入1000股;于2012年6月28日以12.60元/股买入1700股,于2013年11月14日以14.98元/股卖出1000股,并在之后又多次买入卖出该股票。

原告余某某为证明其所发生的证券投资差额损失,向本院提交了证券交易记录。根据该记录,针对002669股票,余某某于2012年4月16日以13.504元/股买入4600股;于2012年4月17日以13.517元/股卖出2700股,以13.469元/股买入9600股;于2012年4月18日以13.313元/股买入16,000股;于2012年4月23日以13.452元/股买入5900股;于2012年4月24日以13.099元/股卖出5800股,以13.001元/股买入5800股;于2012年4月25日以13.063元/股卖出2800股,以12.94元/股买入2800股;于2012年5月2日以13.27元/股卖出1500股,以1304元/股买入1500股;于2012年5月7日以13.254元/股买入7900股;于2012年5月9日以13.39元/股卖出2300股,以13.298元/股买入6100股;于2012年5月10日以13.26元/股卖出800股;于2012年5月11日以13.046元/股卖出25,800股,以13.135元/股买入7600股;于2012年5月14日以13.173元/股卖出13,400股,以13.03元/股买入2600股;于2012年5月15日以12.926元/股卖出13,300股,以12.95元/股买入900股;于2012年5月16日以12.921元/股卖出2899股。

原告邱某某为证明其所发生的证券投资差额损失,向本院提交了证券交易记录。根据该记录,针对002669股票,邱某某于2012年4月16日以13.51元/股买入1000股;于2013年5月22日以12元/股买入1000股;于2013年7月26日以11.40元/股卖出1000股,并在之后又多次买入卖出该股票。

原告冯某某为证明其所发生的证券投资差额损失,向本院提交了证券交易记录。根据该记录,针对002669股票,冯某某于2013年1月31日以12.57元/股买入2000股;于2013年6月3日以11.58元/股买入2000股;于2013年7月2日以10.50元/股卖出2000股;于2013年8月13日以11.50元/股卖出2000股。

原告陈某某为证明其所发生的证券投资差额损失,向本院提交了证券交易记录。根据该记录,针对002669股票,陈某某于2012年5月4日以13.50元/股买入3000股;于2012

年 5 月 9 日以 13.42 元/股买入 1000 股,以 13.26 元/股买入 12,000 股;于 2012 年 5 月 10 日以 13.27 元/股买入 1400 股;于 2012 年 5 月 11 日以 13.08 元/股买入 5000 股;于 2012 年 5 月 14 日以 13.08 元/股买入 3000 股,以 13.127 元/股买入 5000 股,以 13.12 元/股买入 5000 股;于 2012 年 5 月 16 日以 12.99 元/股买入 2600 股,以 12.88 元/般买入 2000 股;于 2012 年 5 月 21 日以 13.03 元/股买入 5000 股;于 2012 年 6 月 11 日以 12.18 元/股卖出 15,000 股;于 2012 年 7 月 2 日以 12.816 元/股买入 10,000 股;于 2012 年 7 月 10 日以 11.03 元/股买入 5000 股;于 2012 年 8 月 7 日以 11.09 元/股买入 10,000 股,以 11.05 元/股买入 10,000 股;于 2012 年 10 月 23 日以 11.246 元/股买入 10,000 股;于 2012 年 11 月 6 日以 10.97元/股买入 5000 股;于 2012 年 12 月 26 日以 11.48 元/股卖出 5000 股,以 11.511 元/股卖出 5000 股;于 2012 年 12 月 27 日以 11.31 元/股买入 5000 股,以 11.21 元/股买入 5000 股;于 2013 年 1 月 8 日以 11.49 元卖出 5000 股;于 2013 年 1 月 28 日以 11.13 元/股卖出 5000 股;于 2013 年 2 月 4 日以 11.60 元/股买入 5000 股;于 2013 年 3 月 6 日以 12.35 元/股卖出 5000 股;于 2013 年 3 月 13 日以 11.36 元/股卖出 10,000 股,11.31 元/股卖出 5000 股;于 2013 年 5 月 2 日以 10.35 元/股卖出 5000 股;于 2013 年 5 月 6 日以 10.76 元/股卖出 11,300股;于 2013 年 5 月 8 日以 10.84 元/股卖出 18,700 股,并在之后又多次买入卖出该股票。

原告范某某为证明其所发生的证券投资差额损失,向本院提交了证券交易记录。根据该记录,针对 002669 股票,范某某于 2013 年 7 月 5 日以 11.60 元/股买入 3300 股;于 2013 年 7 月 10 日以 10.18 元/股卖出 3300 股。

原告孔某某为证明其所发生的证券投资差额损失,向本院提交了证券交易记录。根据该记录,针对 002669 股票,孔某某于 2013 年 5 月 31 日以 11.637 元/股买入 44,600 股;于 2013 年 8 月 28 日以 11.48 元/股卖出 44,600 股,并在之后又买入卖出该股票。

原告王某某为证明其所发生的证券投资差额损失,向本院提交了证券交易记录。根据该记录,针对 002669 股票,王某某于 2012 年 5 月 10 日以 13.26 元/股买入 5000 股;于 2012 年 5 月 24 日以 12.95 元/股买入 5000 股;于 2012 年 5 月 25 日以 12.83 元/股买入 5000 股;于 2012 年 7 月 16 日以 10.36 元/股买入 5000 股;于 2012 年 7 月 18 日以 10.76 元/股卖出 5000 股;于 2012 年 7 月 19 日以 11.06 元/股卖出 5000 股;于 2012 年 8 月 22 日以 11.10 元/股卖出 649 股;于 2012 年 8 月 23 日以 11.03 元/股卖出 9000 股;于 2013 年 11 月 11 日以 13.27 元/股卖出 351 股。

原告黄某某为证明其所发生的证券投资差额损失,向本院提交了证券交易记录。根据该记录,针对 002669 股票,黄某某于 2013 年 1 月 31 日以 12.37 元/股买入 3000 股;于 2013

年 10 月 14 日以 12.49 元/股卖出 3000 股。

原告徐某某为证明其所发生的证券投资差额损失,向本院提交了证券交易记录。根据该记录,针对 002669 股票,徐某某于 2012 年 4 月 23 日以 13.56 元/股买入 1000 股;于 2012 年 5 月 2 日以 13.28 元/股买入 800 股;于 2012 年 6 月 18 日以 12.44 元/股买入 1000 股;于 2012 年 7 月 11 日以 11.13 元/股买入 200 股;于 2012 年 9 月 7 日以 11.27 元/股买入 1000 股;于 2012 年 9 月 13 日以 11.35 元/股买入 1000 股;于 2012 年 10 月 23 日以 11.19 元买入 1000 股;于 2012 年 10 月 31 日以 11.014 元/股卖出 2500 股;于 2012 年 11 月 29 日以 10.33 元/股卖出 1200 股;于 2012 年 12 月 21 日以 10.78 元/股卖出 2200 股;于 2013 年 3 月 8 日以 12.10 元/股买入 1000 股;于 2013 年 5 月 9 日以 10.77 元/股买入 1000 股;于 2013 年 5 月 10 日以 10.88 元/股买入 2000 股,以 10.87 元/股买入 1000 股;于 2013 年 5 月 22 日以 11.90 元/股买入 1000 股;于 2013 年 6 月 6 日以 11.70 元/股卖出 2000 股;于 2013 年 6 月 7 日以 11.30 元/股买入 2000 股;于 2013 年 7 月 26 日以 11.35 元/股买入 1900 股,并在之后又买入卖出该股票。

原告主张被告证券虚假陈述行为的实施日为《首次公开发行股票上市公告书》公告之日,即 2012 年 4 月 13 日;原告主张证券虚假陈述行为的揭露日为被告公告证监会立案调查后的第一个交易日,即 2013 年 7 月 6 日,相应的基准日为 2013 年 8 月 9 日,基准价为 10.78 元/股。

被告对原告主张的虚假陈述实施日无异议,但认为揭露日应当为 2013 年 1 月 25 日,即被告公告收到证监会行政监管措施决定书的次日,相应的基准日为 2013 年 2 月 20 日,基准价为 11.70 元/股。被告确认,如果以 2013 年 7 月 6 日作为揭露日,原告主张的基准日及基准价均成立。

本院另查明:002669 股票 2013 年 1 月 25 日(周五)收盘价为 11.19 元/股,2013 年 1 月 28 日(周一)开盘价为 11.15 元/股,收盘价为 11.35 元/股,涨幅 1.43%。002669 股票 2013 年 7 月 5 日(周五)收盘价为 11.37 元/股,2013 年 7 月 8 日(周一)开盘价为 10.28 元/股,收盘价为 10.23 元/股,跌幅 10.03%。

本院认为,证监会已作出行政处罚决定书,认定康达公司构成了《证券法》第 193 条第 2 款所述的未按规定报送报告的违法行为,以及构成了《证券法》第 193 条第 1 款所述的所披露的信息有虚假记载的违法行为,并对被告进行了行政处罚。故结合《若干规定》第 17 条之规定及上述行政处罚决定书的认定,本院认为,被告存在虚假记载以及不正当披露信息的证券市场虚假陈述行为,其应就此承担相应的民事责任。

处罚决定书同时载明,认定陆企某是上述两项违法行为的直接负责的主管人员,给予陆企某警告,并处30万元罚款的处罚。证监会的处罚决定明确了陆企某与康达公司违法行为的关联性,符合《若干规定》中关于高级管理人员承担连带责任的条件,即参与虚假陈述,故原告主张陆企某与康达公司承担连带赔偿责任依法有据,本院予以支持。但证券市场做出相关陈述应以上市公司为第一行为人,故相应虚假陈述的民事责任亦应由上市公司承担主要赔偿义务,相关人员依法应承担连带责任的,亦系对上市公司的赔偿义务承担连带责任,而非上市公司对相关人员的赔偿义务承担连带责任,两者虽然承担民事责任的形式相同,但法律性质有所区别。现原告以陆企某为赔偿义务主要责任人有所不当,本院据此对原告的诉请予以调整。

原告主张康达公司公告上市公告书的日期,即2012年4月13日,为虚假陈述行为实施日,被告对此予以认可,本院亦予确认。关于虚假陈述行为的揭露日,原、被告双方存在争议,原告主张以被告公告证监会立案调查后的次交易日为揭露日,而两被告则主张以康达公司公告收到证监会行政监管措施决定书的次交易日为揭露日。对此本院认为,虚假陈述行为一旦被揭示,即向证券市场发出了警示信号,投资人由此可以对所投资股票的价值作出重新判断,而股票价格将不可避免地因此受到影响,故在判断虚假陈述行为揭露日或更正日时,该揭露或更正行为是否对所涉股票价格产生影响,是一个重要的考量因素。从原、被告上述主张日期所涉及的股票交易价格来看,原告主张的揭露日之后的第一个交易日股票价格下跌,跌幅10.03%,而被告主张的揭露日之后的第一个交易日股票价格上涨,涨幅1.43%。显然,被告于2013年7月6日公告证监会立案调查这一行为,对股票价格产生了较为明显的影响,由此可以认为,该行为对股票市场释放了足够的警示信号,故本院认为,应以2013年7月6日作为系争虚假陈述行为的揭露日,鉴于发布公告的主体是被告,该日应表述为虚假陈述行为的更正日。被告在庭审时陈述,如果认定2013年7月6日为揭露日,则对基准日为2013年8月9日没有异议,故本院认定基准日为2013年8月9日。

本案中,两被告对各原告提供的证券交易记录完整性提出异议,但未能就其异议举证予以佐证,且各原告提供的证券交易记录均为专业证券机构出具,两被告对其真实性亦无异议,故在现有证据条件下,以各原告提供的证券交易记录作为计算其损失的依据并无不当。且本案中各原告系由中证中小投资者服务中心有限责任公司代理进行诉讼,该公司性质系属证监会直接管理的公益性金融机构,其专业性应较一般代理人更高,故在两被告未能提供相应反证的情况下,本院对两被告上述异议不予采信。

原告沃某在虚假陈述实施日至揭露日期间曾买入002669股票。截至揭露日,沃某持有

13,200 股 002669 股票,买入成本价为 12.91 元。截至基准日,沃某尚持有 13,200 股 002669 股票,故投资差额损失应当为买入成本价与基准价之间的差额,即 28,116[(12.91 元/股 - 10.78 元/股)×13,200 股]元。此外,依照若干规定第 30 条第 1 款第 2 项及第 2 款之规定,被告还应对沃某投资差额损失部分的佣金和印花税损失,以及投资差额损失、佣金及印花税的利息,承担赔偿责任。根据沃某提供的证券公司股票明细对账单,佣金为 0.06%、印花税为 0.1%。故佣金损失为 16.87(28,116×0.0006)元,印花税损失为 28.12(28,116×0.001)元。利息应以 28,160.99(28,116+16.87+28.12)元为基数,自 2012 年 7 月 2 日起至 2013 年 8 月 9 日止,按中国人民银行公布的同期活期存款利率计算。

原告鲁某某在虚假陈述行为实施日至揭露日期间曾买入卖出 002669 股票。截至揭露日,鲁某某持有 3700 股 002669 股票,买入成本为 12.70 元/股截至基准日,鲁某某尚持有 3700 股,故投资差额损失为买入成本价与基准价之间的差额,即 7104[(12.70 元/股 - 10.78 元/股)×3700 股]元。根据鲁某某提供的证券公司股票明细对账单,佣金为 0.09%、印花税为 0.1%。故佣金损失为 6.39(7104×0.0009)元,印花税损失为即 7.10(7104×0.001)元。利息应以 7117.49(7104+6.39+7.10)元为基数,自 2012 年 4 月 27 日起至 2013 年 8 月 9 日止,按中国人民银行公布的同期银行活期存款利率计算。

原告余某某在虚假陈述行为实施日至揭露日期间曾买入卖出 002669 股票。截至揭露日,余某某仅持有 1 股 002669 股票,再以买入平均价与卖出平均价计算其买入成本将为 13,331.19 元/股,显然有所失当,故本院酌情依照其买入该股票的最高每股单价 13.54 元作为其买入成本价。截至基准日,余某某尚持有 1 股,故投资差额损失为买入成本与基准价之间的差额,即 2.76[(13.54 元/股 - 10.78 元/股)×1 股]元。对余某某佣金、印花税及利息损失不予支持。

原告邱某某在虚假陈述行为实施日至揭露日期间曾买入 002669 股票。截至揭露日,原告持有 2000 股 002669 股票,买入成本 12.76 元。之后,截至基准日之前,邱某某卖出 1000 股 002669 股票,卖出均价 11.40 元,故该 1000 股的投资差额损失为邱某某买入成本与卖出均价之间的差额,即 1360[(12.76 元/股 - 11.40 元/股)×1000 股]元。剩余未卖出的 1000 股 002668 股票的投资差额损失应为买入成本与基准价之间的差额,即 1980[(12.76 元/股 - 10.78 元/股)×1000 股]元。邱某某上述投资差额损失总计为 3340(1360+1980)元。现邱某某仅主张投资差额损失 3330 元,本院予以准许。根据邱某某提供的证券公司股票明细对账单,佣金为 0.18%、印花税为 0.1%。故佣金损失为 5.99(3330×0.0018)元,印花税损失为 3.33(3330×0.001)元。利息应以 3339.32(3330+5.99+3.33)元为基数,自 2012 年 4

月 16 日起至 2013 年 8 月 9 日止,按中国人民银行公布的同期银行活期存款利率计算。

原告冯某某在虚假陈述行为实施日至揭露日期间曾买入卖出 002669 股票。截至揭露日,冯某某持有 2000 股 002669 股票,买入成本 13.65 元。截至基准日,冯某某尚持有 2000 股,故投资差额损失为买入成本价与基准价之间的差额,即 5740[(13.65 元/股 - 10.78元/股) ×2000 股]元。根据冯某某提供的证券公司股票明细对账单,佣金为 0.3%、印花税为 0.1%。故佣金损失为 17.22(5740 ×0.003)元,印花税损失为 5.74(5740 ×0.001)元。利息应以 5762.96(5740 + 17.22 + 5.74)元为基数,自 2013 年 1 月 31 日起至 2013 年 8 月 9 日止,接中国人民银行公布的同期银行活期存款利率计算。

原告陈某某在虚假陈述行为实施日至揭露日期间曾买入卖出 002669 股票。截至揭露日,原告持有 20,000 股 002669 股票,买入成本 15.80 元。截至基准日,陈某某尚持有 20,000 股,故投资差额损失为买入成本与基准价之间的差额,即 100,400[(15.80 元/股 - 10.78 元/股) ×20,000 股]元。根据陈某某提供的证券公司股票明细对账单,佣金为 0.06%、印花税为 0.1%。故佣金损失为 60.24(100,400 ×0.0006)元,印花税损失为 100.40(100,400 ×0.001)元。利息应以 100,560.64(100,400 + 60.24 + 100.40)元为基数,自 2012 年 5 月 4 日起至 2013 年 8 月 9 日止,按中国人民银行公布的同期银行活期存款利率计算。

原告范某某在虚假陈述行为实施日至揭露日期间曾买入 002669 股票。截至揭露日,范某某持有 3300 股 002669 股票,买入成本 11.60 元。之后,截至基准日之前,范某某卖出 3300 股 002669 股票,卖出均价 10.18 元,故该 3300 股的投资差额损失为范某某买入成本与卖出均价之间的差额,即 4686[(11.60 元/股 - 10.18 元/股) ×3300 股]元。根据范某某提供的证券公司股票明细对账单,佣金为 0.18%、印花税为 0.1%。故佣金损失为 8.43(4686 ×0.0018)元,印花税损失为 4.69(4686 ×0.001)元。利息应以 4699.12(4686 + 8.43 +4.69)元为基数,自 2013 年 7 月 5 日起至 2013 年 7 月 10 日止,按中国人民银行公布的同期银行活期存款利率计算。

原告孔某某在虚假陈述行为实施日至揭露日期间曾买入 002669 股票。截至揭露日,孔某某持有 44,600 股 002669 股票,买入成本 11.637 元。截至基准日,孔某某尚持有 44,600 股,故投资差额损失为买入成本价与基准价之同的差额,即 38,222.20[(11.637 元/股 - 10.78 元/股) ×44,600 股]元,现孔某某仅主张投资差额损失 38,214 元,本院予以准许。根据孔某某提供的证券公司股票明细对账单,佣金为 0.032%、印花税为 0.1%。故佣金损失为 12.23(38,214 ×0.00032)元,印花税损失为 38.21(38,214 ×0.001)元。利息应以

38,264.44(38,214+12.23+38.21)元为基数,自2013年5月31日起至2013年8月9日止,按中国人民银行公布的同期银行活期存款利率计算。

原告王某某在虚假陈述行为实施日至揭露日期间分别曾买入及卖出002669股票。截至揭露日,原告仅持有351股002669股票,再以买入平均价与卖出平均价计算其买入成本将为89.53元/股,显然有所失当,故本院酌情依照其买入该股票的最高每股单价13.26元作为其买入成本价。截至基准日,王某某尚持有351股002669股票,故投资差额损失为王某某买入成本与基准价之间的差额,即870.48[(13.26元/股-10.78元/股)×351股]元。根据王某某提供的证券公司股票明细对账单,佣金为0.04%、印花税为0.1%。故佣金损失为0.4(870.48×0.0004)元,印花税损失为0.87(870.48×0.001)元。利息应以871.75(870.48+0.4+0.87)元为基数,自2012年5月10日起至2013年8月9日止,按中国人民银行公布的同期银行活期存款利率计算。

原告黄某某在虚假陈述行为实施日至揭露日期间曾买入002669股票。截至揭露日,黄某某持有3000股002669股票,买入成本12.37元。截至基准日,黄某某尚持有3000股,故投资差额损失为买入成本价与基准价之间的差额,即4770[(12.37元/股-10.78元/股)×3000股]元。根据黄某某提供的证券公司股票明细对账单,佣金为0.05%、印花税为0.1%。故佣金损失为2.39(4770×0.0005)元,印花税损失为4.77(4770×0.001)元。利息应以4777.16(4770+2.39+4.77)元为基数,自2013年1月31日起至2013年8月9日止,按中国人民银行公布的同期银行活期存款利率组计算。

原告徐某某在虚假陈述行为实施日至揭露日期间曾买入卖出002669股票。截至揭露日,徐某某持有6100股002669股票,买入成本12.40元。之后,截至基准日之前,徐某某又买入1900股,因该1900股系揭露日之后买入,不属于赔偿范围,故徐某某尚持有的可纳入赔偿范围的002669股票为6100股,投资差额损失为徐某某买入成本与基准价之间的差额,即9882[(12.40元/股-10.78元/股)×6100股]元,现徐某某仅主张投资差额损失9855元,本院予以准许根据徐某某提供的证券公司股票明细对账单,佣金为0.06%、印花税为0.1%。故佣金损失为5.91(9855×0.0006)元,印花税损失为9.86(9855×0.001)元。利息应以9870.77(9855+5.91+9.86)元为基数,自2012年4月23日起至2013年8月9日止,按中国人民银行公布的同期银行活期存款利率计算。

综上所述,依照《证券法》第4条、第69条,《若干规定》第7条、第17条、第18条、第21条第1款、第28条第1款第1项、第30条、第31条、第32条及第33条第1项之规定,判决如下:

一、被告上海康达化工新材料股份有限公司应于本判决生效之日起10日内赔偿原告沃某投资差额损失28,116元、佣金损失16.87元、印花税损失28.12元,及以28,160.99元为本金,自2012年7月2日起至2013年8月9日止,按中国人民银行公布的同期活期存款利率计算的利息;

二、被告上海康达化工新材料股份有限公司应于本判决生效之日起10日内赔偿原告鲁某某投资差额损失7104元、佣金损失6.39元、印花税损失7.10元,及以7117.49元为本金,自2012年4月27日起至2013年8月9日止,接中国人民银行公布的同期活期存款利率计算的利息;

三、被告上海康达化工新材料股份有限公司应于本判决生效之日起10日内赔偿原告余某某投资差额损失2.76元;

四、被告上海康达化工新材料股份有限公司应于本判决生效之日起10日内赔偿原告邱某某投资差额损失3330元、佣金损失5.99元、印花税损失3.33元,及以3339.32元为本金,自2012年4月16日起至2013年8月9日止,按中国人民银行公布的同期活期存款利率计算的利息;

五、被告上海康达化工新材料股份有限公司应于本判决生效之日起10日内赔偿原告冯某某投资差额损失5740元、佣金损失17.22元、印花税损失5.74元,及以5762.96元为本金,自2013年1月31日起至2013年8月9日止,按中国人民银行公布的同期活期存款利率计算的利息;

六、被告上海康达化工新材料股份有限公司应于本判决生效之日起10日内赔偿原告陈某某投资差额损失100,400元、佣金损失60.24元、印花税损失100.40元,及以100,560.64元为本金,自2012年5月4日起至2013年8月9日止,按中国人民银行公布的同期活期存款利率计算的利息;

七、被告上海康达化工新材料股份有限公司应于本判决生效之日起10日内赔偿原告范某某投资差额损失4686元、佣金损失8.43元、印花税损失4.69元,及以4699.12元为本金,自2013年7月5日起至2013年7月10日止,按中国人民银行公布的同期活期存款利率计算的利息;

八、被告上海康达化工新材料股份有限公司应于本判决生效之日起10日内赔偿原告孔某某投资差额损失38,214元、佣金损失12.23元、印花税损失38.21元,及以38,264.44元为本金,自2012年5月31日起至2013年8月9日止,按中国人民银行公布的同期活期存款利率计算的利息;

九、被告上海康达化工新材料股份有限公司应于本判决生效之日起10日内赔偿原告王某某投资差额损失870.48元、佣金损失0.4元、印花税损失0.87元，及以871.75元为本金，自2012年5月10日起至2013年8月9日止，按中国人民银行公布的同期活期存款利率计算的利息；

十、被告上海康达化工新材料股份有限公司应于本判决生效之日起10日内赔偿原告黄某某投资差额损失4770元、佣金损失2.39元、印花税损失4.77元，及以4777.16元为本金，自2013年1月31日起至2013年8月9日止，按中国人民银行公布的同期活期存款利率计算的利息；

十一、被告上海康达化工新材料股份有限公司应于本判决生效之日起10日内赔偿原告徐某某投资差额损失9855元、佣金损失5.91元、印花税损失9.86元，及以9870.77元为本金，自2012年4月23日起至2013年8月9日止，按中国人民银行公布的同期活期存款利率计算的利息；

十二、被告陆企某对被告上海康达化工新材料股份有限公司上述赔偿责任承担连带赔偿责任；

十三、驳回各原告其余诉讼请求。

如果被告陆企某、上海康达化工新材料股份有限公司未按本判决指定的期间履行给付金钱义务，应当依照《民事诉讼法》第253条之规定，加倍支付迟延履行期间的债务利息。

本案案件受理费4516.05元，由被告陆企某、上海康达化工新材料股份有限公司负担，应于本判决生效之日起7日内向本院交纳。

如不服本判决，可在本判决书送达之日起15日内向本院递交上诉状，并按对方当事人的人数提出副本，上诉于上海市高级人民法院。

（此页无正文）

审　判　长　金　成
代理审判员　盛宏观
人民审判员　黄秀佩
二〇一七年三月十四日
书　记　员　印　铭

本案相关新闻报道

证券支持诉讼剑指造假上市行为
投服中心受托状告康达新材实际控制人[①]

近日,中证中小投资者服务中心有限责任公司(以下简称投服中心)接受 11 名因上海康达化工新材料股份有限公司(以下简称康达新材,股票代码 002669)造假上市行为受损的中小投资者委托,将实际控制人陆企某作为第一被告、康达新材作为第二被告,正式向上海市第一中级人民法院递交诉状,要求两被告连带赔偿投资者经济损失合计 24.45 万元。

据悉,这是全国第二例证券支持诉讼,也是由投服中心首次针对造假上市行为、首次针对深交所上市公司提起,是投服中心探索建立造假上市民事责任追究机制的新尝试,有助于完善证券市场民事责任与民事诉讼制度,维护中小投资者合法权益,助力"依法监管、从严监管、全面监管"。

造假上市屡禁不绝　投资者受损维权难

近年来,资本市场造假上市行为屡禁不止,万福生科、海联讯、欣泰电气等典型案例已有目共睹。

造假上市行为,严重背离诚信原则,破坏了资本市场秩序和生态环境,侵害了众多中小投资者合法权益,社会影响极为恶劣。

证监会秉持对造假上市行为"零容忍"态度和高压态势,加大对市场违法违规行为的查处力度,针对造假上市"顽疾",依法从严惩处,先后对万福生科、海联讯、欣泰电气等造假上市作出处罚。

杜绝造假、反对欺诈,不仅需要行政监管,更需要市场主体和社会各界广泛参与,特别是广大受损投资者运用法律武器向造假上市责任人员进行民事索赔维权。然而,近年来以证券侵权民事诉讼为代表的投资者维权实践,则折射出投资者参与度不高、维权成本高、耗时久等现实困境,针对造假上市责任人员的民事追责机制也有待完善和有效运转。

以康达新材为例,据公开统计,2014 年 10 月康达新材公告称被证监会行政处罚,然而直至 2015 年年报报告期末,近 1 年半时间内仅 3 名受损投资者提起了证券虚假陈述民事赔

① 《投服中心针对康达新材造假上市提起支持诉讼》,载中证网:http://www.cs.com.cn/ssgs/gsxw/201608/t20160814_5033930.html,最后访问日期:2018 年 3 月 5 日。

偿诉讼，诉请金额合计仅14.4762万元，并且其中还有1名诉请8.837万元的投资者已经撤诉。

对此，投服中心公益律师、本案诉讼代理人之一的上海明伦律师事务所王智斌律师分析认为，造假上市行为发生时间一般较早，距离被揭开“真相”较久，早年买入相关股票的大部分投资者往往缺乏持续的关注，并且在维权索赔信息方面存在严重的不对称，导致诉讼维权参与度较低。同时，部分了解索赔信息的投资者往往因怕麻烦或者对索赔条件存在误解，诉讼意愿并不强烈，甚至直接放弃索赔。

证券支持诉讼亮相　剑指造假上市行为

2014年10月17日，康达新材公告称因“未按规定向证监会报告2012年1月至2月营业利润出现大幅下滑和公司主要产品订单下滑情况；以及在《上市公告书》中披露的2012年一季度主要会计数据和财务指标中虚假记载营业利润”等违法违规事实，被证监会行政处罚，其中康达新材及其实际控制人陆企某均被顶格罚款，引起了社会广泛关注。

近期，不少投资者向投服中心反映因康达新材造假上市受损的情况，希望委托投服中心提起证券支持诉讼，帮助他们索赔维权。日前，投服中心接受11名中小投资者的委托，将对造假上市负有直接责任的实际控制人陆企某作为第一被告、康达新材作为第二被告，正式向上海市一中院递交诉状，要求两被告连带赔偿投资者经济损失合计24.45万元。

据投服中心维权服务部负责人、本案诉讼代理人之一部峰介绍，造假上市行为涉及投资者众多、社会影响极为恶劣，此次投服中心首次针对造假上市行为提起证券支持诉讼，并着重追究对造假上市负有直接责任的公司实际控制人等主体的民事赔偿责任，是对行政监管效果的有效延伸和补充，旨在畅通诉讼救济渠道、强化民事追责机制、警示市场主体依法合规运作，具有很强的典型意义和示范作用。

作为证监会批复成立的一家公益性投资者保护专门机构，为合法权益受损害的中小投资者提供支持诉讼是投服中心主要工作职责之一。此前，投服中心2016年7月正式推出证券支持诉讼服务，得到了中小投资者的积极肯定与响应。

唤醒广大中小投资者维权意识　畅通民事追责机制

打击造假上市等证券侵权行为，除行政监管执法外，民事追责机制的良好运作，既能切实维护受损中小投资者的合法权益，也有助于加大违法主体的违法成本，起到较好的震慑警示作用。

目前，中小投资者占据了我国资本市场投资者的绝大多数。然而，面对造假上市等证券侵权行为，广大中小投资者处于弱势地位，普遍遭遇维权难的困境，通过民事追责机制维权呈现形单影只、一盘散沙的状态。

投服中心针对造假上市等典型性证券侵权行为,推出证券支持诉讼服务,帮中小投资者打官司,有助于唤醒广大中小投资者的维权意识。投服中心提起证券支持诉讼,由投服中心负责准备诉讼材料、委派诉讼代理人,中小投资者只需要签字委托即可,简便易行。

据介绍,证券支持诉讼采用"先行示范、分批进行"的方式,充分发挥"头雁效应",通过典型个案判决为一大批受损中小投资者明确诉讼风险和预期,将散沙状态的受损中小投资者团结凝聚成一股不可小觑的维权力量,并以主动维权的积极行动,让违法主体付出应有代价,督促公司发行上市及信息披露活动恪守诚信原则、依法合规地开展。

据悉,投服中心还将陆续启动一批证券侵权民事赔偿案件的支持诉讼工作,密切关注市场侵害中小投资者合法权益的行为,为受损中小投资者依法出手、及时出手。

“顺灏股份案”

上海顺灏新材料科技股份有限公司虚假陈述责任纠纷

许平文* 田立卿**

本次顺灏股份虚假陈述责任纠纷系投服中心首次通过发布维权征集公告征集受损投资者形成的支持诉讼,在征集流程、材料整理、投资者沟通、损失计算、诉讼文件签署等各方面为投服中心及公益律师更好地办理支持诉讼提供了宝贵的经验。首次公开征集是完善证券支持诉讼相关机制的有益尝试和创新之举,投资者纷纷要求投服中心支持诉讼,迫切希望投服中心扩大支持诉讼的覆盖面,让更广范围的投资者受益。

案情简介

一、上市公司基本情况

上海顺灏新材料科技股份有限公司,原上海绿新包装材料科技股份有限公司,住所地上海市普陀区真陈路×××号,法定代表人郭某,股票简称原为上海绿新,现更名为顺灏股份,股票代码002565。顺灏股份的控股股东为香港企业顺灏投资集团有限公司,王某作为顺灏投资集团有限公司的出资人及董事,系顺灏股份的实际控制人。顺灏股份的主营业务为真空镀铝纸、白卡纸、覆膜纸、烟用丙纤丝束等

* 上海市广发律师事务所创始合伙人、中证中小投资者服务中心公益律师、2012年A股IPO业务明星律师。

** 上海市广发律师事务所律师。

产品的研发、生产、加工和销售,于 2011 年 3 月 18 日在深圳证券交易所挂牌上市。

二、违法事实及处罚结果

2016 年 7 月 27 日,中国证券监督管理委员会上海监管局(以下简称上海证监局)作出沪〔2016〕5 号《行政处罚决定书》,查明上海绿新存在以下违法事实:未依法披露和关联自然人王某的关联交易、未依法披露重大事件签署意向协议事项。王某,时任上海绿新董事长、总经理,其系上海绿新的实际控制人及直接负责的主管人员。据此,上海证监局根据《证券法》第 193 条的规定,对上海绿新责令改正、予以警告,并处以 30 万元罚款;对王某给予警告,并处以 8 万元罚款。

三、案件查处或自我更正过程

2016 年 4 月 29 日,顺灏股份在《证券时报》《证券日报》《中国证券报》《上海证券报》及巨潮资讯网发布《关于公司被中国证券监督管理委员会立案调查暨公司股票存在被暂停上市风险的提示性公告》,向投资者提示风险:"公司因涉嫌信息披露违法违规,目前正在被中国证监会立案调查。如本公司因此受到中国证监会行政处罚,并且在行政处罚决定书中被认定构成重大违法行为,或者因涉嫌违规披露、不披露重要信息罪被依法移送公安机关的,公司将因触及《深圳证券交易所股票上市规则(2014 年修订)》第 13.2.1 条规定的欺诈发行或者重大信息披露违法情形,公司股票交易被实行退市风险警示。实行退市风险警示三十个交易日期限届满后,公司股票将被停牌,直至深圳证券交易所在十五个交易日内作出是否暂停本公司股票上市的决定。请广大投资者注意投资风险。"

2016 年 7 月 22 日,上海证监局向顺灏股份案件涉嫌相关信息披露违规人员发出行政处罚实现告知书,后于 2016 年 7 月 27 日向顺灏股份等发出沪〔2016〕5 号《行政处罚决定书》(以下简称处罚决定书),认定顺灏股份存在以下违法事实:(1)自2012 年至 2014 年期间,时任公司董事长的王某与顺灏股份之间连续多次发生资金往来,累计金额达到 21,769,703.13 元,已构成《上市公司信息披露管理办法》第 71 条所规定的关联交易,顺灏股份未按照《深圳证券交易所股票上市规则(2012 年修订)》第 10.2.3 条等相关规定及时进行披露;(2)未按照《上市公司信息披露管理办法》第 31 条第 2 项规定及时披露顺灏股份于 2014 年 3 月 28 日与云南中云投资有限公司签订《股权转让意向协议》事项，上海证监局据此对顺灏股份等作出了行政处罚。2016 年 7 月 28 日，顺灏股份发布《关于收到行政处罚决定书的公告》，向投资者公布了上述行政处罚内容。

据此，投服中心在发布征集公告时认定虚假陈述揭露日为 2016 年 4 月 29 日，且由于在起诉时尚无法确定处罚决定书中查明的第 1 项违法行为的具体实施时间，故根据处罚决定书查明的第 2 项违法行为认定虚假陈述实施日。上述第 2 项违法行为系未依法披露重大事件签署意向协议事项，该意向协议签署于 2014 年 3 月 28 日，根据当时有效的《深圳证券交易所股票上市规则（2012 年修订）》及《上市公司信息披露管理办法》（以下合并简称深交所规则）的规定，该事项信息披露时间为起算日两个交易日，故认定为 2014 年 4 月 2 日。本案一审起诉时，公益律师亦认定虚假陈述揭露日为 2016 年 4 月 29 日，虚假陈述实施日为 2014 年 4 月 2 日。此后在庭审中，上海市第二中级人民法院依法主动调查取证，查明在处罚决定书所述的第 2 项违法行为中，截至 2012 年 2 月 29 日，顺灏股份与关联方王某之间的交易金额累计达到 30 万元以上，根据深交所规则顺灏股份在两个交易日内负有及时公告的义务，故据此认定 2012 年 3 月 1 日为虚假陈述实施日。顺灏股份代理人认为虚假陈述揭露日应为 2016 年 4 月 28 日，该意见未被采纳。

四、案件相关舆情介绍

多家权威媒体对本案予以密切关注及详细报道。全景网以《法院判决顺灏股份赔偿投资者》[①]为题，详细报道了案件一审判决结果；东方财富网以《虚假陈述案陆续开庭　顺灏股份二审现四大争议点》[②]为题，详细报道了案件二审的庭审焦点；新浪财经以《顺灏股份虚假陈述案二审开庭　律师继续征集股民索赔》[③]为题，详细报道了案件二审的诉讼进展并提示相关投资者依法维权。总之，本次虚假陈述索赔事宜引起了社会的广泛关注，公益律师对中小投资者依法维权的大力支持获得

---

① 参见陶炜：《法院判决顺灏股份赔偿投资者》，载全景网：http://www. p5w. net/stock/news/gsxw/201711/t20171103_2008884. htm，最后访问日期：2018 年 5 月 27 日。

② 参见张嬰：《虚假陈述案陆续开庭　顺灏股份二审现四大争议点》，载东方财富网：http://finance. eastmoney. com/news/1354,20180125825619439. html，最后访问日期：2018 年 8 月 10 日。

③ 参见厉健：《顺灏股份虚假陈述案二审开庭　律师继续征集股民索赔》，载新浪财经网：http://finance. sina. com. cn/stock/investvq/2018 - 01 - 23/doc - ifyqwiqi8207429. shtml，最后访问日期：2018 年 7 月 23 日。

了良好的社会反响。

索赔方案确定

根据处罚决定书的认定:王某,时任上海绿新董事长,2009 年 8 月 18 日至 2015 年 6 月 30 日任上海绿新总经理,上海绿新实际控制人。根据公司法及深交所规则,王某为上海绿新的关联自然人。2012 年至 2014 年期间,王某连续多次与上海绿新发生资金往来,累计金额达到 21,769,703.13 元,已构成《上市公司信息披露管理办法》第 71 条所规定的关联交易,但上海绿新未依规及时进行披露;另上海绿新亦未及时披露其于 2014 年 3 月 28 日与云南中云投资有限公司签订《股权转让意向协议》事项。上海证监局根据以上违法事实对顺灏股份给予警告并处以 30 万元罚款,对王某给予警告并处以 8 万元罚款。根据最高人民法院《关于审理证券市场因虚假陈述引发的民事赔偿案件的若干规定》(以下简称《若干规定》)第 7 条的规定,虚假陈述证券民事赔偿案件的虚假陈述行为人包括:发起人、控股股东等实际控制人;发行人或者上市公司;证券承销商;证券上市推荐人;会计师事务所、律师事务所、资产评估机构等专业中介服务机构等。在本案中,顺灏股份违反了深交所规则进行违规披露,应当被认定为虚假陈述的行为人;另王某作为顺灏公司实际控制人,对顺灏公司的虚假陈述事件承担主要责任,亦应当被认定为虚假陈述的行为人。故此,结合投服中心支持诉讼"追首恶"的原则,公益律师经与投服中心共同研讨,决定以实际控制人王某为证券市场虚假陈述民事赔偿案件的首要被告,顺灏股份为第二被告。

根据《若干规定》第 18 条的规定,投资者具有以下情形的,人民法院应当认定虚假陈述与损害结果之间存在因果关系:投资者所投资的是与虚假陈述直接关联的证券;投资者在虚假陈述实施日及以后,至揭露日或者更正日之前买入该证券;投资者在虚假陈述揭露日或者更正日及以后,因卖出该证券发生亏损,或者因持续持有该证券而产生亏损。因此,投服中心在发出征集公告时,以 2014 年 4 月 2 日至 2016 年 4 月 28 日期间买卖上海绿新(顺灏股份)股票并于 2016 年 4 月 29 日及以后卖出或继续持有股票的投资者为征集对象。投服中心于 2017 年 3 月 17 日在《中国证券报》《上海证券报》《证券时报》《证券日报》及投服中心微信公众号发布《征集公告》后,陆续收到97名投资者寄送的材料。

2017年5月,投服中心工作人员及公益律师对投资者的身份信息、证券账户、交易明细等材料进行了整理,要求部分投资者补正了缺失的材料,并根据实际成本法逐一计算了各投资者的投资差额损失金额。经综合整理统计,部分应征并寄送材料的投资者不符合《若干规定》中规定的符合条件的适格原告,另外81名投资者因于2016年4月29日及以后卖出或持续持有上海绿新股票而发生亏损,系证券市场虚假陈述民事赔偿案件的适格原告。经测算,该等投资者合计损失人民币5,907,212.48元。

投服中心与公益律师在索赔方案确定过程中,针对下列问题进行了反复研讨。

1.关于投资差额损失的计算方法:在司法实践中,证券市场虚假陈述民事赔偿案件中关于投资差额损失主要有实际成本法和移动加权平均法两种计算方法。根据《若干规定》,结合参考最高人民法院公报案例2005年第11期"陈某某等23名投资者诉大庆联谊公司、申银证券公司虚假陈述侵权赔偿纠纷案"以及历次虚假陈述审判案例,本次诉讼采取了实际成本法计算投资者的投资差额损失,其中关于买入证券平均价格的计算方法是,以实际交易每次买进价格和数量计算出投资者买进股票总成本,再减去投资者此间所有已卖出股票收回资金的余额,除以投资者尚持有的股票数量,若投资者在实施日前持有股票余额,采用先进先出法,将先卖出的股票抵减实施日前股票余额,不作为投资差额损失的计算范围。故投资差额损失=(买入平均价-卖出平均价)×揭露日至基准日卖出可索赔的股数+(买入平均价-基准价)×基准日持有可索赔的股数。

2.关于同一投资者通过多个证券账户进行上海绿新(顺灏股份)的股票交易,造成佣金费率不统一的情况。根据《若干规定》,投资者的佣金损失亦属于证券市场虚假陈述民事赔偿案件中的损失范围,但有两名投资者分别在不同证券公司开立账户,并通过多个证券账户同时进行上海绿新(顺灏股份)的股票交易,其在不同证券公司交易的佣金费率均不一致。投服中心及公益律师对应该合并计算还是分别计算进行了多次讨论,最终认为分别计算更能清晰体现投资交易的真实情况,决定对同一投资者的两个账户分别计算损失,若存在一个账户盈利另一个账户亏损的,以亏损金额减去盈利金额后为最终索赔金额。

支持诉讼过程

根据《若干规定》第6条第2款的规定,投资者提起虚假陈述证券民事赔偿诉讼,除提交行政处罚决定或者公告,或者人民法院的刑事裁判文书以外,还须提交以下证据:(1)自然人、法人或者其他组织的身份证明文件,不能提供原件的,应当提交经公证证明的复印件;(2)进行交易的凭证等投资损失证据材料。因本次参与支持诉讼的投资者遍布全国各地,客观上难以提供身份证原件,为防止顺灏股份以此为由对投资者适格性提出异议,公益律师通过当面签署及网络视频连线的方式,逐一确认了投资者身份。起诉材料包括起诉状、委托书、证据材料清单一式五份,与确认函及投资者告知书一并,亦均通过当面签署及网络视频连线的方式确认签名的真实性。2017年6月,公益律师分两批向上海市第二中级人民法院提交了起诉材料,案件原告合计81人,起诉金额合计人民币5,907,212.48元。此后投资者申某某要求终止支持诉讼,虽经投服中心和公益律师沟通说明,仍坚持要求撤回起诉材料,故本次支持诉讼最终被法院受理的投资者原告人数为80人。

另外,顺灏股份的实际控制人王某系香港人士,法院送达较不便,起诉时提交给法院的送达地址为顺灏股份的住所地,送达不成功。上海市第二中级人民法院原拟通过公告方式进行送达,但根据民事诉讼法的相关规定,境外人士公告送达的公告期为3个月,为加快诉讼进程,公益律师提请法院出具调查令到上海市工商局调取了王某的香港居民身份信息,投服中心工作人员委托第三方查询了王某于香港的住所地址。因此,法院得以将起诉状副本及开庭传票等以邮寄方式成功送达王某。经投资者同意,70名投资者于2017年10月撤回对王某的诉讼请求,保留对顺灏股份的诉讼请求;另外10名投资者同时将王某与顺灏股份列为被告。

上海市第二中级人民法院受理了本次支持起诉,由审判长王承晔、审判员周菁和人民陪审员陈元旦组成合议庭,并根据《若干规定》第13条的规定,将80名投资者合并为16个案号,分别为:(2017)沪02民初495、600、605、610、615、621、626、631、636、641、646、651、656、661、666、671号。

本次支持诉讼先后于2017年12月20日及2018年1月11日分两批开庭审理。在庭审中,本案的争议焦点为:(1)顺灏股份是否存在虚假陈述行为;(2)虚假陈述揭露日的认定;(3)投资者损失范围的认定问题。

关于焦点(1),顺灏股份代理人提出,顺灏股份未及时披露的信息不属于重大事件;公益律师则提出,处罚决定书对顺灏股份未就其与王某之间的关联交易正当履行披露义务的违规行为已作出认定和处罚,而顺灏股份亦未就此提出复议及行政诉讼。法院经审理认为,顺灏股份的抗辩缺乏事实和法律依据,未予采信,顺灏股份存在虚假陈述行为。

关于焦点(2),顺灏股份代理人提出顺灏股份在巨潮资讯网发布公告的日期为2016年4月28日,故应当认定本案虚假陈述揭露日应认定为2016年4月28日;公益律师则提出虽然顺灏股份在巨潮资讯网发布公告的日期为2016年4月28日,但公告发布时间为当日收盘后,该公告的发布不会对当日的股价造成影响,且其在深圳证券交易所发布公告的日期为4月29日,故应以2016年4月29日为虚假陈述揭露日。法院经审理认为,《若干规定》第20条规定,虚假陈述揭露日是指虚假陈述在全国范围发行或者播放的报刊、电台、电视台等媒体上,首次被公开披露之日。顺灏股份于收到上海证监局对其信息披露违法违规《调查通知书》的当日(2016年4月28日)顺灏股份股票股价跌停,而次日(2016年4月29日)顺灏股份在相关报刊、网站上公布了上述事宜,可以认定2016年4月29日的公告以足以达到在全国范围内解释虚假陈述行为的效果,对投资者起到了警示作用。投资者代理律师主张以该日为虚假陈述揭露日具有事实和法律依据,予以采纳。

关于焦点(3),顺灏股份代理人提出投资者的损失系2016年1月4日至8日A股市场实施熔断的市场系统性风险所致;公益律师则提出,虚假陈诉责任纠纷的损失计算方法是法定的,即《若干规定》第31条、第32条,本案80名投资者的损失与顺灏股份的虚假陈述行为均具有因果关系,顺灏股份应当全额赔偿投资者的投资差额、印花税、佣金及利息损失。同时,公益律师反驳认为,若熔断发生在虚假陈述揭露日后,导致顺灏股份股价下跌,可以认为熔断导致了投资者的部分损失,但事实上熔断发生在虚假陈述揭露日前,只会影响顺灏股份的买入平均价而非卖出平均价,客观上使计算后投资者的损失比未发生熔断前更低;同时,只有30名投资者在熔断期间有交易,更有部分投资者系在熔断后进行的第一笔交易,因此,本案中80名投资者的损失与熔断没有因果关系。法院经审理认为,熔断期间深证成指、包装材料板块指数及顺灏股份股价均发生大幅下跌的现象,该期间顺灏股价下跌造成的投资者投资损失系市场风险所致,该部分损失不应由顺灏股份顺灏股份承担,理应在计算投资差额损失赔偿数额时予以扣除,并酌情认定扣除比例为投资差额损失的20%。

在本案诉讼过程中,关于投资者刘某某的证券账户为融资融券账户(信用账户),双方代理人持法院出具的调查令均未能在中国证券登记结算有限责任公司深圳分公司查询到刘某某的交易记录,但公益律师持法院调查令前往海通证券股份有限公司查询了虚假陈述实施日至基准日的刘某某交易顺灏股份的交易记录。顺灏股份代理人认为,交易记录应以中国证券登记结算有限责任公司深圳分公司出具的为准,不认可海通证券股份有限公司出具的文件。刘某某提出的投资损失合计938,920.71元,数额较大且未能与王某及顺灏股份达成庭外和解,为维护投资者的利益,投服中心多次致电中国证券登记结算有限责任公司深圳分公司进行沟通,最终取得该公司出具的刘某某的交易记录。

本次支持诉讼在开庭审理后,80名投资者中34名投资者与王某及顺灏股份达成庭外和解,于2017年12月30日撤回起诉,并于2018年1月全部收到和解款项合计623,000.00元。剩余46名投资者的案件经审理,法院先后于2017年12月28日、2018年1月26日、2018年2月23日就(2017)沪02民初600、610、615、621、626、631、636、651、646号案件作出判决,涉及31名投资者,内容为:顺灏股份于判决生效之日起10日内赔偿投资差额、印花税、佣金及利息损失。一审判决后顺灏股份已提起上诉,一审判决尚未生效。

案件评析

一、案件的突出特点、难点

本次支持诉讼系投服中心首次通过发布维权征集公告征集受损投资者,一个月征集期满,邮寄材料、申请投服中心支持诉讼的投资者达97位,分别来自北京、上海、广东、重庆、黑龙江、青海等20个省、自治区、直辖市,年龄从20多岁到80多岁。投资者背景差异明显、数量众多、地域分布广泛,资料审核、沟通、损失计算工作难度大。投资者对虚假陈述责任纠纷没有经验,对公告的理解存在偏差,从诉讼材料的准备到最后和解及取得一审判决书,均须投服中心及公益律师进行认真复核、精心计算、反复沟通。例如,身份证复印件不完整、证券交易记录不完整、收款的银行账户信息、和解方案的说明工作、案件进展及处理结果的告知,甚至包括反复催促投资者尽快补正材料等。

投资者签署法律文书和身份认证是立案环节必要程序。为保证诉讼请求是本人的真实意愿,根据相关法律规定,提起诉讼需要投资者亲自签署委托书、起诉状等法律文书。考虑投资者遍布全国各地,无法全部实现当面核对身份及签署起诉文件,最初公益律师提出方案,建议要求每位投资者均到当地公证处办理身份证复印件及诉讼文件签署真实性的公证;经投服中心讨论认为,该方案将会增加投资者的负担并拖延案件的立案时间。从便利投资者又保证法律手续完备的角度出发,投服中心决定利用网络技术,采用视频认证的方式,与投资者"面对面"交流,答疑解惑,签署相关法律文书,最大限度方便投资者。全部网络视频均录像保存,作为案件底稿。后续涉及撤回对王某的起诉及和解方案等事宜,均通过该方式与投资者进行核实确认。

二、案件的社会意义和示范效果

首次公开征集拓展了支持投资者诉讼的范围,增强了保护投资者权益的针对性,是完善证券支持诉讼相关机制的有益尝试和创新之举。公开征集方式不仅惠及申请支持诉讼的投资者,还可以为广大投资者提供维权示范的作用,强化维权意识,鼓励他们主动拿起法律武器维权。广大投资者无论是否在具体个案中受损,都可以了解到投服中心发布的征集公告和维权材料,对这一类案件能不能索赔、怎么走诉讼索赔流程、需要准备哪些诉讼材料等方面就会有直观的认识,切身参与者更是边实践边了解,会有更深刻的维权体验。越来越多投资者敢于向权益侵害行为说不,纷纷要求投服中心支持诉讼,迫切希望投服中心扩大支持诉讼的覆盖面,让更广范围的投资者受益。

三、核心法律问题及争点的分析

本次支持诉讼涉及多个法律问题,但最核心的还是围绕投资损失的计算。在本案中,法院虽同样采用实际成本法进行损失计算,但在若干细节上与公益律师意见相左。笔者特在此阐明,以供进一步研讨。

1. 关于投资者的损失或者部分损失是否系由证券市场系统风险因素所导致，法院认为是肯定的，并酌定了受影响比例为 20%。公益律师认为投资者的损失系由顺灏股份的虚假陈述行为导致，未受到证券市场系统风险因素的影响，并在庭审中阐明了如下观点。

首先，根据《若干规定》第 18 条的规定，证券虚假陈述责任纠纷案件中，虚假陈述与投资人损失之间的因果关系是法定(法律拟制)的，只要符合第 18 条规定的 3 个条件，即应认可存在因果关系。在本案中，投资者已充分举证证明，投资者的损失与顺灏股份的虚假陈述具有因果关系。

其次，根据《若干规定》第 19 条的规定，投资人的损失或者部分损失是由证券市场系统风险因素所导致，法院应当认定虚假陈述与损害结果之间不存在因果关系。公益律师认为，证券市场风险可以区分为系统风险和非系统风险。其中，系统风险应是指由于某种共同因素的影响和变化导致股市上所有股票价格的下跌，从而给股票持有人带来损失的可能性。通常表现为战争或骚乱，石油恐慌，国民经济严重衰退或不景气，国家出台不利于公司的宏观经济调控的法律法规，中央银行调整利率等。这导致所有证券商品价格都发生动荡，它断裂层大，涉及面广，无法事先采取某针对性措施于以规避或利用，即使分散投资也丝毫不能改变降低其风险。而由股份公司自身某种原因而引起证券价格下跌的可能性，只存在于相对独立的范围，或者是个别行业中，它来自企业内部的微观因素。这种风险产生于某一证券或某一行业的独特事件，如破产、违约、处罚或本案的虚假陈述等，与整个证券市场不发生系统性的联系，这种风险称为非系统风险。

本案中，顺灏股份举证 2016 年 1 月 4 日至 8 日期间的熔断事件报道，及 2016 年 7 月至 9 月期间的各类 K 线图，拟证明存在系统风险并因此导致了投资者的损失。公益律师在庭审中发表观点认为：第一，熔断事件发生在揭露日之前，因熔断事件导致的顺灏股份股票价格下跌事实上降低了投资者的买入平均价金额，在卖出平均价不变的情况下，事实上降低了投资者的投资损失；第二，顺灏股份提供的顺灏股份的 K 线图，是其每日交易价格的记录，深成指及板块指数，是经过计算得出的股价指数。这些均是数字的记录，不能反映价格或指数背后的原因。因此，顺灏股份不能证明存在系统风险并因此导致了投资者的损失。

根据上海市第二中级人民法院的一审判决，酌定熔断事件对投资者的投资差额损失金额的影响为20%。公益律师经过反复研究讨论,认为熔断事件对本次支持诉讼的投资者的投资差额损失,确有可能具有一定的影响,但要区分不同情况。例如,投资人丛某某,2015年3月18日第一次买入上海绿新(顺灏股份)股票,截至基准日最后一次交易时间为2015年11月2日,即丛某某在熔断事件发生期间及之后均未进行过上海绿新(顺灏股份)的交易。又如投资者郑某某,2016年4月8日第一次买入上海绿新(顺灏股份)股票,截至揭露日无卖出交易,即郑某某系在熔断事件发生3个多月后才开始进行上海绿新(顺灏股份)的交易。公益律师认为前述两种类型的投资者,其投资差额损失与熔断事件不存在因果关系,法院未区分投资者实际情况"一刀切"地酌定熔断事件对投资差额损失造成20%的影响,公益律师认为这种做法欠妥。

2. 关于在揭露日前已经卖出的证券的交易价格,是否应列入买入平均价的计算公式。

法院依据《最高人民法院关于审理证券市场虚假陈述案件司法解释的理解与适用》第307页第4段"关于实施日及以后至揭露或更正日之前多次买进卖出的情况,如何确定投资人平均买进价格。[①] 应当根据证券登记公司出具的投资人交易原始记录,在揭露或更正之前已每次买进价格和数量计算出投资人买进股票总成本,减去投资人这期间所有已卖出股票收回资金的余额,除以投资人尚持有股票数量,则为该投资人的平均买进价格"所述公式进行计算。公益律师亦认可该计算公式,但同时认为在揭露日前已经卖出的证券的交易价格,不应列入买入平均价的计算公式,即《若干规定》第19条规定的,在虚假陈述揭露日或者更正日之前已经卖出证券,法院应当认定虚假陈述与损害结果之间不存在因果关系。

《最高人民法院关于审理证券市场虚假陈述案件司法解释的理解与适用》阐述,在虚假陈述实施日A点与虚假陈述揭露日B点之间买进又卖出的……其交易应视为没有受到虚假陈述行为造成的影响,在AB点之间交易的投资损失(如果有)与虚假陈述行为没有因果关系(第262页);排除了虚假陈述被揭露或更正之前投资人进进出出的损失,这些损失如前述与诱多型虚假陈述没有直接的关联(第

---

① 李国光主编:《最高人民法院关于审理证券市场虚假陈述案件司法解释的理解与适用》,人民法院出版社2017年版,第307页。

305 页)。公益律师认为,投资人在揭露日之前若已经全部卖出被告股份,其买入卖出的决策均未受到虚假陈述行为的影响(例如,本案中田某某,在揭露日前有多次全部卖出顺灏股份的股票),即使因此遭受损失,也非因虚假陈述所致,应由原告自行承担风险;其交易价格不应列入买入平均价的计算公式,这是符合《若干规定》的规定以及立法本意的。

四、公益律师的感想

投服中心积极推动证券支持诉讼,在维护中心投资者权益、净化证券市场秩序、促进证券市场参与主体特别是上市公司规范运作等方面做了大量工作,取得了较好的成绩。

关于证券支持诉讼工作,希望投服中心获得监管部门批准获得证券登记结算数据,便于证券支持诉讼的证据提供、为中小投资者维权提供便利;希望投服中心能成为中小投资者与司法机关沟通的桥梁,并提供证券交易方面的专业支持。

关于促进上市公司规范方面,希望投服中心组织更多公益律师等专业人士,针对上市公司可能影响中小投资者权益的并购重组、再融资、重大合同等事项,促进上市公司等信息披露义务主体,强化信息披露责任,真正做到信息披露的真实、准确、完整;针对上市公司规范运作,代表中小投资者进行监督,切实保护中小投资者权利。

本案律师律所介绍

许平文

上海市广发律师事务所首席业务执行合伙人,国内资深证券律师,被《新财富》杂志评为 2012 年度明星律师,担任多家上市公司独立董事及多家券商内核委员。在资本市场、并购、资产重组、公司业务等方面拥有近 20 年从业经历,以其全面、综合的业务能力在业内享有较高声誉,曾主持过百余家公司的资产重组、股份改制、股票发行上市以及其他类型公司的资产重组以及私募投资、并购等项目。

田立卿

上海市广发律师事务所律师,项目主管。专长为公司法、合同法、劳动法方向的民商事诉讼与仲裁,曾代理多起证券公司、投资机构的股权回购纠纷。同时担任 10 家大中型企业的常年法律顾问,服务内容包括参与重要决策的协商和谈判、提供法律咨询意见和建议、协助解决内外部冲突和纠纷、建立完善规章制度、起草审查合同协议等法律文件。

上海市广发律师事务所

总部设在上海,并设有无锡、深圳、杭州分所,现有执业律师近 60 名。上海市广发律师事务所自 1999 年起专业从事证券金融法律服务,包括企业改制、股票发行及上市、资产重组及并购业务等业务,从业经验丰富,在全国证券法律服务领域名列前茅。

本案相关行政处罚决定书

中国证券监督管理委员会上海监管局行政处罚决定书

(沪〔2016〕5 号)

当事人:上海绿新包装材料科技股份有限公司(以下简称上海绿新),统一社会信用代码:××××××××××××××××××,住所:上海市普陀区真陈路×××号,法定代表人为王某。

王某,男,1966 年 7 月出生,港澳居民来往内地通行证号码:×××××××××××,时任上海绿新董事长、总经理,上海绿新实际控制人。

刘某,身份证号:4302××××××××××4074,男,1969 年 2 月出生,时任上海绿新董事、副总裁、财务总监,住址:湖南省株洲市芦淞区。

张某某,身份证号:3101××××××××××1619,男,1976 年 11 月出生,时任上海绿新董事会秘书兼副总裁,住址:上海市徐汇区。

高某,身份证号:1201××××××××××3932,男,1966 年 6 月出生,时任上海绿新财务总监,住址:天津市南开区。

依据《证券法》的有关规定,我局依法对上海绿新信息披露违法行为进行了立案调查、审理,并依法向当事人告知了作出行政处罚的事实、理由、依据及当事人依法享有的权利。当事人均未提交陈述、申辩意见,也未要求听证。本案现已调查、审理终结。

经查明,上海绿新存在以下违法事实:

一、未依法披露和关联自然人的关联交易行为

王某,时任上海绿新董事长,2009 年 8 月 18 日至 2015 年 6 月 30 日任上海绿新总经理,上海绿新实际控制人。根据《公司法》及深圳证券交易所的相关规则,王某为上海绿新的关

联自然人。

2012年至2014年期间,王某连续多次与上海绿新发生资金往来,累计金额达到21,769,703.13元,已构成《上市公司信息披露管理办法》第71条所规定的关联交易,但上海绿新未按照《深圳证券交易所股票上市规则(2012年修订)》第10.2.3条等相关规定及时进行披露。

二、未依法披露重大事件签署意向协议事项

2014年3月28日,上海绿新与云南中云投资有限公司签订《股权转让意向协议》,涉及协议标的金额368,000,000元,已经达到《深圳证券交易所股票上市规则(2012年修订)》第9.2条第1款第4项规定"交易的成交金额(含承担债务和费用)占上市公司最近一期经审计净资产的10%以上,且绝对金额超过一千万元"的标准,应当在《上市公司信息披露管理办法》第31条第2项规定的"有关各方就该重大事件签署意向书或者协议时"披露,上海绿新未及时披露。

以上事实,有上海绿新的内部管理制度、相关业务合同、财务资料、资金流向明细以及当事人的询问笔录、情况说明等证据证明,足以认定。

上海绿新的上述行为违反了《证券法》第63条关于"发行人、上市公司依法披露的信息,必须真实、准确、完整,不得有虚假记载、误导性陈述或者重大遗漏"和《上市公司信息披露管理办法》第2条关于"信息披露义务人应当真实、准确、完整、及时地披露信息,不得有虚假记载、误导性陈述或者重大遗漏"的规定,构成了《证券法》第193条"发行人、上市公司或者其他信息披露义务人未按照规定披露信息,或者所披露的信息有虚假记载、误导性陈述或者重大遗漏"的行为。根据《证券法》第68条的规定,上市公司董事、监事、高级管理人员应当保证上市公司所披露的信息真实、准确、完整。对于上海绿新上述未依法披露和关联自然人的关联交易违法行为,上海绿新时任董事长、总经理王某以及时任董事会秘书张某某为直接负责的主管人员,前后时任财务总监刘某、高某为其他直接责任人员。对于上海绿新上述未依法披露重大事件签署意向协议事项违法行为,王某以及张某某为直接负责的主管人员,刘某为其他直接责任人员。

根据当事人违法行为的事实、性质、情节与社会危害程度,根据《证券法》第193条的规定,我局作出如下决定:

一、对上海绿新责令改正,给予警告,并处以30万元罚款。

二、对王某给予警告,并处以8万元罚款。

三、对张某某给予警告,并处以8万元罚款。

四、对刘某给予警告，并处以3万元罚款。

五、对高某给予警告，并处以3万元罚款。

上述当事人应自收到本处罚决定书之日起15日内，将罚款汇交中国证券监督管理委员会（开户银行：中信银行总行营业部，账号：××××××××××××××××××××，由该行直接上缴国库），并将注有当事人名称的付款凭证复印件送中国证券监督管理委员会稽查局和我局备案。当事人如果对本处罚决定不服，可在收到本处罚决定书之日起60日内向中国证券监督管理委员会申请行政复议，也可在收到本处罚决定书之日起6个月内向有管辖权的人民法院提起行政诉讼。复议和诉讼期间，上述决定不停止执行。

中国证券监督管理委员会上海监管局

2016年7月27日

本案相关判决书

上海市第二中级人民法院民事判决书

（2017）沪02民初651号

原告：曾某某（个人信息等略）。

委托诉讼代理人：许平文，上海市广发律师事务所律师。

委托诉讼代理人：田立卿，上海市广发律师事务所律师。

被告：上海顺灏新材料科技股份有限公司（原名上海绿新包装材料科技股份有限公司），住所地上海市普陀区真陈路×××号。

法定代表人：郭某，该公司董事长。

委托诉讼代理人：葛晓奇，上海普世律师事务所律师。

委托诉讼代理人：杨旭，上海普世律师事务所律师。

原告曾某某诉被告上海顺灏新材料科技股份有限公司（以下简称顺灏公司）证券虚假陈述责任纠纷一案，本院于2017年7月5日立案后，依法适用普通程序，公开开庭进行了审理。原告委托诉讼代理人许平文、田立卿，被告顺灏公司委托诉讼代理人葛晓奇到庭参加诉讼。本案现已审理终结。

原告曾某某向本院提出诉讼请求：被告顺灏公司赔偿原告曾某某投资差额损失人民币35,328元（以下币种均为人民币）、佣金10.60元、印花税35.33元及利息54.21元（其中开立于长城证券股份有限公司前海分公司的资金账号为×××××××××××××的利息以28,597.13元为基数,按照中国人民银行同期活期存款利率自买入之日2015年12月18日起计算至卖出之日2016年4月29日止;开立于平安证券股份有限公司深圳金田路营业部的资产账号为××××××××××××的利息以6776.80元为基数,按照中国人民银行同期活期存款利率自买入之日2015年7月29日起计算至卖出之日2016年4月29日止)。关于佣金,原告曾某某确认按照技资差额损失的0.03%计算。关于印花税,原告曾某某确认按照技资差额损失的1%计算。事实和理由:原告作为技资者,购买股票的时间在被告顺灏公司虚假陈述实施目2014年4月2日以后,至揭露日2016年4月29日之前。依据相关法律规定,原告所持有的股票因被告顺灏公司未按规定披露信息的违法行为受到损失,被告顺灏公司理应承担赔偿责任。

被告顺灏公司辩称:(1)行政处罚不等于民事侵权,被告顺灏公司所应披露的信息不属于司法解释规定的重大事件。(2)原告的投资经历了熔断机制以及2015年6月26日的股灾,故其损失是由证券市场系统风险造成,与被告顺灏公司不当披露行为之间无因果关系。(3)被告顺灏公司虚假陈述行为的实施日应为2012年4月16日、基准日为2016年11月16日,基准价为7.89元。至于揭露日则应为2016年7月26日,即使按照法院认为的以被告发布提示性公告的时间确定,揭露日也应为2016年4月28日。(4)佣金和印花税作为投资人的实际损失,应当以投资差额损失部分为限进行计算。(5)关于利息损失,由法院依法判定。

当事人围绕诉讼请求依法提交了证据,本院组织当事人进行了证据交换和质证气对当事人无异议的证据,本院予以确认并在卷佐证。审理中,被告顺灏公司还提交了如下证据。(1)其与王某自2012年1月1日至4月13日的资金往来表及所附凭证,旨在证明截至2012年4月13日,王某与被告顺灏公司之间交易往来金额累计达到30万元以上,故应以2012年4月16日作为被告顺灏公司虚假陈述行为的实施日;(2)被告顺潮公司顺潮股份(股票代码为002565)股票分别与上证指数、深成指、包装材料板块指数2012年1月至2016年9月之间K线走势对比图、002565股票分别与深成指、包装材料板块指数2016年7月25日至2016年9月16日之间K线走势对比图、002565股票与其他同一板块股票E线走势对比图及每日涨跌幅对比图等,旨在证明002565股票与大盘、同板块以及同类企业之间K线图走势趋同,披露不当本身并未影响股价,投资者损失与被告顺灏公司未正当履行披露义务之间无因果关系;(3)2016年1月4日至1月8日,中国证券市场熔断事件的相关信息、该期间002565股票交易记录,旨在证明该段时间内证券市场发生系统风险,原告的损失系由系统风险所致,与被告顺灏公司未尽披露义务之间不存在因果关系;(4)被告顺灏公司发出的与云南中云技资有限公司签订《附生效条件的股权转让协议》的公告,该公告落款时间为

2014 年 7 月 4 日，旨在证明被告顺潮公司已就行政处罚决定书认定的第二项虚假陈述行为进行了更正；(5)2017 年 8 月 30 日，被告顺灏公司关于非公开发行股票申请获得中国证监会发审会审核通过的公告，旨在证明被告顺灏公司的虚假陈述行为不构成重大性，无须承担全部的赔偿责任。

对于被告提供的上述证据(1)，原告对真实性、合法性不持异议，但认为，关联交易金额以发生额而非余额为标准，故对该组证据的关联性不予认可。就被告顺灏公司所主张的实施日一节，本院认为，根据《深圳证券交易所股票上市规则(2012 年修订)》第 10.2.3 条规定来看，当上市公司与关联自然人发生交易金额达到 30 万元以上的关联交易，上市公司应负有及时披露义务。结合被告顺灏公司提供的该组证据显示，至 2012 年 2 月 29 日，王某与被告顺灏公司之间的交易金额已累计达到 30 万元以上，此时被告顺灏公司应负有及时公告的义务，故本院认定 2012 年 3 月 1 日为被告虚假陈述行为的实施日。对于原、被告所主张的实施日，本院均不予采信。对于证据(2)，本院认为与本案争议事实无关联性。对于证据(3)，与事实相符，且与本案争议具有关联性，本院予以采信。对于证据(4)，该份公告中没有更正被告顺灏公司之前虚假陈述行为的内容，本院对于该份证据不予采信。对于证据(5)，根据《上市公司证券发行管理办法》第 39 条的规定，从该份公告无法得出被告顺潮公司不存在虚假陈述行为的结论，对于该份证据本院亦不予采信。

在上述证据认定的基础上，结合当事人的陈述，本院确认如下事实。

1. 被告顺灏公司系上市公司，其公开发行的 A 股股票名称原为上海绿新，后更名为顺灏股份，股票代码为 002565，该股票属于包装材料板块。

2. 2016 年 4 月 28 日，中国证券监督管理委员会向被告顺灏公司发出沪调查通字 2016－1－039 号调查通知书，载明“因你公司涉嫌信息披露违法违规，根据《证券法》的有关规定，我会决定对你公司进行立案调查，请予以配合”。同年 4 月 29 日，被告公司在《证券时报》《证券日报》《中国证券报》《上海证券报》及巨潮资讯网披露了公司关于收到中国证监会调查通知书的公告。当日，被告 002565 股票收盘价下跌 10.02%。2016 年 7 月 22 日，中国证券监督管理委员会上海监管局(以下简称证监会上海监管局)向被告顺灏公司等发出行政处罚事先告知书。同年 7 月 27 日，证监会上海监管局向被告顺灏公司等发出沪〔2016〕5 号行政处罚决定书，认定被告顺灏公司存在以下违法事实。(1)自 2012 年至 2014 年期间，时任公司董事长的王某与被告之间连续多次发生资金往来，累计金额达到 21,769,703.13元，已构成《上市公司信息披露管理办法》第 71 条所规定的关联交易，被告顺灏公司未按照《深圳证券交易所股票上市规则(2012 年修订)》第 10.2.3 条等相关规定及时进行披露;(2)未按照《上市公司信息披露管理办法》第21条第2项规定及时披露被告顺潮公司于2014年3月28日与云南中云投资有限公司签订《股权转让意向协议》事项。证监会上海监管局据此对被告顺灏公司进行了处罚。被告顺灏公司未针对上述处罚提出复议及行政诉讼。

3. 自2012年1月1日起至同年2月29日,时任公司法定代表人王某与被告顺灏公司之间交易额累计达到30万元以上,但被告顺灏公司未能及时就上述关联交易进行披露。自2016年4月29日起至2016年8月1日,被告002565股票累计成交量达到其可流通部分100%。经计算,上述期间该股票的均价为7.44元。

4. 原告投资002565股票的相关交易记录如下(见表1、表2):

表1　资产账号30××××××××××的交易记录

序号	买卖方向	股数(股)	成交价(元)	成交日期
1	买入	1200	12.303	20150414
2	买入	400	14.8	20150612
3	买入	800	14.55	20150615
4	卖出	2300	8.88	20150714
5	买入	1000	8.52	20150715
6	买入	1400	8.35	20150716
7	卖出	2400	10.67	20150722
8	买入	2300	10.48	20150723
9	卖出	2400	10.40	20150727
10	买入	2600	9.75	20150727
11	卖出	2600	9.815	20150728
12	买入	2400	10.603	20150729
13	卖出	2400	7.78	20160429

表2　资金账号88××××××××××的交易记录

序号	买卖方向	股数(股)	成交价(元)	成交日期
1	买入	2600	9.00	20150728
2	卖出	2600	10.10	20150729
3	买入	2000	10.50	20150729
4	卖出	2000	11.11	20150730

续表

序号	买卖方向	股数(股)	成交价(元)	成交日期
5	买入	100	10.84	20150731
6	买入	600	10.79	20150731
7	买入	1000	10.99	20150731
8	买入	1200	9.97	20150803
9	卖出	600	10.40	20150803
10	卖出	500	10.42	20150803
11	买入	1000	10.47	20150804
12	卖出	1000	10.70	20150804
13	买入	1000	10.74	20150804
14	买入	1000	11.14	20150810
15	卖出	2800	11.95	20150821
16	卖出	1000	12.05	20150821
17	买入	2000	8.39	20150828
18	卖出	2000	6.13	20150917
19	买入	2000	6.03	20150918
20	卖出	2000	8.01	20151019
21	买入	1000	10.30	20151117
22	买入	1000	10.00	20151118
23	卖出	2000	10.40	20151130
24	买入	800	11.95	20151203
25	卖出	800	12.88	20151204
26	买入	800	11.20	20151214
27	买入	1000	11.29	20151214
28	买入	1000	11.29	20151214
29	卖出	2800	11.99	20151217
30	买入	1000	13.13	20151218
31	买入	1000	12.68	20151222
32	买入	1000	12.61	20151223
33	买入	3000	12.50	20151225
34	卖出	6000	7.89	20160429

5. 2015 年 12 月 4 日,上海证券交易所发布的《上海证券交易所规则(2015 年修订)》第四章第五节规定了"指数熔断"机制,规定熔断基准指数为沪深 300 指数,采用 5% 和 7% 两档阈值,该规则于 2016 年 1 月 1 日起实施。2016 年 1 月 4 日,沪深两市早盘双双低开,沪深 300 指数于 13 时 13 分跌幅超过 5%,引发 15 分钟熔断机制。13 时 28 分,两市恢复交易后,沪深 300 指数继续下跌,并于 13 点 34 分触及 7% 的关口,再次引发熔断,两市暂停交易至收市。同年 1 月 7 日,早盘 9 时 42 分,沪深 300 指数跌幅扩大至 5%,再度触发熔断线,两市于 9 时 57 分恢复交易后,沪深 300 指数再度向下,最大跌幅达到 7.21%,二度熔断触及阈值,两市暂停交易至收市。2016 年 1 月 8 日,上海证券交易所决定暂停实施"指数熔断"机制。经查,2016 年 1 月 4 日,深证成指跌幅为 8.2%,包装材料板块跌幅为 7.61%,002565 股票股价跌幅为 9.96%;1 月 7 日,深证成指跌幅为 8.23%,包装材料板块跌幅为 8.92%,002565 股票股价跌幅为 9.75%;1 月 8 日,深证成指涨幅为 1.2%,包装材料板块跌幅为 0.12%,002565 股票股价跌幅为 0.53%。

另查明,被告顺灏公司原名上海绿新包装材料科技股份有限公司,于 2016 年 12 月 9 日更名。

本院认为,本案的争议焦点为:(1)被告顺潮公司是否存在虚假陈述行为;(2)虚假陈述揭露日的认定问题;(3)原告损失范围的认定问题。关于争议焦点(1),最高人民法院《关于审理证券市场因虚假陈述引发的民事赔偿案件的若干规定》(以下简称《若干规定》)第 17 条规定,证券市场虚假陈述,是指信息披露义务人违反证券法律规定,在证券发行或者交易过程中,对重大事件作出违背事实真相的虚假记载、误导性陈述,或者在披露信息时发生重大遗漏、不正当披露信息的行为。不正当披露是指信息披露义务人未在适当期限内或者未以法定方式公开披露应当披露的信息。在本案中,根据证监会上海监管局所作出的《行政处罚决定书》的认定,有关被告未依法履行披露义务涉及两项违法违规行为,发生时间分别为 2012 年和 2014 年。鉴于此,理应以时间在先的行为作为考量被告顺潮公司是否构成虚假陈述以及确定原告投资差额损失的依据。鉴于上述《行政处罚决定书》对被告顺灏公司未就其与王某之间的关联交易正当履行披露义务的违规行为已作出认定和处罚,而被告顺灏公司亦未就此提出复议及行政诉讼。故对于被告顺灏公司提出其未及时披露的信息不属于重大事件,其行为不构成虚假陈述的抗辩——缺乏事实和法律依据,本院不予采信。

关于争议焦点(2),《若干规定》第 20 条规定,虚假陈述揭露目是指,虚假陈述在全国范围发行或者播放的报刊、电台、电视台等媒体上,首次被公开披露之日。被告顺灏公司于收到证监会上海监管局对其信息披露违法违规《调查通知书》的次日即 2016 年 4 月 29 日在相关报刊、网站上公布了上述事宜,当日被告 002565 股票股价跌停。鉴于此,可以认定

2016年4月29日的公告已足以达到在全国范围内解释系争虚假陈述行为的效果,对投资者起到了警示作用,原告主张以2016年4月29日为虚假陈述揭露日,具有事实和法律依据,本院予以采纳。

关于争议焦点(3),本案中,原告投资系争股票的行为发生于虚假陈述行为实施日至揭露日之间,如果原告在该期间的股票买入平均价与其卖出平均价或基准价存在差额,就相应的投资差额损失,被告顺灏公司理应承担相应的赔偿责任。关于投资差额损失的计算问题,《若干规定》第21条、第32条规定,投资人在基准日及以前卖出证券的,其投资差额损失,以买入证券平均价与实际卖出证券平均价之差,乘以投资人所持证券数量计算;投资人在基准日之后卖出或者仍持有证券的,其投资差额损失,以买入证券平均价与虚假陈述揭露日或者更正日起至基准日期间,每个交易日收盘价的平均价格之差,乘以投资人所持证券数量计算。

关于被告顺潮公司提出原告损失系由证券市场系统风险所致的抗辩理由,本院认为,《若干规定》第19条规定,被告举证证明原告具有以下情形的,人民法院应当认定虚假陈述与损害结果之间不存在因果关系:(1)在虚假陈述揭露日或者更正日之前已经卖出证券;(2)在虚假陈述揭露日或者更正日及以后进行的投资;(3)明知虚假陈述存在而进行的投资;(4)损失或者部分损失是由证券市场系统风险等其他因素所导致;(5)属于恶意投资、操作证券价格的。由此可见,若投资者的损失系因证券市场系统风险等虚假陈述以外其他因素所致,则虚假陈述行为主体不应就该部分损失承担赔偿责任。从现已查明的事实来看,2016年1月4日和1月7日,由于A股市场实施熔断,深证成指、包装材料板块指数及被告002565股票股价均发生大幅下跌的现象。因此,该两日002565股票大幅下跌所造成的原告投资损失系由市场风险所致,与被告顺灏公司的虚假陈述行为之间不存在因果关系,该部分损失不应由被告顺灏公司承担,理应在计算投资差额损失赔偿数额时予以扣除。至于应当扣除的比例,本院酌情认定为投资差额损失的20%。原告主张的佣金、印花税及利息损失,具有事实和法律依据,本院依法予以支持。

对于原告投资被告002565股票的损失,本院计算如下:

原告曾某某301300020636账户于实施日后揭露日之前买入12,100股,揭露日之前卖出9700股,揭露日后、基准日之前卖出2400股,基准日之后不再持有适格股票。原告曾某某所持002565股票的买入平均价为12.88元[(127,433.60元-96,512元)-(12,100股-9700股)],卖出平均价为7.78元(18,672元/2400股)。原告曾某某的投资差额损失为(12.88元-7.78元)×2400股=12,240元。故被告顺灏公司应当赔偿原告曾某某的投资差额损失为12,240元×80%=9792元。经计算,原告曾某某的印花税及佣金损失共计为

12.73元。原告曾某某主张的利息应以技资损失9804.73元为基数,自2015年7月29日起计算至卖出之日2016年4月29日止,按照中国人民银行规定的同期活期存款利率计付。

原告曾某某88×××××××××××账户于实施日后揭露日之前买入26,100股,揭露日之前卖出20,100股,揭露日后、基准日之前卖出6000股,基准日之后不再持有适格股票。原告曾某某所持002565股票的买入平均价为10.71元[(273,342元-209,096元)/(26,100股-20,100股)],卖出平均价为7.89元(47,340元/6000股)。原告曾某某的技资差额损失为(00.71元-7.89元)×600股=16,920元。故被告顺灏公司应当赔偿原告曾某某的投资差额损失为16,920元×80% =13,536元。经计算,原告曾某某的印花税及佣金损失共计为17.60元。原告曾某某主张的利息应以投资损失13,553.60元为基数,自买入之日2015年12月18日起计算至卖出之日2016年4月29日止,按照中国人民银行规定的同期活期存款利率计付。

综上,依照《若干规定》第2条第1款、第17条、第18条、第19条、第20条、第30条、第21条、第32条、第33条之规定,判决如下:

一、被告上海顺灏新材料科技股份有限公司应于本判决生效之日起10日内赔偿原告曾某某技资损失人民币23,358.33元及利息(其中以人民币9804.73元为基数,自2015年7月29日起计算至2016年4月29日止;以人民币13,553.60元为基数,自2015年12月18日起计算至2016年4月29日止,均按中国人民银行规定的同期活期存款利率计付);

二、驳回原告曾某某的其余诉讼请求。

如果未按照本判决指定的期间履行金钱给付义务,应当按照《民事诉讼法》第253条的规定,加倍支付迟延履行期间的债务利息。

本案案件受理费人民币685.70元,由原告曾某某负担人民币137.14元,被告上海顺灏新材料科技股份有限公司负担人民币548.56元。

如不服本判决,可在判决书送达之日起15日内,向本院递交上诉状,并按对方当事人或者代表人的人数提出副本,上诉于上海市高级人民法院。

审 判 长 王承畔

审 判 员 周 菁

人民陪审员 陈元旦

二〇一八年二月二十三日

法官助理 靳 轶

书 记 员 薛 皑

本案相关新闻报道

投服中心首次发布维权征集公告 索赔上海绿新实际控制人[①]

2016年7月和8月，中证中小投资者服务中心（以下简称投服中心）接受中小投资者申请，先后对“匹凸匹”“康达新材”虚假陈述行为提起证券支持诉讼，协助中小投资者依法索赔，获得普遍好评。投服中心现启动第三例证券支持诉讼，首次全国范围内公开征集因上海绿新包装材料科技股份有限公司（以下简称上海绿新，现更名为上海顺灏新材料科技股份有限公司，股票代码002565，股票简称顺灏股份）虚假陈述受损的中小投资者。

中小投资者点赞证券支持诉讼　要求继续扩大惠及面

从维权实践看，占据我国资本市场绝大多数的中小投资者，往往不知道其权益是否被侵害，知道权益被侵害的也不知道该怎么维权，想去诉讼维权往往因专业能力缺乏、耗时久和成本高而维权效果不佳。前期，投服中心先后针对两家上市公司虚假陈述提起证券支持诉讼，帮助中小投资者索赔258万元，广大中小投资者看到了便捷维权的希望。

投服中心开展证券支持诉讼，帮助弱势中小投资者实现了与上市公司及实际控制人等侵权行为人在诉讼地位和能力上的对等，不少中小投资者纷纷点赞。中小投资者申请支持诉讼，操作简便易行，只需要在诉讼法律文件上签字委托即可，准备诉讼材料、委派诉讼代理人均由投服中心负责。中小投资者不需要支付律师费，向法院预交的案件受理费也能在胜诉后予以返还。案件受理费通常约占索赔金额的2%，索赔金额不超过1万元的仅交纳50元。

经中华全国律师协会推荐，投服中心聘请了一批实务经验丰富、专业能力过硬和热心公益的律师，组建了公益律师团。2016年10月康达新材案首次开庭，中心委派的公益律师和工作人员准备充分、说理翔实，为中小投资者合法权益据理力争。

证券支持诉讼节省了申请投资者的时间精力和费用，中小投资者得到了“实惠”。越来越多投资者敢于向权益侵害行为说不，纷纷要求投服中心支持诉讼，迫切希望投服中心扩大支持诉讼的覆盖面，让更广范围的投资者受益。

---

① 赵一蕙：《投服中心首次发布维权征集公告　索赔上海绿新实际控制人》，载中国证券网：http://news.cnstock.com/paper,2017-03-17,791595.htm，最后访问日期：2018年6月17日。

全国范围内征集　更多中小投资者得"实惠"

为更好地保护更多中小投资者,投服中心针对上海绿新虚假陈述,首次公开征集受损投资者,汇集全国各地中小投资者的力量,帮他们打官司,索赔实际控制人和上海绿新。

全国范围公开征集,服务的投资者范围更广、申请支持诉讼的投资者数量更多、帮投资者挽回的损失金额更大。公开征集方式不仅惠及申请支持诉讼的投资者,还可以为广大投资者提供维权示范的作用,强化维权意识,鼓励他们主动拿起法律武器维权。广大投资者无论是否在具体个案中受损,都可以了解到投服中心发布的征集公告和维权材料,对这一类案件能不能索赔、怎么走诉讼索赔流程、需要准备哪些诉讼材料等方面就会有直观的认识,切身参与者更是边实践边了解,会有更深刻的维权体验。

当然诉讼存在一定的风险,投资者申请支持诉讼时需要注意,比如,诉讼结果不确定、赔付金额因个案情况会有一定扣除比例、时间长短因审判进程有所变化等。目前,虚假陈述民事赔偿诉讼被告大多已被监管机关行政处罚,其侵权行为事实较为清楚。投服中心本着对投资者负责的认真态度,对每个支持诉讼案件都作了大量扎实准备工作,积极采取各种措施控制诉讼风险,为中小投资者争取最大化利益。

提示投资者关注征集公告　依法索赔上海绿新

2016 年 7 月 27 日,因上海绿新未依法披露与其实际控制人王某关联交易、未依法披露重大事件签署意向协议事项,上海证监局对上海绿新及其实际控制人王某等责任主体作出行政处罚。

投服中心现公开征集受损中小投资者,起诉实际控制人王某和上海绿新承担连带赔偿责任。王某同时是时任董事长和总经理,将其作为第一被告追究赔偿责任,旨在警示和督促上市公司的董事、监事和高管勤勉尽责,强化其责任意识。

如果投资者自 2014 年 4 月 2 日至 2016 年 4 月 28 日期间买入上海绿新(股票代码:002565)且在此期间未全部卖出,在 2016 年 4 月 29 日及以后卖出或继续持有股票,并因此遭受损失,那么投资者很有可能符合索赔条件,可依法起诉王某、上海绿新等责任主体。需要特别提示的是,如果投资者低买高抛或者一直持有股票,尽管按市价计算可能处于浮盈状态,但只要符合上述条件,就有可能因虚假陈述遭受了损失,不清楚的投资者可主动与投服中心取得联系,我们将协助投资者进行计算,判断是否受损。

在此,投服中心呼吁广大中小投资者及时了解自身权益状况,根据投服中心发布的《征集公告》对照了解是否属于适格受损投资者。凡因上海绿新上述虚假陈述行为受损的投资者,均可按照《征集公告》所列条件和要求,向投服中心申请证券支持诉讼,在投服中心的专业协助下,用好、用足法律所赋予的索赔权利。

投服中心提示广大中小投资者密切关注《征集公告》,符合条件的请及时与我们取得联系。打击证券欺诈等侵权行为,强化证券侵权民事责任追究,净化资本市场法治秩序,离不开每一位中小投资者的积极参与!

投服中心首次公开征集
状告上海绿新获受理①

2017 年 3 月,中证中小投资者服务中心(以下简称投服中心)在全国范围内公开征集因上海绿新包装材料科技股份有限公司(以下简称上海绿新,现更名为上海顺灏新材料科技股份有限公司)虚假陈述受损的中小投资者。至征集期结束,共有近百名投资者向投服中心提出诉讼维权申请。经过前期的紧张工作,起诉准备就绪。近日,投服中心及其公益律师代理首批 75 名中小投资者,向上海市第二中级人民法院起诉上海绿新及其实际控制人王某,索赔金额 576 万元。因人数众多,目前部分投资者的诉讼申请已获受理,其余诉讼申请也将陆续受理。这是我国资本市场上首次通过公开征集的方式形成的证券支持诉讼案件,具有极大的示范意义。

迎接挑战　克服计算沟通难题

本次支持诉讼是投服中心第一次在全国范围内公开征集投资者,一个月征集期满,邮寄材料、申请投服中心支持诉讼的投资者达 97 位,分别来自北京、上海、广东、重庆、黑龙江、青海等 20 个省、自治区、直辖市,年龄从 20 多岁到 80 多岁。投资者背景差异明显、数量众多、地域分布广泛,资料审核、沟通、损失计算工作难度大。投服中心及其公益律师上海市广发律师事务所许平文律师团队经过认真复核、精心计算、反复沟通,材料齐全、能够成诉的投资者 87 位,首批代理适格原告 75 人,已向法院提出诉讼申请。

由于是首单公开征集,投资者对公告的理解存在偏差,证券公司柜台系统的数据输出的格式、内容不尽一致,致使投资者初始提供的材料普遍不准确、不完整,需要工作人员花费大量时间与投资者进行反复沟通。在损失计算方面,投资者提供的是证券公司打印的纸质交易记录,投服中心工作人员需要把交易记录一笔一笔手工录入,编辑成电子版计算损失。有些投资者交易记录近千条,数据分析、录入、校核与计算工作花费了工作人员大量时间和精力。

---

① 《投服中心首次公开征集状告上海绿新获受理》,载新华网:http://www.xinhuanet.com/fortune/2017-06/20/c_129637018.htm,最后访问日期:2018 年 4 月 15 日。

提高效率　创新委托认证方式

投资者签署法律文书和身份认证是立案环节必要程序。为保证诉讼请求是本人的真实意愿,根据相关法律规定,提起诉讼需要投资者亲自签署委托书、起诉状等法律文书。考虑投资者遍布全国各地,从便利投资者又保证法律手续完备的角度出发,投服中心决定利用网络技术,采用视频认证,与投资者“面对面”交流,答疑解惑,签署相关法律文书,最大程度方便投资者。

为了提高视频认证效率,投服中心创新优化工作方式,电话联系人员与视频解答鉴证人员无缝对接,在短短 3 天之内集中完成了对首批 75 位投资者的视频委托鉴证工作,保证了立案申请的有序推进。

凝聚共识　正确理解支持诉讼工作

首次公开征集拓展了支持投资者诉讼的范围,增强了保护投资者权益的针对性,是完善证券支持诉讼相关机制的有益尝试和创新之举,但在征集过程中也发现了一些问题和不足。

一是对支持诉讼了解不充分。尽管已经有了比较详尽的征集公告,但部分投资者对支持诉讼还不是很了解,不清楚提供什么材料,怎样提供,损失如何计算,有的误以为必须一直持有股票才可以索赔,或者只要在征集时间范围内交易过该股票就可以索赔。二是对自己的责任有误解。一些投资者认为既然国家成立了投资者保护机构,只要投资者提供了基本的信息,表达了维权诉求,投服中心就有责任帮投资者准备完备的证据资料。有的投资者在签署委托代理文件同时,对提供个人信息有所顾虑,要求投服中心及公益律师承诺对个人信息保密。

对此,投服中心一方面积极做好解释沟通工作,并根据本次征集公告中暴露出的问题,对某些细节进行优化和完善,力求征集公告表述精确、要求具体、简单易懂,减少理解歧义;另一方面也告知广大投资者,诉讼中的举证责任是投资者作为原告的基本责任,必要的信息公开是诉讼过程中的法律要求,是保证诉讼得以顺利进行的前提。希望投资者能正确理解支持诉讼,认真阅读征集公告,按照公告要求提供相应材料。投服中心作为公益性机构,将在能力范围内全力支持投资者诉讼。

“安硕信息案”

安硕信息证券支持诉讼

朱夏嬅*

安硕信息案是投服中心支持的全国首起证券误导性陈述侵权案件。在法律及司法实践中，由于“误导性陈述”的内涵“不完整、不准确、不够谨慎”等难以被量化，所以查实这类案件具有很大难度。案涉股票安硕信息从28.30元上涨到450元只短短一年时间，成为当时沪深两市有史以来的最高价位股，其背后的原因是上市公司安硕信息和某机构联手炒作，人为包装利好信息以吸引投资者“做多”，事发后连续的跌停板又让投资者根本来不及出逃、单股亏损额就将近百元，性质不可谓不恶劣、后果不可谓不严重。令人气愤的是，安硕信息在法庭上仍大呼冤枉，如果不用法律手段对其进行声讨和制裁，将会放任“吹牛皮”这种不良风气的蔓延。为了“追首恶”，我们将董事长高某乙作为第一被告，要求由其个人财产承担首要赔付责任，并将已离职董事会秘书曹某作为第二被告，从而尽量减少对上市公司的影响，这对那些通过实际控制上市公司而从事违法行为的高管们起到了强烈的震撼及警示作用，最后原告们通过司法救济手段得到了赔付。通过本案，我们将警示那些“打擦边球”的上市公司，发布“模糊的利好消息”也是一种虚假陈述，必将受到法律的制裁。

* 上海华尊律师事务所律师、中证中小投资者服务中心公益律师。

案情简介

一、受罚上市公司基本情况

上海安硕信息技术股份有限公司(股票代码:300380,股票简称:安硕信息),该公司注册地位于上海市杨浦区国泰路××号××××室,法定代表人高某乙,实际控制人高某甲、高某乙,注册资本6000万元。主营业务:向以银行为主的金融机构提供信贷资产管理及风险管理领域的一体化IT解决方案,包括软件开发、实施、维护、业务咨询和相关服务。董事会秘书:曹某。

安硕信息于2014年1月28日在深圳证券交易所创业板市场上市(发行起始日:2014年1月17日),上市保荐机构:中德证券有限责任公司。其首次公开发行股票数量1718万股,发行价23.4元/股,发行后每股净资产5.25元/股,发行后每股收益0.58元/股。

该公司2013年12月31日的会计数据及财务指标显示:总收入204,562,578.71元,利润总额50,750,620.62元。公司预计2014年第一季度的利润额为200万~300万元。①

二、违法事实及处罚结果(2016年12月15日处罚)

2014年4月30日(安硕信息上市后3个月),东方证券研究院郑某发邮件给安硕信息董事长高某甲和总经理高某乙,声称安硕信息股价已跌至发行价附近,建议安硕信息做好市值管理,并提出希望与安硕信息交流沟通后向机构推介。董事长高某甲回邮件让郑某与安硕信息董事会秘书曹某联系。2014年5月6日,曹某联系郑某到安硕信息交流。从2014年5月27日至2015年3月17日期间,安硕信息在10次接待汇添富基金、易方达基金、华业兴宝基金等机构投资者过程中,陆续介绍了未来安硕信息“一横一纵”发展战略。2015年2月9日,安硕信息披露拟与凉山州商业银行合作成立互联网金融公司,开展互联网金融相关业务。2015年3月20日至4月30日,安硕信息在接待国泰君安证券、华宝兴业基金等机构投资者过

① 资料来源:《上市安硕信息技术股份有限公司首次公开发行股票并在创业板上市之上市公司书》。

程中，披露安硕信息成立了西昌安硕易民互联网金融公司（以下简称西昌互联网金融公司），拟成立上海安硕织信网络信息有限公司（以下简称织信公司），以及开展互联网金融业务的相关情况。

短短1年间，安硕信息的股价从2014年5月的37元/股左右飙升至474元/股（2015年5月29日），成为当时的两市股王。2015年6月，安硕信息股价开始直线下跌，投资者损失惨重。2015年8月17日，证监会以“违反证券法律法规”为由对安硕信息进行立案调查。随后安硕信息股价暴跌，短短十几天，每股从2015年8月14日的71.34元收盘价跌至8月26日的39.92元，几近腰斩。

经过将近8个月的调查，2016年6月14日安硕信息公告收到证监会《行政处罚事先告知书》，内容为：安硕信息涉嫌误导性陈述一案，已由证监会调查完毕，证监会依法拟对安硕信息作出行政处罚。证监会认为，安硕信息在披露涉及公司未来经营信息时，不完整、不准确，不够谨慎、客观，将重大不确定性信息当作确定性信息对外披露，涉嫌违反了上述规定，构成《证券法》第193条第1款所述的误导性陈述违法行为；高某甲、曹某是直接负责的主管人员。当日安硕信息股价上涨0.56%；第二日，6月15日涨停；第三日，6月16日涨0.13%。

2016年12月15日，中国证监会出具〔2016〕138号行政处罚决定书认定：安硕信息对外披露设立征信子公司、西昌互联网金融公司、织信公司、上海安硕金融信息服务有限公司、上海助居信息技术有限公司等一系列公司，开展征信业务、数据业务、小贷云业务、互联网金融等业务时，存在不准确、不完整、不够谨慎的披露行为。具体存在以下问题：一是安硕信息互联网金融相关业务信息披露不符合现实状况；二是由于资金准备不足、可行性研究不充分等因素，上述业务缺乏未来实现的基础；三是存在规避不利信息、选择有利信息披露等行为。安硕信息持续披露上述信息，汇添富基金、易方达基金、交银施罗德基金等基金公司经理前往安硕信息调研并与公司高管沟通，将上述披露信息作为买入依据，大量买入安硕信息股票。安硕信息的上述行为严重误导了市场投资者，构成了误导性陈述行为。上述行为严重误导了市场投资者，构成了误导性陈述行为。根据其违法事实及危害程度，对安硕信息给予警告，并处以60万元罚款；对董事长高某甲给予警告，处以30万元罚款；对董秘曹某给予警告，并处以20万元罚款。

2016年12月20日，安硕信息对上述处罚进行了公告，并诚恳向投资者道歉。

处罚决定书出台后,各大网站及媒体对此事进行了广泛报道,并发表了《安硕信息联手分析师"忽悠式"披露遭处罚　投资者已提交诉讼》①等文章。当月,即有受损股民向上海市第二中级人民法院起诉。

索赔方案确定

一、赔偿责任主体的确定

投服中心在征集诉讼前,经事先研讨及查阅公开信息后了解到,被处罚人之一高某甲(时任安硕信息董事长及法定代表人),持有安硕信息 965.45 万股股份,占总股本比 7.02%,上述股份原属于限制流通股份,其中 96.54 万股已于 2017 年 2 月 10 日解禁。截至 2017 年 4 月 25 日,高某甲未对所持股份进行增持或减持。按 2017 年 4 月 25 日安硕信息收盘价格 27.45 元/股,高鸣持股市值 2.65 亿元。被处罚人之一曹某(时任公司董事会秘书),初始持有公司限制流通股份 5.3393 万股,2015 年变成 10.68 万股,已于 2017 年 2 月 10 日解禁,持股市值为 293 万元。鉴于该二人在安硕信息虚假陈述一案中表现为积极作用,且拥有较雄厚的赔付能力,同时为了最少限度的降低对上市公司本身的影响,投服中心本着"追首恶"的原则,拟将高某甲(安硕信息原董事长及原法定代表人)作为第一被告,要求其承担首要赔偿责任,原董事会秘书曹某和安硕信息作为共同被告承担连带赔偿责任。

二、征集适格原告

根据法律规定,只有在虚假陈述实施日期间买入安硕信息,且在揭露日后卖出或继续持有的股民才有索赔资格。要征集适格原告,首先要确定本案的实施日和揭露日。

根据行政处罚决定书认定的事实,并结合相关法律法规和司法实践,投服中心将安硕信息虚假陈述实施日定为 2015 年 2 月 9 日。其理由是,2015 年 2 月 9 日当日,安硕信息披露拟与凉山州商业银行合作成立互联网金融公司,开展互联网金融

---

① 参见《安硕信息联手分析师"忽悠式"披露遭处罚　投资者已提交诉讼》,载中证网:http://www.cs.com.cn/ssgs/gsxw/201701/t20170103_5142288.html,最后访问日期:2018 年 5 月 13 日。

相关业务。这与《行政处罚决定书》认定的"安硕信息选择性披露利好信息，规避不利信息。安硕信息在披露征信、小贷云、数据以及互联网金融等相关业务时，未披露上述业务存在的问题以及进展情况"相一致。

投服中心将2015年8月17日作为安硕信息误导性陈述的揭露日。其理由是，2015年8月17日上午安硕信息临时停牌，并在证监会指定信息披露网站上发布了《关于收到中国证券监督管理委员会立案调查通知书暨股票复牌的公告》，该公告称"因公司于2015年8月14日收到中国证券监督管理委员会《调查通知书》(沪证专调查字2015282号)。公司涉嫌违反证券法律法规，根据《证券法》的有关规定，中国证券监督管理委员会决定对公司进行立案调查。"13时开盘后，该股直接跌停，并维持跌停价至收盘，而该日创业板综指仅下跌7.73点，跌幅0.29%，这表明该公告信息对投资者的决策影响较大。

据此，投服中心拟定的安硕证券支持诉讼的征集范围为：自2015年2月9日至2015年8月16日期间买入安硕信息股票且未全部卖出(在2015年8月16日仍有余额的)，2015年8月17日及以后卖出或继续持有，并因此受损的投资者。

三、征集及受理情况

2017年4月27日，投服中心通过媒体发布支持诉讼征集公告，并被广泛转载，征集诉讼的期限为公告发布之日起一个月(2017年5月27日截止)。在公告中，投服中心表示作为中国证监会直属的全国性证券金融类公益机构，为帮助更多中小投资者依法维权，现公开征集因安硕信息误导性陈述利益受损的中小投资者，通过委派证券公益律师等方式，支持投资者向高某甲(安硕信息原董事长)、曹某(安硕信息原董事会秘书)及安硕信息提起索赔诉讼。公告对征集范围、征集期限、证据材料的样式和内容、风险提示作出了明确的规定，并规定排除受理已与其他律师就安硕信息索赔一案形成事实委托关系的投资者。

2017年5月27日，投服中心在收到的首批材料中进行筛查，由于安硕信息当时的机构股东较多，所以自然人股东较少。目前，有14名原告符合基本起诉条件。但是由于该股股价畸高，所以部分自然人股东的损失金额巨大，仅该14名原告的平均单股损失就高到46元。2017年6月，投服中心将初步整理的起诉材料移交给公益律师，进行诉前准备阶段。

支持诉讼过程

一、诉前准备

公益律师于 2017 年 6 月承接案件后,首先审核了 14 名原告的基本材料,随后草拟了授权委托书、投资者风险告知书等文件,以邮寄或者电邮的方式发送给 14 名原告,并通知部分原告补充欠缺的材料。因 14 名原告分散于全国各省市,为确保原告签字的真实性,公益律师添加了所有原告的 QQ 及微信,在约定的时间以在线视频直播的形式由原告出示身份证原件并进行签字,由公益律师对整个过程进行录像。期间,有一名原告因个人原因放弃起诉,故正式起诉时原告人数为 13 人。

在确定损失金额上,公益律师根据最高人民法院《关于审理证券市场虚假陈述案件司法解释的理解与适用》(以下简称《若干规定》)所支持的赔偿范围,将损失分为三类:(1)投资差额损失;(2)投资差额损失部分的佣金和印花税;(3)前款两项资金自买入至卖出日或基准日,按银行同期活期存款利率计算的利息。就第 2 及第 3 项损失,由于各原告所缴印花税比例不同,所以依此提出的诉请以各自实际发生的为准。就第(1)项投资差额损失,在"投资差额损失 =(买入证券平均价格 - 卖出证券平均价格/基准价)× 投资者所持证券数量"这一基本公式的基础上,公益律师采用最高人民法院公报案例"陈某某等 23 名投资人诉大庆联谊公司、申银证券公司虚假陈述侵权赔偿纠纷案"中确定的"实际成本法"计算买入成本。"实际成本法"的特征是,以实际交易每次买进价格和数量计算出投资人买进股票总成本,再减去投资人此间所有已卖出股票收回资金的余额,除以投资人尚持有的股票数量。根据该方法,如果投资者在实施日至揭露日之前只有买入没有卖出,那么揭露日的持股成本就是投资者的初始买入成本;如果投资者在实施日至揭露日之前频繁交易,交易结果会直接影响可索赔股票的持股成本,即交易盈利会减少可索赔股票的持股成本,交易亏损会增加可索赔股票的持股成本。如果交易亏损过多而持股数量过少,由此计算的持股成本(持索赔股票的买入均价)可能会畸高。经过反复演算,部分原告在余额清零与不清零的情况下,所计算得到的损失是不同的。经与投服中心及原告商议后,决定统一采用"余额清零"的标准计算持股成本。另外,公益律师注意到,安硕信息曾在 2015 年 5 月进行过除权,根据最高人民法院《关于审理证券市场因虚假陈述引发的民事赔偿案件的若干规定》第35条的规定"已经除权的证券,计算投资差额损失时,证券价格和证券数量应当复权计算"。为了客观真实反映出差额损失,避免诉讼进程被拖延,公益律师又逐个通知原告提供买卖安硕信息股票的全部历史交易账单,并进行复权计算。

二、立案受理

2017年7月5日,公益律师代理13名原告向上海市第二中级人民法院立案庭提交了起诉材料并当场办理了立案手续。2017年7月14日,所有原告各自缴纳了诉讼费用,随后等待案件正式进入开庭程序。

三、审理过程

2017年8月24日,上海市第二中级人民法院民六庭组织首次证据交换,安硕证券委托律师积极应诉。安硕信息在庭上的主要抗辩内容与其在行政处罚听证程序中的抗辩基本一致。首先,安硕信息误导性陈述的程度并不严重,实施误导性陈述,没有任何动因,安硕信息及其相关人员也没有获利,故在认定是否构成虚假陈述及确定责任承担时,应考虑上述因素。其次,若认定安硕信息构成误导性陈述,则虚假陈述行为的实施日应为2015年4月30日,揭露日应为2016年6月14日。因为在2014年4月30日至2015年4月30日期间,安硕信息披露相关信息是谨慎客观的;2015年4月30日以后,对于当时已经成立的西昌安硕易民互联网金融公司,由于政策市场的原因而暂时搁浅,对此安硕信息没有及时披露,使投资者误认为安硕信息还在继续进行相关的业务;关于虚假陈述的揭露日,根据《若干规定》,虚假陈述揭露日是指虚假陈述在全国范围发行或播放的报刊、电台、电视台等媒体上首次被公开揭露之日。确定揭露日,应该考虑揭露内容与行政处罚决定书认定的虚假陈述行为是否一致,即揭露行为应当足以引起市场内一般理性投资者的警示。在本案中,证监会的调查通知书未涉及安硕信息虚假陈述行为的实质内容,而行政处罚事先告知书的内容与行政处罚决定书最终认定一致,故揭露日应为公告行政处罚事先告知书之日,即2016年6月14日。再次,原告的投资损失与被告安硕信息的虚假陈述行为之间不存在因果关系,安硕信息坚持认为本案原告的损失是由证券市场系统性风险等其他因素所导致,因为虚假陈述的实施正处于2015年股灾期间,中国人民银行金融稳定分析小组出具的《中国金融稳定报告 2016》对于股灾发生的风险诱因和指数大幅波动情况进行了详细而权威的分析。2015 年 6 月 15 日至 7 月 7 日期间,A 股市场持续出现了千股跌停。2016 年 1 月 4 日至 1 月 7 日 4 个交易日内,A 股市场实施的指数熔断机制两次触发熔断,导致 1 月 4 日、1 月 7 日均提前收市,各板块指数均巨幅下跌。安硕信息股票的涨跌幅与其他互联网金融指数成份股相比,即使投资者购买其他股票,也会发生巨额亏损。而且股市的涨跌与上市公司的基本面、固有的商业风险存在直接关系,投资者追涨杀跌的非理性投资心理和行为,也是造成亏损的重要原因。这些因素与虚假陈述无关,原告自身应对投资风险和损失承担责任。最后,安硕信息认为,原告的投资损失与东方证券的蒲某,郑某两人做出的信息误导存在很大关系,两人应作为本案被告之一。原告为了证明以上论点,还提供了多达几百页的证据。

公益律师代理原告发表庭审意见:主张虚假陈述揭露日为 2015 年 8 月 17 日,因为该日公告的立案调查通知书与行政处罚事先告知书、行政处罚决定书中认定的违法事实存在高度对应性。虽然调查通知书未明确何种具体违法行为,但证券违法行为包括且通常指信息披露违法、内幕交易、操纵市场行为,立案调查通知书的表述已足以起到向投资者揭露安硕信息存在虚假陈述违法行为的作用。同时,安硕信息亦在 2015 年 8 月 17 日的公告中载明"在调查期间,公司将积极配合中国证券监督管理委员会的调查工作,并严格按照监管要求履行信息披露义务",更向大众提供如下信号:安硕信息是在信息披露上存在违法行为而被证监会立案调查。而且,2015 年 8 月 17 日午间盘中,公告收到立案调查通知书后,安硕信息股票 13 时立即以 -8.81% 大幅低开,随后迅速跌停并维持跌停至收盘,次日继续跌停;而安硕信息所主张的揭露日 2016 年 6 月 14 日下午盘后公告收到行政处罚事先告知书后,第一个交易日股票以 -1.86% 小幅低开,随后即上涨直至涨停,并维持涨停至收盘,次日仍然上涨。显然,2015 年 8 月 17 日公告证监会立案调查这一行为,对股票价格产生了更明显的负面影响,对股票市场释放了足够的警示信号。而被告主张的揭露日,股票竟然不跌反涨甚至涨停,不符合虚假陈述揭露后证券市场的走势,同时也反向证明了虚假陈述被揭露的警示作用早已向投资者充分发出并由市场消化。因此,2015 年 8 月 17 日更应被认定为揭露日。

就损失与虚假陈述之间是否具有因果关系,公益律师提出:安硕信息主张原告损失由证券市场系统风险导致,没有法律依据。根据《若干规定》第 18 条,损失发生期间是虚假陈述揭露日以后卖出或持续持有而产生,即损失发生在揭露日以后,而“2015 年股灾”发生在揭露日以前,因此,该因素与原告损失之间无因果关系。从逻辑上讲,也只有在揭露日后发生系统风险,影响卖出证券平均价格或导致基准价下降,导致损失计算单向地增多时两者才有因果关系。所以,本案不存在安硕信息所主张的系统风险,即使存在也与原告损失之间无因果关系。更甚者,如认为存在因果关系,则对于损失的影响非但不是单向地导致增加损失,反而是大概率减少损失,有利于安硕信息减少赔偿。

就东方证券是否应被追加为被告,公益律师提出:法律规定承担连带责任的,权利人有权请求部分或者全部连带责任人承担责任。本案的原告有选择被告的权利,权利人可以选择连带责任人的其中一人、多人或全部向自己承担全部赔偿责任。本案原告选择了被告作为承担被告,完全符合法律规定。

证据交换结束后,法院在认定被告安硕信息存在虚假陈述行为的前提下,将本案的争议焦点归纳为:(1)虚假陈述实施日、揭露日及基准日如何确定;(2)安硕信息应赔偿原告投资差额损失范围。

辩论阶段开始前,经合议,法庭认定本案虚假陈述实施日为 2014 年 5 月 27 日,理由是,安硕信息从 2014 年 5 月 27 日起,陆续向投资者介绍“一横一纵”发展策略等,该行为被中国证监会认定为存在较大的误导性,故应以该日作为虚假陈述实施日。在虚假陈述揭露日问题上,法庭经过论证及受到创兴资源案(600193)、大智慧(601519)两案中两个司法案例的影响,认定安硕信息案的揭露日应为收到“行政处罚事先告知书”之日而非“公告立案调查”之日,理由是虚假陈述被揭示的意义在于其对证券市场发出了警示信号,提醒投资人重新判断股票价值,进而对市场价格产生影响。但是,证券市场股票价格的波动受多种因素影响,价格下跌并非必然系市场收到警示信号的结果,故不能仅将价格下跌作为确定揭露日的充分条件,而应综合考虑揭示行为的内容、方式、强度和市场的反应等因素作出判断。2015 年 8 月 17 日,被告安硕信息发布的关于收到中国证监会立案调查通知书及股票复牌的公告,仅提及公司涉嫌违反证券法律法规,并未指出涉嫌违反证券法律法规的具体内容。投资者仅通过该公告并不能知晓安硕信息存在虚假陈述行为,市场对股票价格走向的判断与虚假陈述行为无必然联系,公告日及其后一交易日,安硕信息股票价格的下跌亦非虚假陈述行为被揭示所致。故2015年8月17日的公告内容,没有明确揭示被告违反证券法律法规的内容,不具有足够的警示强度,不应以该日作为揭露日。2016年6月14日被告安硕信息收到行政处罚事先告知书,全面、充分地揭露了安硕信息进行误导性陈述的违法事实,其内容与此后中国证监会作出的行政处罚决定书高度对应,充分揭露了投资风险,足以警示投资者,重新判断股票价值,故应以2016年6月14日为本案虚假陈述的揭露日。因上述公告发布时间在2016年6月14日股市收盘之后,公告后第一个交易日暨2016年6月15日起,对市场产生实际影响,故确定基准日时应以2016年6月15日为起始日。

根据法庭确认的上述期日,公益律师重新确定了基准日为2016年6月23日及基准价47.13元/股,并重新计算了差额损失。在此过程中,因实施日的调整导致有两名原告不符合起诉资格,一名主动申请撤诉,另一名经法院判决未支持诉请。

辩论结束后判决前,安硕信息主动提出和解结案,经与各位原告协商及确认,有10名原告同意由安硕信息赔付诉请金额的70%及诉讼费。在双方签署调解协议后的一个月内,安硕信息履行了全部的支付义务。

对于未接受调解的两名原告,经法院判决,结果如下:在本案中,中国证监会认定安硕信息虚假陈述行为中,被告高某、曹某是直接负责的主管人员,并对高某、曹某予以行政处罚,故二人应对安硕信息应承担的损失赔偿部分承担连带赔偿责任。根据已查明的事实,2016年1月4日和1月7日,由于A股市场实施熔断,创业板指数和互联网金融板块指数发生了异常的大幅下跌现象,被告300380股票价格已大幅下跌。因此,该只股票大幅下跌,与资本市场的正常交易行为无关,是市场风险所致,与被告安硕信息的虚假陈述行为之间不存在因果关系,该部分损失不应由安硕信息承担。而且买卖股票本身技术存在盈亏风险的投资行为,股票价格涨跌受上市公司经营情况、所属行业景气程度以及大盘指数等多重因素影响。由市场风险因素所导致的投资者损失部分,应在计算投资差额损失赔偿数额时,综合考虑涉案虚假陈述发生期间证券市场的总体运行情况,其比例由法院酌情认定为30%。安硕信息及原告均未上诉,一审判决生效后,安硕信息及时履行了支付义务。

案件评析

据公开报道,安硕信息案是我国资本市场第一例误导性陈述侵权索赔案件,具有较强的示范意义。在审核材料和计算损失时,投服中心发现,2015 年 2 月 9 日至 2015 年 5 月 13 日,公司股价从 87 元/股涨至 474 元/股。在此期间,参与者大多为机构投资者,221 只公募基金产品最高持股达 75%。2015 年 5 月 21 日,安硕信息"10 转 10"除权,在公司股价绝对值大幅降低后,本案的原告陆续买入,且越跌越买,而此时机构早已经逐渐减持离场。2015 年 7 月 8 日,安硕信息股价跌到阶段性低价(58.03 元/股)时,交易中出现了换手率为 27.48% 的最大单日阴线成交量,大量投资者在此价位出于恐慌等原因选择止损离场。从这一点来看,我国广大中小投资者的追涨杀跌情绪严重,大多不具备作为一名"理性投资者"的素质,这是值得警醒的问题。

本案的核心法律问题,除了法庭所归纳的"揭露日"的定性问题和"系统性风险"的认定问题,还有一个"实施日"问题。"误导性陈述"作为虚假陈述的一种类型,其表现形式并不如虚假记载那么明显,虚假记载侧重于"无中生有",而"误导性陈述"更侧重于"似是而非"。根据最高人民法院的司法精神,误导性陈述通常是指负有积极的信息披露义务的人,或者不得虚假陈述义务人违反有关规定,在履行信息披露义务的过程中,作出使人发生错误判断的陈述,或者编造传播虚假的,即带有误导性信息的行为。从目前我国市场的现实情况来看,大多数情况是属于信息披露义务人对应公开的事实虽有所公开,但是该公开的信息在表述上或有语句上的模糊歧义,或有真假不定的情形,使阅读该公开文件的人容易产生多种理解,或作出与事实完全不同的理解。[①] 误导性的披露信息,一般较少见于强制披露信息,而多见于自愿披露信息,没有确切的定性标准,导致很少有案件因误导性陈述被处罚。本案从案发到被处罚历时一年多,其调查阶段涉及的邮件就有几万封,可想而知查处难度。在庭审过程中,法庭也遭遇了很大的困惑,因为并不能简单以信息的

---

① 参见李国光主编:《最高人民法院关于审理证券市场虚假陈述案件司法解释的理解与适用》,人民法院出版社 2015 年第 2 版,第 237 页。

法定披露日作为实施日,而需要根据信息性质、披露的媒体形式、披露人的主观心理、信息是否具有重大性等进行综合判断。代理安硕案件的几名社会律师,对实施日的判断也是意见不一。

回顾一下案情的细节:2014 年 4 月 30 日,东方证券的研究员郑某、浦某发邮件给安硕信息建议联手进行"市值管理"后,双方进行洽谈,然后由两名研究员出具了关于安硕证券的研究报告,报告里的措辞极具夸张和溢美之词。案发期间,研究员累计向 128 家机构,共计发送了包含安硕信息的邮件 1279 封。而东方证券也很配合地召开了大型现场策略会和报告会 4 次,安硕信息都被邀请参加。两位研究员更是不辞辛劳,5 次陪同安硕信息赴基金公司进行路演,参与机构投资者合计 90 家。有部分社会律师将 2014 年 4 月 30 日作为实施日,投服中心及公益律师考虑到当日并未公开披露任何信息,所以结合《行政处罚告知书》认定的事实"安硕信息选择性披露利好信息,规避不利信息。安硕信息在披露征信、小贷云、数据以及互联网金融等相关业务时,未披露上述业务存在的问题以及进展情况。如安硕信息未披露西昌互联网金融公司运行基于向凉山州商业银行入股为前提条件",在起诉时将安硕信息公布西昌互联网金融公司相关信息的 2015 年 2 月 9 日作为实施日。然而,最终法庭将"安硕信息陆续接待机构投资者时介绍了未来'一纵一横'的发展战略的 2014 年 5 月 27 日"作为实施日,这是未曾想到的。不过,从该日的股票价格来看,的确是体现了"对投资人的决策产生影响""对证券市场价格产生了影响"这两方面因素。

关于确定揭露日的司法标准,本案也将会与其他两个案件一样,引起一定的争议,公益律师也希望通过本文表达自己的想法。2015 年 8 月 17 日公告的立案调查通知书上未明确何种具体违法行为,但这并未与行政处罚事先告知书、行政处罚决定书中认定的违法事实相矛盾。证券违法行为包括且通常指信息披露违法、内幕交易、操纵市场行为,立案调查通知书的表述已足以起到向投资者揭露安硕信息存在虚假陈述违法行为的作用。同时,安硕信息于 2015 年 8 月 17 日公告中载明"在调查期间,公司将积极配合中国证券监督管理委员会的调查工作,并严格按照监管要求履行信息披露义务",更向大众提供如下信号:被告应当是在信息披露上存在违法行为因而被证监会立案调查。安硕信息公告被调查当日,安硕信息股票比前一交易日低开 8.81%,复牌后两小时无量跌停;8 月 18 日继续跌停,换手率高达

18.39%。从市场反应来看,该股票完全符合虚假陈述被揭露后“价格下跌、巨量出逃”的典型特征,更对股民投资该股票起到“严重警示效果”,被认定为揭露日更具有合理性。如果根据现有的揭露日认定司法标准,将会促使大量的股民去恶意投资这类股票。因为买进时,尚为有效市场,如果股票下跌,可在行政处罚告知书发出后,再根据《若干规定》起诉要求赔偿下跌差额,证监会的调查通知书将会成为一张投资股票的保底承诺。换个角度,如果被诉的上市公司以此抗辩该些股民“非理性投资者或者是恶意投资”,尚值得商榷。或者,被查上市公司可能会因此遭到大量的恶意收购而被搞垮,将反过头来成为受害者。另外,从逻辑上推断,证监会调查有异向的上市公司前,是不可能知道其所涉具体违法行为的,也不可能调查到一点眉目再重新出一份调查通知书。本案最终以公告行政处罚事先告知书之日作为揭露日,略显苛求行政处罚程序之完美,而且该日之后安硕信息股票3日累计上涨10.69%的走势,更让受损的股民看不懂市场。“法律的生命在于经验!”《若干规定》本是为保护投资者向造假上市公司维权,已形成一定稳定性的司法判例忽然改变,而且改变后的标准忽视了“市场反应所带来的警示作用、股票严重下跌”这些重要因素,而强调“文字逻辑”,这将会割裂立法本意并可能使今后的维权走向另一个极端“恶意投资”,真正的受害者日后该如何维护自己的权利?

关于“系统性风险认定”,尽管本案得到了70%的赔付额。但是,本案将熔断机制认定为系统性风险,并对损失的产生占据了30%的影响,尚缺法律依据。公益律师个人认为,系统性风险的存在并不是一个法律问题,而是一个事实认定问题,应该由具备金融专业知识的人士进行判断或由专业机构进行鉴定。然而本案直接将熔断认定为系统性风险让人吃惊,因为熔断发生在2016年1月4日和1月7日,即虚假陈述被揭露前,即使熔断导致股票下跌所造成的影响也是平均买入价被降低的后果,实质上这对安硕信息非常有利。反之,只有在揭露日后发生的系统性风险才可能会对赔付造成影响。然而,本案受到“大智慧”案的影响,甚至在赔付标准上受其左右,在适用法律上显得机械,在保护投资者的利益上略显保守。

综观本案,在支持诉讼的举措、审理过程、审理结果及执行到位这几点来看,无疑是成功的。但是,由同一时期代理安硕信息的社会律师的案件可知,目前法院处理这类型案件的人手严重不足。首先,大批量的案件涌入法院,在立案环节上就会造成立案庭所有窗口被积压,这是客观上无法解决的问题。以目前的趋势,虚假陈述赔偿诉讼只会多,不会少,若因为一张罚单导致法院的整个立案庭、金融庭被群体案件包围,也会影响法院审理其他案件的正常工作。所以,建议在各个省/直辖市专门设立证券纠纷调解机构,在上市公司自愿的前提下,在指定期限内快速的通过调解化解掉部分纠纷。

其次,对于证券赔偿的标准和程序,有较多投资者仍然懵懵懂懂:一方面,不理解为何有实施日、揭露日、基准日;另一方面,对如今的赔偿标准非常不满意,这点公益律师也有同感。虽然我们国家的法律补偿机制是"填平损失",但是考虑到股民散布于全国各地,如果是异地起诉,必然是通过律师进行维权,除了按比例支付律师费外,有可能还有诉讼费、差旅费等成本,这些成本其实是原告自负的,不像交通事故等侵权案件,还能补偿到交通费、律师费、精神抚慰金。所以,我们建议能够合理地提高赔偿比例,或者增加赔偿项目由上市公司承担,以略微提高受偿范围,这也将反过来鼓励受损股民积极维权。

最后,在诉讼中,我们也不断地接到投资者电话,因为没有来得及赶上征集期,错过了诉讼。希望日后能有专门统一的网站使投资者可以及时登录报名,在约定日期内提交合格资料的投资者,投服中心予以受理登记。

证券领域之公益诉讼虽然尚在起步阶段,但星星之火可以燎原,这对探索我国资本市场投资者尤其是中小投资者权益保护新机制、维护资本市场公共利益具有重要的意义。对公益律师来说,承担社会责任亦是从业之本分,希望这个案例能为日后中小股东维权诉讼提供更鲜活的素材,并为同行提供参考信息。

本案律师律所介绍

朱夏嫜

上海大学法学学士、复旦大学法律硕士。中国执业律师资格、基金从业资格。中文、英语。

于2006年通过司法考试,从事律师超过10年,现任上海华尊律师事务所合伙人,同时担任上海律师协会国际贸易委员会委员、商务部直属中国国际经济合作学会会员、复旦大学法学院校友会理事、中证中小投资者服务中心有限责任公司(直属证监会)公益律师。

长期为公司类客户提供法律服务,承办过多起诉讼及非诉讼法律事务,在民事诉讼领域具有丰富的经验。

在上海市证监局协调下，代理轮胎翻修厂案，在4个月时间解决了长达7年的积案。受投服中心委托，代理全国首例误导性陈述民事赔偿案件“安硕信息”，获胜并执行到位。在担任公益律师期间，参与案件诉前研讨会、代表投服中心参加上市公司股东大会质询、参与纠纷协调、为股民提供法律咨询。2018年，在上海上市公司协会举办“上市公司拟如何避免诉讼风险讲座”，当天共有1700名兄弟省市上市公司高管远程观看直播。代理浙江杭海城群体纠纷案，并获胜诉。代理余姚路55号地块拍卖纠纷案，并获胜诉。代理俞云阶、朱怀新遗嘱纠纷，并协助处理相关画作捐献国家事宜。

上海华尊律师事务所

上海华尊律师事务所，设立于2009年，是一家经上海市司法局批准成立，致力于为国内外客户提供专业化、高层次法律服务的合伙制涉外律师事务所。2016年，上海华尊律师事务所在美国洛杉矶设立分所。

上海华尊律师事务所现主要办公地为上海市静安区威海路755号文新报业大厦29楼，办公面积为600平方米，拥有执业律师及律师助理32人，大多毕业于华东政法大学、交通大学、复旦大学等院校，并可提供高质量的英语、日语法律服务。作为一家中型律师事务所，整个律所氛围简单、融洽，合伙人各有所长，律师之间的合作非常紧密、有效。

上海华尊律师事务所的业务强项为：涉外法律服务、民事赔偿案件、不动产纠纷、执行案件、各类尽调（收购、转让等）及出具各类法律意见书，在多起公司债务人利用有限责任损害债权人利益案件中，华尊所律师均“突破法人人格”并最终得以执行股东的个人财产。同时，上海华尊律师事务所非常擅长处理群体纠纷，例如，轮胎翻修厂证券群体纠纷案、浙江杭海城烂尾工程案、携程保姆虐童案、上海外籍网约车司机清退案，上述案件均得到妥善的处理。

上海华尊律师事务所为以下客户提供法律服务（以下为部分客户）：

内资或国有：上海烟草、大众交通、上海医药、中国金茂、方兴置业、新华传媒、中太建设、上海上筑装饰有限公司、张江小贷等。

外资：FUJI XEROX、YAMAHA、BOSE、KONICA MINOLTA、YUASA、KITO、APOLLO、ORIGION等。

本案相关行政处罚决定书

中国证监会行政处罚决定书
(上海安硕信息技术股份有限公司、高某甲、曹某)

〔2016〕138 号

当事人:上海安硕信息技术股份有限公司(以下简称安硕信息),住所:上海市杨浦区。

高某甲,男,1971 年 1 月出生,时任安硕信息董事长,住址:上海市杨浦区。

曹某,男,1972 年 9 月出生,时任安硕信息董事会秘书,住址:上海市闵行区。

依据《证券法》的有关规定,我会对安硕信息误导性陈述行为进行了立案调查、审理,并依法向当事人告知了作出行政处罚的事实、理由、依据及当事人依法享有的权利。当事人安硕信息、高某甲、曹某提交了陈述、申辩意见,要求听证。应安硕信息、高某甲、曹某的要求,我会举行听证会,听取了当事人及其代理人的陈述、申辩意见。本案现已调查、审理终结。

经查明,安硕信息存在以下违法事实:

一、安硕信息披露从事互联网金融相关业务信息情况

2014 年 4 月 30 日,东方证券郑某威发邮件给安硕信息董事长高某甲和总经理高某乙,声称安硕信息股价已跌至发行价附近,价值绝对低估,建议安硕信息做好市值管理,提升资本市场对安硕信息的认同度,并提出希望与安硕信息交流沟通后向机构推介。高某甲回邮件让郑某威与安硕信息董事会秘书曹某联系。2014 年 5 月 6 日,曹某联系郑某威到安硕信息交流。

2014 年 5 月 27 日、8 月 8 日、8 月 21 日、8 月 29 日、9 月 22 日、9 月 25 日、11 月 5 日、11 月 13 日,2015 年 2 月 4 日、3 月 17 日,安硕信息在 10 次接待汇添富基金、易方达基金、华业兴宝基金等机构投资者过程中,陆续介绍了未来安硕信息“一横一纵”发展战略。横向战略是现有的银行应用软件业务,募投项目主要是落实安硕信息的横向战略;纵向战略主要是服务,包括数据服务(已有工商数据、房产数据)、征信服务和小微类银行机构的云服务(小贷云服务),并介绍了数据、征信、小贷云业务开展情况。

2015 年 2 月 9 日,安硕信息披露拟与凉山州商业银行合作成立互联网金融公司,开展互联网金融相关业务。

2015 年 3 月 20 日至 4 月 30 日,安硕信息在接待国泰君安证券、华宝兴业基金等机构投

资者过程中，披露安硕信息成立了西昌安硕易民互联网金融公司（以下简称西昌互联网金融公司），拟成立上海安硕织信网络信息有限公司（以下简称织信公司），以及开展互联网金融业务的相关情况。具体为：

2015 年 3 月 20 日，安硕信息在接待机构投资者过程中，介绍了西昌互联网金融公司业务集中在资产端，并根据供需双方的需要探索各种新的模式。参与的机构投资者为厦门普尔投资、国泰君安证券。

2015 年 4 月 27 日，安硕信息在接待机构投资者过程中，介绍未来可能会在数据业务和互联网业务领域有较大的投入，安硕信息开展互联网金融相关业务的优势在于信贷风险管理领域的知识和经验，以及在金融 IT 领域丰富的积累。安硕信息强调已在西昌成立了互联网金融公司，可参与证券化资产的交易和其他业务。参与的机构投资者为太平资产管理有限公司。

2015 年 4 月 28 日，安硕信息在接待机构投资者过程中，介绍了与凉山州商业银行战略合作有助于促进公司的互联网金融业务的发展。参与的机构投资者为富兰克林华美投资。

2015 年 4 月 30 日，安硕信息在接待机构投资者过程中，介绍成立了西昌互联网金融公司，准备成立织信公司，均从事互联网金融业务，其中织信公司主业为自助式普惠金融。参与的机构投资者为巨杉资产、宏铭投资、兴业证券、天治基金、青沣资产、玖歌投资、国金证券、华宝兴业基金。

二、安硕信息披露的互联网金融相关业务信息具有较大误导性

安硕信息披露的上述信息，与安硕信息现实状况不符，存在不准确、不完整情形。涉案信息为安硕信息对前景的描绘和设想，缺乏相应的事实基础，未来可实现性极小，具有较大误导性。

（一）安硕信息互联网金融相关业务信息不符合现实状况

1. 安硕信息业务收入均为传统软件等业务收入，互联网金融相关业务收入极少。其 2014 年年度报告中，互联网金融服务业务收入仅为 137.19 万元，占主营业务收入的 0.62%。但是，安硕信息却持续宣称已经开展征信、数据、小贷云、互联网金融等相关业务，使投资者误认为安硕信息为互联网金融公司。

2. 安硕信息宣传的互联网金融相关业务商业运营能力有限。一是征信业务公司成立一年时间没有任何进展，仅投入了 50 万元和 3 名工作人员；二是数据业务也仅为其软件提供配套的房地产数据和搜集的公开的工商、法院等数据；三是小贷云业务虽然有 717 万元投入，但小贷云业务的实质为在其软件开发基础上的延伸服务；四是西昌互联网金融公司

仅为空壳公司,无场地、无人员、无投入、无规划;五是普惠金融业务仅为其开发的一款软件,且仅为试用软件,未能投入商业运营,且违反政策已经停止运行。

(二)安硕信息互联网金融相关业务缺乏未来实现的基础

1. 发展互联网金融相关业务决策随意。安硕信息“一横一纵”、互联网金融等发展战略未提交公司董事会以及董事会战略发展委员会审议,且安硕信息在 2014 年年度报告中也未进行任何描述,无相关工作规划。

2. 发展互联网金融相关业务的资金计划不充分。安硕信息设立一系列公司,包括上海安硕企业征信服务有限公司、上海安硕金融信息服务有限公司、西昌互联网金融公司、织信公司,拟累计投资总额达9010 万元,但安硕信息目前还未就资金来源进行决议,且无任何计划。

3. 发展互联网金融相关业务可行性研究不足。一是西昌互联网金融公司注册后无资金投入、人员安排、办公场所和工作规划;二是普惠金融项目也由于人民银行的政策原因暂停无法实施;三是数据业务仅与房价网成立了合资公司,并未开展实质性业务;四是征信业务的可行性研究报告不断修改,不确定性依旧较大。

(三)安硕信息宣传披露互联网金融相关业务信息具有片面性

1. 安硕信息选择性披露利好信息,规避不利信息。安硕信息在披露征信、小贷云、数据以及互联网金融等相关业务时,未披露上述业务存在的问题以及进展情况。如安硕信息未披露西昌互联网金融公司运行以向凉山州商业银行入股为前提条件;织信公司开发的“自信 APP”根本未投入商业运营,且因人民银行相关政策已经停止运行;上海助居信息技术有限公司没有相关业务活动,仅为安硕信息向房价网购买数据的一个平台;上海安硕金融信息服务有限公司拟与江西省股权交易中心、江西省小额贷款协会等成立的江西省互联网金融信息服务有限公司,由江西省政府金融办指导相关单位管理、运营,而安硕信息只提名一名董事,上述不利信息安硕信息均未详细披露。

2. 混淆互联网金融业务和互联网金融服务业务概念。2015 年 2 月至 5 月间,安硕信息仅开展互联网金融服务业务,但在与投资者交流以及公开信息披露中,声称公司从事了互联网金融业务。

2014 年 6 月 22 日至 2015 年 4 月 30 日期间,东方证券浦某某、郑某某根据安硕信息披露的上述信息,在未经东方证券内控部门审批、复核的情况下,使用“极具业务延展性……强烈看好……最优质的银行 IT 标的……无与伦比……绝对领先”“公司市场规模是百亿量级、收入将可达 12 亿元、30 亿元市值远未反映公司实际价值、市值空间有望超过 200 亿元、市值超千亿元、属于我们的 tenbagger(上涨十倍),200 亿元绝不是终点”等诱导性语言文字和夸大的语言文字编写邮件,向 128 家基金、券商、私募等机构的 1279 人员累计发送邮件 1.1 万余封,传播安硕信息开展互联网金融服务业务和互联网金融业务的情况。

安硕信息披露,东方证券浦某某、郑某某传播上述互联网金融相关业务信息后,部分基金管理公司于 2014 年 11 月 1 日至 2015 年 5 月 27 日期间大量买入“安硕信息”,累计共 221 只公募基金持有“安硕信息”最高达 1808.21 万股,占安硕信息流通股的 74.84%。安硕信息股价从 2014 年 4 月 30 日 28.30 元上涨至 2015 年 5 月 13 日 450 元,涨幅为 15.9 倍。

以上事实,有安硕信息投资者关系活动记录表、临时公告、询问笔录、邮件等证据证明,足以认定。

安硕信息的行为违反了《证券法》第 63 条的规定,构成《证券法》第 193 条第 1 款所述的违法行为,高某甲、曹某是直接负责的主管人员。

当事人安硕信息、高某甲、曹某及其代理人在听证中提出:国内外对互联网金融没有明确界定;安硕信息对互联网金融相关业务的披露均基于现实状况;安硕信息发展互联网金融相关业务并不存在决策随意、资金计划不充分、可行性研究不足的情况,不存在选择性披露利好信息、规避不利信息或混淆概念的片面性披露行为;《行政处罚事先告知书》中陈述的信息披露内容,不构成重大性标准;安硕信息披露信息内容完整、准确,不存在误导性陈述行为;安硕信息披露的内容不足以对投资者决策产生根本影响,不符合“投资者依赖披露内容”“误导性信息达到影响投资人作出决策的程度”的要件;即使构成误导性陈述,《行政处罚事先告知书》拟对当事人做出的行政处罚过重,当事人具有法定的从轻或减轻处罚情形。

我会认为,安硕信息的行为构成误导性陈述。安硕信息对外披露设立征信子公司、西昌互联网金融公司、织信公司、上海安硕金融信息服务有限公司、上海助居信息技术有限公司等一系列公司,开展征信业务、数据业务、小贷云业务、互联网金融等业务时,存在不准确、不完整、不够谨慎的披露行为。具体存在以下问题:一是安硕信息互联网金融相关业务信息披露不符合现实状况;二是由于资金准备不足、可行性研究不充分等因素,上述业务缺乏未来实现的基础;三是存在规避不利信息、选择有利信息披露等行为。安硕信息持续披露上述信息,汇添富基金、易方达基金、交银施罗德基金等基金公司经理前往安硕信息调研并与公司高管沟通,将上述披露信息作为买入依据,大量买入安硕信息股票。安硕信息的上述行为严重误导了市场投资者,构成了误导性陈述行为。当事人及其代理人关于安硕信息披露的信息基于现实状况、内容完整、准确、不存在误导性陈述的辩解与客观事实不符。

安硕信息披露开展征信、小贷云、数据、互联网金融等业务,实质属于公司经营方针和经营范围的重大变化,属于《证券法》第 67 条第 2 款第 1 项规定的重大事项,达到信息披露的重大性标准。当事人不具有法定从轻或减轻处罚情形,不应从轻或减轻处罚。

根据当事人违法行为的事实、性质、情节与社会危害程度,依据《证券法》第 193 条的规定,我会决定:

一、对安硕信息给予警告,并处以 60 万元罚款。

二、对高某甲给予警告,并处以 30 万元罚款。

三、对曹某给予警告,并处以 20 万元罚款。

上述当事人应自收到本处罚决定书之日起 15 日内,将罚款汇交中国证券监督管理委员会(开户银行:中信银行总行营业部,账号:××××××××××××××××××××,由该行直接上缴国库),并将注有当事人名称的付款凭证复印件送中国证券监督管理委员会稽查局备案。当事人如果对本处罚决定不服,可在收到本处罚决定书之日起 60 日内向中国证券监督管理委员会申请行政复议,也可在收到本处罚决定书之日起 6 个月内直接向有管辖权的人民法院提起行政诉讼。复议和诉讼期间,上述决定不停止执行。

中国证监会

2016 年 12 月 15 日

本案相关判决书

上海市第二中级人民法院民事判决书

(2017)沪 02 民初 500 号

原告:沈某某。

委托诉讼代理人:朱夏嫜,上海华尊律师事务所律师。

委托诉讼代理人:李欣辑,上海华尊律师事务所律师。

被告:上海安硕信息技术股份有限公司,住所地上海市杨浦区国泰路口号××××室。

法定代表人:高某乙,董事长。

被告:高某甲。

被告:曹某。

三被告共同委托诉讼代理人:王恒,上海君澜律师事务所律师。

三被告共同委托诉讼代理人:褚俊杰,上海君澜律师事务所律师。

原告沈某某与被告上海安硕信息技术股份有限公司(以下简称安硕公司)、高某甲、曹某证券虚假陈述责任纠纷一案,本院立案受理后,依法适用普通程序,公开开庭进行了审理。原告沈某某委托诉讼代理人朱夏婶、李欣辑,被告安硕公司、高某甲、曹某共同委托诉讼代理人王恒、禧俊杰到庭参加诉讼。本案现已审理终结。

原告向本院提出诉讼请求:

1.判令被告安硕公司赔偿其投资差额损失人民币(以下币种均为人民币)51,650元、佣金损失25.83元、印花税损失51.65元及上述损失的利息46.13元。

2.判令被告高某乙、曹某对被告安硕公司的赔偿责任承担连带赔偿责任。

3.判令被告承担本案的诉讼费用。

审理中,原告变更上述第一项诉讼请求为:判令被告安硕公司赔偿其投资差额损失53,930元、佣金损失26.97元(投资差额损失的0.5%)、印花税损失53.93元(投资差额损失的1%),合计54,010.9元。

事实与理由:原告基于对被告安硕公司所披露信息的信任,投资了被告公司的股票。2016年12月20日,被告安硕公司发布关于收到中国证券监督管理委员会(以下简称中国证监会)《行政处罚决定书》的公告,《行政处罚决定书》认定:被告安硕公司在多次接待机构投资者的过程中,披露的信息与现实状况不符,存在不准确、不完整情形;披露的信息为被告安硕公司对前景的描绘和设想,缺乏相应的事实基础,未来可实现性极小,具有较大误导性;被告安硕公司的行为严重误导了市场投资者,构成了误导性陈述,高某甲、曹某是直接负责的主管人员。被告安硕公司的上述虚假陈述行为导致了原告投资发生损失,理应承担赔偿责任。

被告安硕公司辩称,首先,安硕公司误导性陈述的程度并不严重,实施误导性陈述没有任何动因,安硕公司及相关人员也没有获利,故在认定是否构成虚假陈述及确定责任承担时应考虑上述因素。其次,若认定安硕公司的行为构成误导性陈述,则虚假陈述行为的实施日应为2015年4月30日,揭露日应为2016年6月14日。2014年4月30日至2015年4月30日期间,安硕公司披露相关信息是相当谨慎、客观的。2015年4月30日以后,对于当时已成立的西昌安硕易民互联网金融公司和拟成立的上海安硕织信网络信息有限公司,由于政策、市场等原因而暂时搁浅,对此安硕公司没有及时披露,使投资者误认为安硕公司还在继续进行相关业务。所以,若误导性陈述行为成立,则实施日应为2015年4月30日。关于虚假陈述的揭露日,最高人民法院《关于审理证券市场因虚假陈述引发的民事赔偿案件的若干规定》(以下简称《若干规定》)明确,虚假陈述揭露日,是指虚假陈述在全国范围发行或者播放的报刊、电台、电视台等媒体上,首次被公开揭露之日。确定揭露日应考虑两方面因素,即揭露内容与《行政处罚决定书》认定的虚假陈述行为一致,及揭露行为应当足以引起市场内一般理性投资者的警示。本案中,证监会《调查通知书》未涉及安硕公司虚假陈述行为的实质内容,而《行政处罚事先告知书》的内容与《行政处罚决定书》最终认定一致,故揭露日应为公告《行政处罚事先告知书》的 2016 年 6 月 14 日。再次,原告的投资损失与被告安硕公司的虚假陈述行为之间不存在因果关系。根据《若干规定》第 19 条,符合在虚假陈述揭露日或者更正日之前已经卖出证券、在虚假陈述揭露日或者更正日及以后进行的投资、损失或者部分损失是由证券市场系统风险等其他因素所导致等情形的,应认定虚假陈述与损害结果之间不存在因果关系。本案原告的损失是由证券市场系统风险等其他因素所导致,与安硕公司的虚假陈述之间不存在因果关系。本案虚假陈述的实施正处于 2015 年股灾期间,中国人民银行金融稳定分析小组出具的《中国金融稳定报告 2016》对于股灾发生的风险诱因和指数大幅波动情况进行了详细而权威的分析。2015 年 6 月 15 日至 7 月 7 日期间,A 股市场持续出现“千股跌停”2016 年 1 月 4 日至 1 月 7 日四个交易日内,A 股市场实施的指数熔断机制两次触发熔断至收市阈值导致 1 月 4 日、1 月 7 日均提前收市。2015 年 A 股的指数跌幅与全球历次股灾相比,有过之而无不及,各板块指数均巨幅下跌。安硕公司股票的涨跌幅与其他互联网金融指数成分股相比,亦相差无几,即使投资者购买其他股票,也会发生巨额亏损。而且,股市涨跌与上市公司基本面、固有的商业风险存在直接关系,投资者追涨杀跌的非理性投资心理和行为也是造成亏损的重要因素,这些因素与虚假陈述无关,原告自身亦应对投资风险和损失承担责任。最后,原告的投资损失与东方证券股份有限公司的浦某某、郑某某两人作出的信息误导存在很大关系,中国证监会也对浦某某、郑某某作了行政处罚,该两人属于《若干规定》第 7 条规定的其他作出虚假陈述的机构或者自然人案被告。依照《侵权责任法》第 12 条及《若干规定》第 25 条之规定,浦某某在、郑某某与安硕公司系分别实施侵权行为造成同一损害结果,且难以确定责任大小,应平均承担赔偿责任。

当事人围绕诉讼请求依法提交了证据,本院组织当事人进行了证据交换和质证。

原告提交了被告安硕公司关于与凉山州商业银行股份有限公司签署战略合作意向书的公告、被告安硕公司关于收到中国证监会行政处罚决定书的公告、中国证监会〔2016〕138 号《行政处罚决定书(上海安硕信息技术股份有限公司、高某甲、曹某)》、被告安硕公司关于收到证监会立案调查通知书暨股票复牌的公告、证券账户开户办理确认单、股票明细对账单等证据。

被告提交了以下证据：

1. 中国证监会《调查通知书》、关于收到证监会立案调查通知书暨股票复牌的公告、中国证监会《行政处罚事先告知书》(处罚字〔2016〕53 号)、关于收到行政处罚事先告知书的公告,证明虚假陈述揭露日是 2016 年 6 月 14 日；

2. 中国证监会〔2016〕138 号《行政处罚决定书(上海安硕信息技术股份有限公司、高某甲、曹某)》、关于收到中国证监会行政处罚决定书的公告,证明《处罚决定书》对《行政处罚事先告知书》中关于高某甲、曹某与浦某某、郑某某达成默契的内容作了更正,决定书也没有提及被告安硕公司及高某甲、曹某等获得相关利益；

3. 中国证监会〔2016〕139 号《行政处罚决定书》,证明郑某某和浦某某未能客观谨慎诚实地开展投资咨询服务而被中国证监会行政处罚,也应对投资人的损失承担赔偿责任；

4. 中证指数有限公司《关于发布中证互联网金融指数、中证机器人指数和中证新能源指数的公告》及附件,证明是中证指数有限公司将被告纳入互联网金融成分股,被告本身没有混淆互联网金融和互联网金融服务业务的概念；

5. 各指数及相关股票、安硕公司股价走势图和涨跌幅统计表、中证互联网金融指数成分股(创业板)走势图及涨跌幅统计表,证明投资者买入安硕股票受损的原因是 2015 年间的股市异常波动；

6. 各界人士对 2015 年股灾的看法和观点摘要汇总、关于"国家队救市"的信息和新闻等网络资料、中国证监会〔2016〕139 号《行政处罚决定书(杭州恒生网络技术服务有限公司、刘某某、官某某)》、2016 中国金融稳定报告、全球历次股灾跌幅统计表,证明 2015 年中国股市发生了罕见的异常波动,与全球历次股灾相比跌幅有过之而无不及,引起股灾的有场外配资等多种诱因；

7. 2014 年 4 月 30 日至 2015 年 9 月 30 日,被告安硕公司前 50 名流通股股东持股情况统计表,证明被告公司股价相对涨幅居前的原因是公募基金持股集中度高；

8.《上海安硕信息技术股份有限公司首次公开发行股票并在创业板上市招股说明书》(节选)、外部咨询及内部讨论股权激励事项的邮件及其附件,技资者关系活动记录表(编号 2014 - 13、2015 - 1),证明被告披露的"一横一纵"等战略是对招股说明书中已有业务的概括,被告实际控制人高某甲和董事会秘书曹某的股票处于限售期,通过虚假陈述拉升股价没有动因,而且会导致股权激励计划难以实行；

9. 被告安硕公司的公告(编号:2014 - 056、2014 - 58、2014 - 065、2015 - 010、2015 - 019、2015 - 022、2015 - 024、2015 - 034、2015 - 037、2015 - 041、2015 - 043、2015 - 047、

2015－049)、投资者关系记录表节录(编号2014－03、2014－06、2014－10、2014－11、2014－14、2014－17、2015－02、2015－03、2015－04、2015－05、2015－06、2015－08)、上海安硕企业征信服务有限公司的相关资料(记账凭证和电子转账凭证、社保缴费资料、办公房租赁合同、相关业务合同节录)、西昌安硕易民互联网金融服务股份有限公司相关资料(营业执照、投资款借记凭证和记账凭证)、被告安硕公司相关董事会决议、被告安硕公司相关年报、半年报及季度报、江西联合互联网金融信息服务有限公司相关资料;证明被告安硕公司对外披露的信息是谨慎、客观的,投资设立相关公司经过了董事会和股东大会决议,也逐步进入运营,没有误导投资者的意图。

对当事人无异议的证据,本院予以确认并在卷佐证。根据当事人陈述和经审查确认的证据,本院确认如下事实:被告安硕公司系上市公司,其公开发行的A股股票代码为3003800。2015年8月14日,中国证监会向被告安硕公司发出沪证专调查字2015282号调查通知书,载明"因你公司涉嫌违反证券法律、法规,根据《证券法》的有关规定,我会决定对你公司立案调查,请予以配合"。同年8月17日,被告安硕公司发布关于收到中国证监会立案调查通知书暨股票复牌的公告,称公司涉嫌违反证券法律法规,中国证监会决定对公司立案调查,公司将积极配合调查工作,严格按照监管要求履行信息披露义务,公司股票将于2015年8月17日(星期一)13:00起复牌。当日,被告300380股票收盘下跌10.01%。

2016年6月14日当天收盘后,被告安硕公司发布关于收到《行政处罚事先告知书》的公告,称公司于当天收到中国证监会下发的处罚字〔2016〕153号《行政处罚事先告知书》。告知书主要内容:被告安硕公司涉嫌误导性陈述一案,已由证监会调查完毕,安硕公司披露的互联网金融相关业务不符合现实状况、互联网金融相关业务缺乏未来实现的基础、宣传披露互联网相关业务信息具有片面性,证监会依法拟对被告安硕公司及直接负责的主管人员高某甲、曹某作出行政处罚。2016年6月15日,被告300380股票收盘上涨10.00%。

2016年12月15日,中国证监会作出〔2016〕138号《行政处罚决定书(上海安硕信息技术股份有限公司、高某甲、曹某)》,认定被告安硕公司披露的互联网金融相关业务信息具有较大误导性,具体为:互联网金融相关业务信息不符合现实状况、互联网金融相关业务缺乏未来实现的基础、宣传披露互联网相关业务信息具有片面性。中国证监会认为,安硕公司的行为构成误导性陈述,决定对安硕公司给予警告,并处以60万元罚款;对高某甲给予警告,并处以30万元罚款;对曹某给予警告,并处以20万元罚款。2016年12月20日,被告安硕公司发布了关于收到中国证监会行政处罚决定书的公告,对上述《行政处罚决定书》的内容予以披露。

自被告安硕公司发布关于收到《行政处罚事先告知书》公告后的第一个交易日(2016年6月15日)至6月23日,安硕公司300380股票换手率达到可流通部分的100%。自2016年6月15日起至6月23日期间,每个交易日收盘价的平均价格为47.13元。2015年12月4日,深圳证券交易所发布的《上海证券交易所规则(2015年修订)》第四章第六节规定了"指数熔断机制"该规则于2016年1月1日起实施。2016年1月4日,沪深两市开盘指数一路向下,13时12分沪深300指数跌幅扩大至5%,触发15分钟熔断机制,个股全面暂停交易。13时28分,两市恢复交易后,沪深300指数跌幅迅速扩大至7%,13时33分,再次引发熔断,两市暂停交易至收市。同年1月7日,两市开盘仅12分钟,沪深300指数跌幅为5.38%,触发熔断机制,两市暂停交易15分钟。9时57分恢复交易后,股指直线下探,沪深300指数下跌达到7%,再次引发熔断,两市暂停交易至收市。2016年1月8日,深圳证券交易所决定暂停实施"指数熔断机制2016年1月4日,创业板指数跌幅8.21%,互联网金融板块指数跌幅9.55%,300380股票跌幅10.02%;2016年1月7日,创业板指数跌幅8.58%,互联网金融板块指数跌幅9.65%,300380股票跌幅10.01%;2016年1月8日,创业板指数跌幅0.33%,互联网金融板块指数涨幅0.45%,300380股票跌幅1.27%。

本院在审理中,三被告对原告计算的投资差额损失金额本身无异议,同意原告主张的佣金和印花税损失计算标准。本院认为,根据《若干规定》第17条,证券市场虚假陈述,是指信息披露义务人违反证券法律规定,在证券发行或者交易过程中,对重大事件作出违背事实真相的虚假记载、误导性陈述,或者在披露信息时发生重大遗漏、不正当披露信息的行为。误导性陈述,是指虚假陈述行为人在信息披露文件中或者通过媒体,作出使投资人对其投资行为发生错误判断并产生重大影响的陈述。中国证监会〔2016〕138号行政处罚决定书已经认定,安硕公司对外披露设立征信子公司等一系列公司,开展征信业务、数据业务、小贷云业务、互联网金融等业务时,存在不准确、不完整、不够谨慎的披露行为,严重误导了市场投资者,构成了误导性陈述行为。安硕公司的上述行为违反了《证券法》第63条的规定,构成了《证券法》第193条第1款所述的违法行为,高某甲、曹某是直接负责的主管人员。故根据《若干规定》及中国证监会的认定,原告主张安硕公司存在误导性陈述的证券市场虚假陈述行为,依法成立。

在认定被告安硕公司存在虚假陈述行为的前提下,本案的争议焦点为:第一,虚假陈述实施日、揭露日及基准日如何确定;第二,被告应赔偿原告投资差额损失范围的认定。对于争议焦点一,本案所涉虚假陈述行为的具体类型为误导性陈述,该误导性陈述系由一系列的信息披露行为所构成,由于证券市场投资者的投资经验、认知水平、对公开信息的理解等均存在差异，构成误导性陈述的每一次信息披露行为均可能影响投资者的决定。结合本案中行政处罚决定书的认定，安硕公司从 2014 年 5 月 27 日起陆续向投资者介绍“一横一纵”发展战略等，该行为被中国证监会认定为存在较大误导性，故应以 2014 年 5 月 27 日为虚假陈述实施日。

根据《若干规定》第 20 条的规定，虚假陈述揭露日，是指虚假陈述在全国范围发行或者播放的报刊、电台、电视台等媒体上，首次被公开揭露之日。虚假陈述被揭示的意义在于其对证券市场发出了一个警示信号，提醒投资人重新判断股票价值，进而对市场价格产生影响。但证券市场股票价格的波动受多种因素影响，价格下跌并非必然系市场收到警示信号的结果，故不能仅将价格下跌作为确定揭露日的充分条件，而应综合考虑揭示行为的内容、方式、强度和市场反应等因素作出判断。2015 年 8 月 17 日，被告安硕公司发布的关于收到中国证监会立案调查通知书暨股票复牌的公告，仅提及“公司涉嫌违反证券法律法规反证券法律法规的具体内容”，投资者仅通过该公告并不能知晓安硕公司存在虚假陈述行为，市场对股票价格走向的判断与虚假陈述行为无必然联系，公告日及其后一交易日安硕公司股票价格的下跌亦非虚假陈述行为被揭示所致，故 2015 年 8 月 17 日的公告内容未明确揭示被告违反证券法律法规的内容，不具有足够的警示强度，不应以该日作为揭露日。2016 年 6 月 14 日，被告安硕公司发布关于收到《行政处罚事先告知书》的公告，全面、充分地披露了安硕公司进行误导性陈述的违法事实，其内容与此后中国证监会作出的〔2016〕138 号行政处罚决定书高度对应，充分揭示了投资风险，足以警示投资者重新判断股票价值，故应以 2016 年 6 月 14 日为本案虚假陈述的揭露日。

因上述公告发布时间在 2016 年 6 月 14 日股市收盘后，公告后第一个交易日即 2016 年 6 月 15 日其对市场产生实际影响，故确定基准日时应以 2016 年 6 月 15 日为起始日，根据《若干规定》第 33 条，本院确定本案基准日为 2016 年 6 月 23 日。对于争议焦点二，《若干规定》第 18 条规定，投资人具有以下情形的，人民法院应当认定虚假陈述与损害结果之间存在因果关系：(1)投资人所投资的是与虚假陈述直接关联的证券；(2)投资人在虚假陈述实施日及以后，至揭露日或者更正日之前买入该证券；(3)投资人在虚假陈述揭露日或者更正日及以后，因卖出该证券发生亏损，或者因持续持有该证券而产生亏损。本案原告的交易行为符合该条规定的条件，故其投资安硕公司股票所受的损失，安硕公司应当予以赔偿。《若干规定》第 21 条规定，发起人、发行人或者上市公司对其虚假陈述给投资人造成的损失承担民事赔偿责任。发行人、上市公司负有责任的董事、监事和经理等高级管理人员对前款的损失承担连带赔偿责任。但有证据证明无过错的，应予免责。本案中，中国证监会认定被告安硕公司虚假陈述行为中,被告高某甲、曹某是直接负责的主管人员,并对高某甲、曹某予以行政处罚,故被告高某甲、曹某应对被告安硕公司应承担的损失承担连带赔偿责任。

《若干规定》第19条规定,被告举证证明原告具有以下情形的,人民法院应当认定虚假陈述与损害结果之间不存在因果关系:(1)在虚假陈述揭露日或者更正日之前已经卖出证券;(2)在虚假陈述揭露日或者更正日及以后进行的投资;(3)明知虚假陈述存在而进行的投资;(4)损失或者部分损失是由证券市场系统风险等其他因素所导致;(5)属于恶意投资、操纵证券价格的。由此可见,如果有确凿的事实可以证明证券市场价格的某种波动系因虚假陈述以外的其他原因引起,则该种价格波动所引起的投资者损失则不属于虚假陈述主体的赔偿范围。根据已查明的事实,2016年1月4日和1月7日,由于A股市场实施熔断,创业板指数和互联网金融板块指数发生了异常的大幅下跌现象,被300380股票价格亦大幅下跌。因此,该两日300380股票大幅下跌与资本市场的正常交易行为无关,原告的相应投资损失系由市场风险所致,与被告安硕公司的虚假陈述行为之间不存在因果关系,故该部分损失不应由被告安硕公司承担。而且,买卖股票本身即属存在盈亏风险的投资行为,股票价格涨跌受上市公司经营情况、所属行业景气程度以及大盘指数等多重因素影响。由市场风险因素所导致的投资者损失部分,应在计算投资差额损失赔偿数额予以扣除,综合考虑涉案虚假陈述发生期间证券市场的总体运行情况,其比例本院酌情认定为30%。

本案原告在虚假陈述实施日后、揭露日前买入300380股票,基准日后仍持有,对于原告投资300380股票的损失,原、被告确认投资差额损失部分计算金额为53,930元故被告安硕公司应当赔偿原告的投资差额损失为53,930元×70%=37,751元。关于佣金和印花税损失,原告主张分别以投资差额损失的万分之五和千分之一计算,被告亦予以确认,本院依法予以支持。经计算,原告的佣金损失为18.88元(37,751元×0.5‰),印花税损失为37.75元(37,751元×1‰)。

综上所述,依照《若干规定》第2条第1款、第17条、第18条、第19条、第20条、第21条、第30条、第31条、第32条、第33条之规定,判决如下:

一、被告上海安硕信息技术股份有限公司应于本判决生效之日起10日内赔偿原告沈某某投资损失37,807.63元;

二、被告高某甲、曹某对被告安硕公司上述第1项赔偿义务承担连带赔偿责任;

三、驳回原告沈某某的其余诉讼请求。

如果未按照本判决指定的期间履行金钱给付义务,应当按照《民事诉讼法》第252条的规定,加倍支付迟延履行期间的债务利息。本案案件受理费 1150.27 元,由原告沈某某负担 345.08 元,被告上海安硕信息技术股份有限公司、高某甲、曹某共同负担 805.19 元。

如不服本判决,可在判决书送达之日起 15 日内,向本院递交上诉状,并按对方当事人或者代表人的人数提出副本,上诉于上海市高级人民法院。

审 判 长 周 菁

代理审判员 张明良

人民陪审员 胡正军

二〇一七年十一月三十日

书 记 员 杨蓓蕾

本案相关新闻报道

投服中心支持中小投资者向高某甲、曹某及安硕信息(300380)索赔的公告①

中证中小投资者服务中心(以下简称投服中心)是中国证监会直属的全国性证券金融类公益机构,其宗旨是服务于中小投资者,维护中小投资者合法权益。为帮助更多中小投资者依法维权,投服中心现公开征集因上海安硕信息技术股份有限公司(以下简称安硕信息,股票代码 300380,股票简称安硕信息)误导性陈述利益受损的中小投资者,通过委派证券公益律师等方式,支持投资者向高某甲(安硕信息原董事长)、曹某(安硕信息原董事会秘书)及安硕信息提起索赔诉讼。

一、索赔对象

2016 年 12 月 15 日,安硕信息、高某甲和曹某三责任主体因误导性陈述,被中国证监会行政处罚(〔2016〕138 号)。行政处罚决定书认定安硕信息存在以下违法事实。安硕信息披露的互联网金融相关业务信息具有较大误导性,表现为:(1)安硕信息互联网金融相关业务信息不符合现实状况:①安硕信息业务收入均为传统软件等业务收入,互联网金融相关业务收入极小;②安硕信息宣传的互联网金融相关业务商业运营能力有限。(2)安硕信息互联网金融相关业务缺乏未来实现的基础:①发展互联网金融相关业务决策随意;②发展

① 参见投服中心:《投服中心支持中小投资者向高某甲、曹某及安硕信息索赔的公告》,载新华网:http://www.xinhuanet.com/finance/2017-04/27/c_129576980.htm,最后访问日期:2018 年 5 月 27 日。

互联网金融相关业务资金计划不充分;③发展互联网金融相关业务可行性研究不足。(3)安硕信息宣传披露互联网金融相关业务信息具有片面性:①安硕信息选择性披露利好消息,规避不利信息;②混淆互联网金融业务和互联网金融服务业概念。对此,董事长高某甲和董事会秘书曹某是直接负责的主管人员。

本次证券支持诉讼将安硕信息原董事长及原法定代表人高某甲作为第一被告,要求其承担首要赔偿责任,将原董事会秘书曹某和安硕信息作为共同被告承担连带赔偿责任。

二、征集范围

根据行政处罚决定书认定的事实,结合相关法律法规和司法实践,此次证券支持诉讼的征集范围确定如下:

自2015年2月9日至2015年8月16日期间买入安硕信息股票且未全部卖出(在2015年8月16日仍有余额的),2015年8月17日及以后卖出或继续持有,并因此受损的投资者。

投资者因安硕信息误导性陈述受到的损失,可能与投资者通常意义所理解的买卖股票亏损金额存在差异。判断是否受损可参考最高人民法院《关于审理证券市场因虚假陈述引发的民事赔偿案件的若干规定》(法释〔2013〕2号)以及最高人民法院公报案例2005年第11期"陈某某等23名投资人诉大庆联谊公司、申银证券公司虚假陈述侵权赔偿纠纷案"。

三、征集期限

自本公告发布之日起一个月(2017年5月27日截止)。

为保障证券支持诉讼的效率,及时让受损投资者获赔,投服中心将按照征集期限接收投资者的申请,请广大投资者务必关注截止日期,及时申请。经审核符合起诉条件的投资者,投服中心将及时予以登记。

四、证据材料

证据材料真实、准确和完备,是索赔请求能获得法院支持的重要因素,投资者务必高度重视。投资者应当确保所提供证据的真实性和合法性,不得伪造证据或提供虚假信息,否则投资者将自行承担诉讼不利的法律后果及相应的法律责任。

申请的投资者,应当提供清晰、可辨认的下列证据材料:

(一)投资者的身份证件复印件。

(二)加盖证券公司营业部印章的中国证券登记结算有限责任公司账户查询单以及证券账户开户确认单。

(三)加盖证券公司营业部印章的安硕信息单只股票纸质版对账单及电子版对账单(Excel 文件),可寄送光盘或发送电子邮件。

对账单区间至少应当包括自 2015 年 2 月 8 日至 2015 年 8 月 28 日期间的所有交易情况,每一条交易记录至少应包含姓名、证券账号、股票名称、时间、买入/卖出、成交股数、成交价格、成交金额、证券余额、手续费、印花税等内容。若部分证券公司营业部系统不支持打印单只股票的对账单,但支持打印全部股票交易情况的对账单,投资者可以要求打印包含安硕信息在内的所有股票交易情况的对账单。

如果 2015 年 2 月 8 日及之前,投资者曾买入安硕信息,请同时提供截至 2015 年 2 月 8 日收盘时投资者仍持有安硕信息股票的余额情况,并加盖证券公司营业部印章。若 2015 年 2 月 8 日及之前投资者未曾买入过安硕信息,则投资者需书面说明首次买入安硕信息的具体日期,并提供自该日期起至 2015 年 8 月 28 日之日止的对账单并加盖证券公司营业部印章。

股票对账单样例如下图:

××证券公司××营业部对账单

统计日期***　　打印时间:***年[illegible]***日　　[illegible]员:***

客户编号:****　　客户姓名:***　　资金账号:***

　　证券账号A******

证件类型:身份证　　证件号码:********　　证券账号A***********

币种	当前余额	可用余额	可取现金	资产总额
人民币	***	***	***	***

流水明细:

对账日期:

日期	币种	股东账号	证券代码	证券名称	业务标志	成交数量	证券余额	成交均价	佣金	印花税	资金余额	备注信息
140408	人民币	******			证券买入	10000	10000	20.21	121.26	0.00	12401.32	
140306	人民币	******			证券买入	10000	20000	17.30	103.8	0.00	9816.89	
140509	人民币	******			证券买入	5000	25000	17.00	51.00	0.00	7982.33	
140708	人民币	******			证券卖出	-1500	23500	8.41	7.57	12.62	20597.55	
141222	人民币	******			证券买入	2000	25500	8.10	9.72	0.00	38501.21	
141223	人民币	******			证券买入	600	26100	8.07	2.91	0.00	33290.41	
150114	人民币	******			证券卖出	-7000	25500	8.10	34.02	56.70	39021.58	
150210	人民币	******			证券买入	100	25600	7.75	5.00	0.00	38201.35	
150416	人民币	******			证券买入	1100	26700	11.20	7.39	0.00	26038.01	
151013	人民币	******			证券买入	300	27000	7.22	5.00	0.00	23989.66	
160308	人民币	******			证券买入	500	27500	7.20	5.00	0.00	20348.53	
160315	人民币	******			证券买入	100	27600	7.10	5.00	0.00	19637.10	

为准确计算损失金额及提升统计效率,请提供电子版对账单(Excel 文件)。若证券公司营业部不能提供安硕信息交易记录电子版对账单(Excel 文件),投资者需要将安硕信息交易情况按每条交易记录必备要素自行制作电子版交易记录(Excel 文件)。

五、费用承担

证券支持诉讼具有公益性,投服中心的公益律师或工作人员将帮助投资者提起诉讼,投资者不需要承担律师代理费用。投资者只需自行承担应依法向法院交纳的案件受理费等诉讼费用。

案件受理费根据起诉金额而定,由法院根据国家规定的标准收取。案件受理费需由原告预交至法院,最终将由败诉方承担。投服中心将另行通知符合起诉条件的投资者缴纳案件受理费。

六、材料寄送

邮寄地址:上海市迎春路555号B座5楼

中证中小投资者服务中心维权服务部

邮政编码:200135

联系电话:021-50496532

传真:021-50496325

请投资者在寄送材料时务必附上自己的联系电话和地址。如有电子邮箱地址,请一并附上。

七、特别提示

(一)投资者在证券支持诉讼中是原告当事人,在实体法上和诉讼程序中享有法定的权利,也要依法履行相应的义务,承担诉讼风险并对诉讼结果最终负责。投服中心的角色是投资者诉讼维权的支持者和帮助者,投服中心将充分尊重投资者的自主意愿,充分尊重投资者实体性和程序性的权利义务。前来申请支持诉讼的中小投资者,无论其损失金额大小,我们将公平对待、平等保护。一旦胜诉,投资者将按法定程序获得赔偿。投服中心在整个诉讼过程中不收取任何费用。

(二)投资者向投服中心递交公告所要求的证据材料,即视为投资者同意投服中心支持索赔诉讼,以及同意投服中心委派公益律师或工作人员作为投资者的诉讼代理人。投服中心将根据有关规定,委派公益律师或工作人员,作为投资者的诉讼代理人。投服中心委派的公益律师或工作人员与投资者之间形成特别授权的诉讼代理关系。代理权限包括但不限于:代为提起本案诉讼,代为出庭,代为选定或成为诉讼代表人,代为决定代表人诉讼或共同诉讼,代为申请追加或减少被告和第三人,代为调查、举证、质证、答辩,代为提交、签署、收取法律文书,代为申请调查取证,代为承认、变更、放弃诉讼请求,代为和解、调解,代为上诉,代为申请执行,在执行阶段代为放弃、变更民事权利,代为执行和解,代为办理本案中应当由委托人出面办理的一切法律事务和手续。

(三)在申请证券支持诉讼前,涉及安硕信息误导性陈述赔偿事项,投资者已与其他律师形成事实委托关系的,投服中心不予受理。投资者与其他律师所形成的诉讼委托关系也是受法律保护的,投资者在维权时应依法守信地履行法律义务。

(四)投资者在申请证券支持诉讼时需清楚认识到诉讼存在一定的法律风险,包括但不限于诉讼结果不确定,赔付金额因个案情况可能会有一定扣除比例,结案时间受案件审理需要而延长等。投资者向投服中心递交公告所要求的证据材料,即视为投资者已知悉上述法律风险,并承诺放弃因不利诉讼结果而向投服中心追究责任的权利。

(五)投资者应当遵守投服中心相关业务规则及规定,如实提供身份信息和证据材料,依法按时交纳案件受理费等诉讼费用,有义务积极配合诉讼代理人履行相关法律手续等。

(六)投资者能否获赔、获赔多少,由法院最终裁判确定。本公告所列征集范围只是投服中心根据相关公开资料、参考法律法规和司法实践初步确定的,不排除与法院裁判结果不一致的可能性,投服中心不能保证符合征集范围的投资者一定胜诉。

(七)投服中心将对投资者寄送的材料予以登记,并将根据征集情况及支持诉讼的工作流程,提起证券支持诉讼,同时公告相关信息。投资者可关注投服中心微信公众号“投资者视窗”了解相关信息,亦可来电咨询案件进展情况。投服中心咨询热线:021 - 50496532。工作时间:工作日(周一至周五)上午 9:00 - 11:30;下午 13:30 - 17:00。

中证中小投资者服务中心

2017 年 4 月 27 日

投服中心提第四起证券支持诉讼索赔安硕信息正式进入诉讼程序①

2017 年 6 月 19 日,中证中小投资者服务中心(以下简称投服中心)提起第四例证券支持诉讼,聘请公益律师代理 2 名中小投资者向上海市第二中级人民法院起诉上海安硕信息技术股份有限公司(以下简称安硕信息,股票代码 300380)及原法定代表人兼董事长高某甲、原董事会秘书曹某,索赔金额合计 22.76 万元。余下的 12 名投资者共计索赔 164.22 万元,投服中心将分期分批及时向上海市第二中级人民法院起诉。该案是我国资本市场第一

① 白天亮:《投服中心:索赔安硕信息正式进入诉讼程序》,载搜狐网:http://www.sohu.com/a/152647795_157267,最后访问日期:2018 年 8 月 10 日。

例误导性陈述侵权索赔案件，具有较强的示范意义。

散户恐高　后知后觉　投资者教育任重道远

2017年4月27日，投服中心在全国范围内公开征集因安硕信息误导性陈述受损的中小投资者，一个月的征集期满，共有14名投资者提出支持诉讼申请，投资者申请数量远低于此前各方的预期，主要原因为大量中小投资者在安硕信息公告收到证监会立案调查通知书之日前恐慌性抛售股票，从而失去了索赔资格。投服中心在审核材料和计算损失时发现，从安硕信息开始实施误导性陈述（2015年2月9日）至2015年5月13日，伴随着一系列涉及互联网金融等误导性信息的发布，股价从最低价87元疯涨到474元，但这却是机构投资者的盛宴，飙升的股价吓阻了散户。在此期间，14名投资者中只有3名少量买入，221只公募基金产品最高持股达到75%，成为推升股价的主力。2015年5月21日，安硕信息每10股送10股除权，股价绝对值大幅降低之后，该14名投资者开始陆续买入，且是越跌越买，而此时互联网金融的概念已经开始退潮，安硕信息关于涉足互联网金融的信息早已经销声匿迹，企业基本面没有任何改观，机构的持股比例持续大幅降低，散户投资者却在懵懵懂懂中成为"接盘侠"。2015年7月8日，在股价跌到58.03元的阶段性最低价时，却出现了换手率为27.48%的创纪录最大单日阴线成交量，说明大量投资者在此价位由于恐慌、绝望而止损清仓离场，揭露日之前已经没有持股，失去了向有关侵权责任方索赔的资格，客观上形成了此次投资者申请数量较少的局面。从此案例可以看出，目前我国广大中小投资者的证券投资基础知识比较匮乏，投资理念相对落后，投资文化极不成熟，投资者教育针对性、有效性亟待提高，投资者保护任重道远。

征集公告逐步完善　投资者理解配合　诉前准备工作效率提升

对首次公开征集发现的问题，投服中心在此次安硕信息的公开征集中进行了相应的优化和完善，公告中各项要求清晰、具体、易操作，减少了理解歧义，提高了沟通和审核效率，投资者提交申请材料的水平明显高于上一次上海绿新案的公开征集。对于要求提供交易记录电子版，投资者也给予了足够的理解和配合，提升了损失计算的便利性和准确性，部分解决了支持诉讼中遇到的数据工作难题。

提前接洽　公益律师及时介入　加快诉讼进程

在公开征集工作尚在进行时，投服中心即提前联系、接洽公益律师。上海华尊律师事务所朱夏嬅律师欣然接受邀请，在征集结束后，朱夏嬅律师组织精干团队，第一时间到投服中心和投服中心工作人员一起研究沟通案情，充分讨论疑难案例的损失计算方法，主动接手与投资者沟通、损失计算、委托鉴证、起草法律文书等诉前准备工作，大大缩短了诉前准备时间。在投服中心和公益律师的共同努力下,经过紧张高效的工作,在征集结束的 15 个工作日之内即向法院提起了 2 例立案申请并获受理。

分期分批立案既考虑到了诉前准备工作进度,也是把握诉讼节奏,缓解法院立案、审理压力的需要。对剩余的 12 名投资者,投服中心将视诉前工作准备进展情况,及时分批向法院提起诉讼。

“海利生物案”

中证中小投资者服务中心有限责任公司诉上海海利生物技术股份有限公司公司决议效力确认纠纷

周理岗*

受到“宝万事件”的影响，越来越多的上市公司在其公司章程中增加了反收购条款，如提高持股比例或设置持股期限限制股东权利，增设股东的披露义务，增加公司收购特别决议、设置超级多数条款，限制董事结构调整，赋予大股东特别权利，设置“金色降落伞”计划等。该等现象始终没有获得明确的司法定性，该类反收购条款本身是否违反《公司法》等相关法律法规不仅困扰着相关交易的当事方，更受到行业各方的密切关注，资本市场也亟须在司法层面明确该问题的合法合规性。

在实务过程中，对“董事提名权”设置一定的持股期限以限制外来股东入驻上市公司管理层是部分上市公司采取“抗敌入侵”的普遍做法。一般认为，《公司法》第102条第2款关于“董事提案权”的规定是股东“董事提名权”的法源条款，该条规定，“单独或者合计持有公司百分之三以上股份的股东，可以在股东大会召开十日前提出临时提案并书面提交董事会”，股东可依据该条款规定，通过“临时提案”方式实现推举董事的目的，行使股东的董事提名权。

---

* 投服中心维权事务部高级经理，在“海利生物案”中担任投服中心委托诉讼代理人。

投服中心在对上海海利生物技术股份有限公司(以下简称海利生物)展开日常行权工作的过程中,发现海利生物《公司章程》第82条第2款第1项中对持有公司3%以上股份的股东增加了连续持股90天以上的时间限制,涉嫌违反《公司法》第102条第2款关于股东"董事提名权"的规定。此外,《公司法》第4条亦明确规定,"公司股东依法享有资产收益、参与重大决策和选择管理者等权利"。董事的提名权是股东选择管理者权利的重要内容之一,是股东的基本权利,对这种权利的保护属于《公司法》中的强制性规定,不属于股东会自治性规定的范畴,非依法律法规的规定,任何人不得以任何方式加以限制和剥夺。

鉴于此,投服中心通过向上市公司发送《股东质询建议函》建议上市公司取消该限制类条款。在遭到上市公司拒绝后,投服中心决定采取股东诉讼方式,通过行使法律赋予股东的合法权利,促使海利生物召开股东大会,修改公司章程中限制董事提名权的不合理条款,删除对股东持股时间的限制,从而维护好中小投资者合法权益。

案情简介

一、上市公司基本情况

海利生物成立于1981年,注册地址位于上海市奉贤区,是一家集研发、生产、销售、服务于一体的专业化兽用生物制品生产企业。公司是农业部在上海批准生产兽用生物制品的定点企业及农业部在上海设立的动物重大疫情防治生产基地,公司拥有家禽、家畜、宠物三大类产品,具备全方位服务的产品基础和能力。

2015年5月15日,海利生物于上海证券交易所主板挂牌上市,股票简称"海利生物",股票代码为603718。

二、案件背景

海利生物于2014年8月22日2014年第三次临时股东大会通过了《关于修改上市后生效的公司章程(草案)的议案》并于2015年5月14日公告发布了《公司章程(草案)》,其中第82条第2款第1项规定"董事会、连续90天以上单独或者合并持有公司3%以上股份的股东有权向董事会提出非独立董事候选人的提名,董事会经征求被提名人意见并对其任职资格进行审查后，向股东会提出提案”。海利生物于2015年6月30日发布2015年第一次临时股东大会决议公告，通过了修订版《公司章程》，未修订上述条款。

投服中心持有海利生物1手（截至本案时共230股）股份，以股东身份于2017年4月18日通过邮件形式向海利生物发送《股东质询建议函》（以下简称《建议函》），《建议函》中认为海利生物《公司章程》第82条增加持股90日以上的条件，不合理地限制了股东对董事候选人的提名权，违反了我国《公司法》及相关规定，建议取消此限制类条款。

2017年4月24日，海利生物回复投服中心认为，《公司法》《上市公司章程指引》等法律、行政法规及规范性文件虽然没有对单独或合计持有3%以上股份的股东提名董事、监事候选人的权利作出持股时间上的限制，但也没有对《公司章程》能否就该条款进行自行规定作出禁止性规定。同时，《上市公司章程指引》第82条注释明确“公司应当在章程中规定董事、监事提名的方式和程序”，该等规定赋予了《公司章程》在未违反法律法规及规范性文件禁止性规定的前提下对公司董事、监事提名权进行自治性设定的权利。公司又认为，《公司章程》第82条增加了连续持股90天以上的条件，目的是鼓励长期持股投资的股东参与公司重大事项的讨论和管理，同时避免短期投机的股东滥用股东权利、影响公司组织机构稳定及正常经营，未违反《公司法》及相关规定。

三、案件转办过程

鉴于2017年4月24日海利生物的回复内容，经投服中心相关部门会商，认为海利生物公司章程中相关条款不合理地限制了股东对董事候选人的提名权，违反了《公司法》相关规定。鉴于海利生物拒不采纳投服中心的股东建议，拟依据《公司法》第22条的规定，以海利生物股东的名义向有管辖权的人民法院提起股东直接诉讼。根据投服中心内部分工，此案件移交至维权事务部牵头办理，行权事务部积极配合。

诉讼方案确定

一、投服中心的具体工作和目的

投服中心拟通过行使法律赋予股东的合法权益(包括但不限于向法院提起诉讼),促使海利生物召开股东大会,修改公司章程中限制董事提名权的不合理条款,删除对股东持股时间的限制,从而维护好中小投资者合法权益。

二、投服中心认为海利生物《公司章程》相关条款违法的理由

投服中心认为海利生物关于董事提名权的限制违反了《公司法》的相关条款,同时,2017年4月24日海利生物的有关答复不能成立,主要基于以下几点理由。

1. 公司自治性规定不得限制法定权利

《公司法》《上市公司章程指引》等法律、行政法规及规范性文件虽然没有对单独或合计持有3%以上股份的股东提名董事、监事候选人的权利作出持股时间上的限制,也没有对《公司章程》能否就该条款进行自行规定作出禁止性规定,但公司的自治性权利不得作出严于《公司法》的规定。按照海利生物的逻辑,如果《公司章程》可以对股东持股时间作出限定,那么也可以对股东作出诸如性别、地区、是否归属境内外等条件限制,这显然是错误的。

2. 持股时间限定违反了公司法的强制性规定

所谓"董事提名权"是指需要组成董事会或需要更换、增加新的董事进入董事会时,向股东(大)会推荐拟进入董事会的人选,并提交股东(大)会决议的权利。需要明确的是,现行《公司法》并没有"董事提名权"的具体规定,一般认为,《公司法》第102条第2款关于"董事提案权"的规定是股东"董事提名权"的法源条款,该条规定,"单独或者合计持有公司百分之三以上股份的股东,可以在股东大会召开十日前提出临时提案并书面提交董事会",股东可依据该条款规定,通过"临时提案"方式实现推举董事的目的,行使股东的董事提名权。可见,现行《公司法》中股东的董事提名权是以提案权的形式行使的。

海利生物《公司章程》第54条第2款规定,"单独或合计持有公司3%以上股份的股东,可以在股东大会召开10日前提出临时提案并书面提交召集人,召集人应当

在收到提案后 2 日内发出股东大会补充通知，将临时提案的内容通知全体股东”，该条款对持股 3% 以上股东行使提案权没有持股时间的限制。然而，根据海利生物《公司章程》的相关条款，持股时间少于 90 天的 3% 以上股东无法提出推荐董事的提案。

《公司章程》第 82 条第 2 款规定“董事会、连续 90 天以上单独或者合并持有公司 3% 以上股份的股东有权向董事会提出非独立董事候选人的提名，董事会经征求被提名人意见并对其任职资格进行审查后，向股东会提出提案”，即持股 3% 以上的股东要想提名董事候选人，必须连续持股 90 天以上，不足 90 天则无权提名，也就没有办法形成提案。因此，《公司章程》第 82 条第 2 款违反了《公司法》第 102 条第 2 款关于股东“董事提案权”的规定。

3. 持股时间限定限制和剥夺了股东选择公司管理者的权利

《公司法》第 4 条明确规定，“公司股东依法享有资产收益、参与重大决策和选择管理者等权利”。董事的提名权是股东选择管理者权利的重要内容之一，是股东的基本权利，对这种权利的保护属于《公司法》中的强制性规定，不属于股东会自治性规定的范畴，非依法律法规的规定，任何人不得以任何方式加以限制和剥夺。海利公司《公司章程》第 82 条增加连续持股 90 天以上的条件，限制和剥夺了其他股东选择公司管理者的权利。

4.《公司章程》第 82 条因违反法律规定而无效

根据前述第 1、2 点内容，由于被告《公司章程》第 82 条第 2 款第 1 项内容违反了公司法第 4 条和第 102 条第 2 款规定，根据《公司法》第 22 条“公司股东会或者股东大会、董事会的决议内容违反法律、行政法规的无效”，投服中心认为被告 2015 年 6 月 29 日 2015 年第一次临时股东大会决议通过的《公司章程》第 82 条第 2 款第 1 项内容无效。

5. 证监会曾确认对董事提名权做出持股时间上的限制属于违法行为

1998 年 5 月，爱使股份（股票代码 600652）（现“游久游戏”）股东大会年会对章程第 67 条作了修订，修订后该条款规定：“董事、监事候选人名单以提案的方式提请股东大会决议；单独或合并持有公司有表决权股份总数 10%（不含股票代理权）以上、持有时间半年以上的股东，如要推派代表进入董事会、监事会的，应当在股东大会召开前 20 日，书面向董事会提出，并提供有关材料。”

1998 年 7 月 1 日,大港油田发布公告,称其关联企业已合并持有爱使股份 5.0001%股份,成为第一大股东。此后,大港油田持续收购爱使股份的股票,终于共持有爱使股份总股本的 10%以上,获得了提议召开临时股东大会的权利。大港油田的敌意收购受到了爱使股份管理层的抵制。上述爱使股份章程条款给大港油田入主造成了极大的障碍。针对该反收购条款的效力,收购方和反收购方各持己见、争执不下。根据网络报道,后在大港油田的举报和要求下,证监会向爱使股份发送函件确认该章程条款违法,最终爱使股份不得不修改章程而使大港油田进驻董事会。

三、投服中心在本案中的地位/身份

投服中心持有海利生物 1 手(截至本案时共 230 股)股份,在本案中享有股东身份。

四、管辖法院

损害股东利益的行为是一种侵权行为,《民事诉讼法》第 28 条规定:“因侵权行为提起的诉讼,由侵权行为地或者被告住所地人民法院管辖。”

海利生物地址位于上海市奉贤区金海公路,因此,本案管辖法院应为被告住所地奉贤区人民法院。

股东诉讼过程

投服中心于 2017 年 6 月 26 日前往上海市奉贤区人民法院立案。案件受理后,法院依法适用普通程序,组成合议庭,于 2017 年 8 月 16 日至 2017 年 12 月 15 日进行调解,因调解未能达成一致意见,于 2018 年 3 月 21 日公开开庭进行了审理。投服中心委托中心工作人员担任诉讼代理人参加了诉讼,被告海利生物诉讼代理人到庭参加诉讼。

案件评析

一、案件的突出特点、难点

（一）本案突出特点

1. 本案是首例反收购条款司法确认案件

虽然上市公司在公司章程中增加反收购条款的案例由来已久，但长久以来，反收购条款的性质始终未在司法层面得到确认，这也致使上市公司能够毫无顾忌地利用该类条款排除“外敌入侵”，甚至对该类条款不断进行发展“创新”。即使如前述的“爱使股份”案，最终的结果也仅是在大港油田的举报和要求下，由证监会向爱使股份发送函件确认有关章程条款违法，而没有借此案从司法层面对反收购条款予以定性，不得不说这是一次遗憾。鉴于此，投服中心希望借助海利生物案能够在反收购条款司法定性问题上有所突破，向市场发出积极的信号。一方面，督促上市公司依法完善公司治理；另一方面，保护上市公司中小股东的合法权益。

2. 本案是投服中心首例股东诉讼案件

在该案之前，投服中心维权诉讼业务主要以支持诉讼为主，先后发起了“匹凸匹案”“康达新材案”“上海绿新（现为顺灏股份）案”“安硕信息案”“鞍重股份案”共五起支持诉讼案件。在不断巩固和完善支持诉讼业务的同时，积极开拓新的诉讼业务领域是投服中心发展的必然选择。投服中心发起股东诉讼，是基于投服中心上市公司股东身份发展而来的，从支持诉讼中的“幕后角色”到股东诉讼的“主角”，变化的不仅是案件中的不同身份，更是从“帮助受损害的中小投资者追索赔偿”向“保护中小股东合法权益，促使上市公司依法完善公司治理”的拓展。由于海利生物案本身的案件争点较清晰，亦不涉及投资者具体损失的索赔问题，该案作为投服中心第一起股东诉讼也较为适合。

3. 本案也是投服中心行权业务与维权诉讼业务首次结合

投服中心自 2016 年 2 月在上海、广东（不含深圳）和湖南开展持股行权试点，2017 年 4 月将持股行权试点扩大至全国以来，截至 2017 年年底，投服中心共公益性持有沪深两市 3442 家上市公司每家一手（100 股）A 股股票。在日常的行权业务中，投服中心通过发函、参加股东大会、现场查阅、现场问询、公开发声等方式，行使股东查阅权、建议权、质询权、表决权等股东权利。而在海利生物案中,投服中心进一步拓展行使了股东的诉讼权。诉讼是股东维权的最有效手段,也是股东行权的强有力保障。本案是投服中心行权业务与维权诉讼业务的首次结合,既丰富了行权方式,也拓展了维权诉讼的范围,通过行使法律赋予股东的合法权利,促使上市公司修改公司章程中的不合理条款,删除对股东持股时间的限制,从而维护好中小投资者合法权益。

(二)本案办理过程中的难点

1. 投服中心是否是适格原告

在诉前对本案开展研究的过程中,曾就投服中心是否是本案的适格原告存在争议。一种观点认为,在本案争议《公司章程》通过时投服中心尚不是上市公司股东,作为后加入公司的股东,无法对加入前股东大会通过的《公司章程》争议条款主张权利。一般认为,对于股东会决议无效之诉的原告,应当在该决议作出的时候拥有股东身份或有其他直接利害关系。另一种观点认为,即使投服中心是在《公司章程》通过后加入公司,但只要投服中心在起诉时具有股东资格就有权对《公司章程》中损害股东权益的条款向公司主张权益。经研究,上述两种观点都存在相应的学术研究支持,也使投服中心一度对该问题较困惑。

另外,我们也在密切关注最高人民法院《关于适用〈中华人民共和国公司法〉若干问题的规定(四)》(以下简称公司法解释四)的制定进展,通过当时披露的公司法解释四公开征求稿第1条的规定,即公司股东、董事、监事及与股东会或者股东大会、董事会决议内容有直接利害关系的公司高级管理人员、职工、债权人等,依据公司法第22条第1款起诉请求确认决议无效或者有效的,应当依法受理,基本确定投服中心起诉具有原告资格。虽然公司法解释四在2016年12月5日已经最高人民法院审判委员会全体会议审议并原则通过,但公开信息中始终未能找到发布的正式条文,直至2017年8月28日最高人民法院正式发布最终稿。根据最终稿第1条规定,“公司股东、董事、监事等请求确认股东会或者股东大会、董事会决议无效或者不成立的,人民法院应当依法予以受理”。另根据最高人民法院的进一步解释,[①]

---

① 参见杜万华主编:《最高人民法院公司法司法解释(四)理解与适用》,人民法院出版社2017年版,第30页。

本条列举的适格原告仅包括起诉时具有股东、董事、监事资格的人。由于投服中心在起诉时持有上市公司股票，因此，对于投服中心原告适格问题的顾虑已经解决。

2. 诉讼请求的确定

本案焦点在于海利生物《公司章程》第82条第2款第1项中对持有公司3%以上股份的股东增加了连续持股90天以上的时间限制，不合理地限制了股东对董事候选人的提名权。而依据现有《公司法》规定，股东无法直接起诉公司请求确认《公司章程》相关条款无效，只能依据《公司法》第22条“公司股东会或者股东大会、董事会的决议内容违反法律、行政法规的无效”的规定请求法院确认通过海利生物《公司章程》的股东大会的决议内容无效。

然而，投服中心在对海利生物相关公告进行进一步研究后发现了以下问题：(1)海利生物于2015年5月15日上市，公司于2015年5月14日公告《公司章程(草案)》(2014年8月版)，在该版本中，本案的争议条款既已存在；(2)公司于2015年6月11日发布《关于修订公司章程并办理工商变更登记的公告》，并发布了《公司章程》(2015年6月版)，而该次公司章程修改中并未涉及本案争议条款；(3)2015年6月29日，公司召开2015年第一次临时股东大会，审议通过了有关修订公司章程并办理工商变更登记的议案。至此，本案争议条款遂存在于《公司章程》(2015年6月版)中。

投服中心认真梳理了本案争议条款的历史沿革，总结后认定如下：本案《公司章程》(2015年6月版)中的争议条款所对应的最早的股东大会为2015年6月29日公司召开的2015年第一次临时股东大会。虽然该次临时股东大会修改《公司章程(草案)》(2014年8月版)时并未对本案的争议条款进行修改，但该次股东大会通过的修订公司章程议案的决议应当认为是对新的《公司章程》的确定，包括对本案争议条款的确定。综上所述，投服中心将本案的诉讼请求确定为，确认被告于2015年6月29日作出的2015年第一次临时股东大会决议通过的《公司章程》第82条第2款第1项内容无效。

二、案件的社会意义和示范效果

本案的获胜，标志着首例反收购条款司法确认案件的形成，为解决反收购条款的合法合规性问题提供了有效的借鉴,实现了突破,弥补了司法层面的空白。

本案的获胜也标志着投服中心积极行权、示范维权的全覆盖和体系化,业务范围和模式渐趋成熟。投服中心以“内部人”的身份,针对公司治理中监管活动暂时难以覆盖的领域,提出质询或提起诉讼,纠正侵权,完善公司治理,践行“三公”原则,为广大中小投资者“全面知权、主动行权、依法维权”树立了榜样,也为证监会的行政监管和交易所的自律监管提供了有益的补充。

三、关于诉讼过程中投服中心未采纳法院有关出具《司法建议书》建议的说明

在案件审理过程中,法院曾提出以下建议:一方面,考虑到庭审中被告海利生物认可原告的诉讼请求,并已在庭前就《公司章程》有关条款作出了修订,同时,原被告双方在庭前已进行充分沟通,原告亦认可被告对《公司章程》有关条款的修订和积极表现;另一方面,受法院调解书文书规范的限制,法庭无法在调解书文中表达法院的观点或意见。因此,考虑到原告公益诉讼的目的,为满足原告希望法院就本案争点予以确认并表达明确观点的要求,法庭提出以司法建议书的形式表达法院的观点,询问投服中心是否接受该方案。

投服中心经过认真分析和研究,最终并未采纳该方案,认为采用司法建议书存在以下弊端。

1. 司法建议的法定适用范围过窄

我国有关司法建议的立法主要散见于《民事诉讼法》《行政诉讼法》中个别条文。如《民事诉讼法》第 114 条规定,有义务协助调查、执行的单位拒绝协助执行的,人民法院“可以向监察机关或者有关机关提出予以纪律处分的司法建议”。《行政诉讼法》第 66 条规定,人民法院对被告方违反法庭规则的“可以向监察机关或者被告的上一级行政机关提出依法给予其主要负责人或者直接责任人员处分的司法建议”;第 96 条规定,行政机关拒绝履行判决、裁定、调解书的,第一审人民法院可以“向监察机关或者该行政机关的上一级行政机关提出司法建议。接受司法建议的机关,根据有关规定进行处理,并将处理情况告知人民法院”。由此可见,法律规定可以提出司法建议的情形仅限于诉讼或执行过程中的特定情形,尽管 2012 年最高人民法院《关于加强司法建议工作的意见》(以下简称《意见》)明确了司法建议

全面适用于各类问题和各单位,但这一指导性意见只具有系统内部的有效性,不能对接受司法建议的其他机关、企事业单位、社会团体等主体直接发生拘束效力,因而效力较低。此外,鉴于投服中心希望通过本案达到规范上市公司《公司章程》反收购条款的"示范"效果,若在法定适用范围外适用司法建议,可能在未来引发对该司法建议的合法性争议。

2. 司法建议的法律强制力不足

在上述所列条文中,法院的司法建议权为维护司法权威所采取的惩罚性、威慑性措施,具有一定的司法拘束力。然而,在其他情形下,人民法院提出的司法建议因与诉讼行为、执行行为没有直接联系,只是人民法院针对司法实践中发现的问题,向有关单位提出的建议。该建议是人民法院基于司法为民情怀和社会责任担当的自我义务设定,义务的履行对他人不具有拘束力。此时的司法建议没有太多强制性效力,只能通过提升司法建议质量,完善工作机制来增进司法建议的有效性。

3. 司法建议普遍具有不公开性

司法建议是法官根据案件审理情况向特定对象发出的专门建议,一般不向社会和媒体公开。因此,社会公众对司法建议的关注度不高,对司法建议的功能和目的知之甚少抑或是不理解,不明白法院发出司法建议的真正用意,导致司法建议的社会认同度不高。

4. 司法建议制度下各方参与的联动监督机制尚未形成

联动监督机制的缺失是制约司法建议采纳率不高的外部因素之一。一方面,现有的司法建议发给的被建议对象,并未向社会公开,没有充分发挥新闻媒体、社会舆论的监督作用;另一方面,即使抄送被建议对象的上级机关或者主管部门,抄送单位的监督作用也未得以体现,大多都没有引起足够重视。

5. 本案司法建议对上市公司无现实意义

在本案中,被告海利生物认同投服中心的诉讼请求,同时已按照投服中心的建议就《公司章程》有关条款作出了修订。因此,从司法建议书内容所要达到的目的而言,被告已经在庭前行动并在庭审中表态认同,逻辑上无再次向被告作出建议的必要。

6. 基层法院司法建议书“示范”效应低,司法建议书本身无法达到“引领”的效果

首先,本案管辖法院奉贤区人民法院属于基层人民法院,其作出的司法建议书“示范”效应无法与中级人民法院、高级人民法院甚至最高人民法院相比,因此,司法建议书所表达的法院观点对市场的影响也非常有限。

其次,由于司法建议书本质上不属于裁判文书,即使法院在司法建议书中就本案表达明确观点,从诉讼实践的角度出发,司法建议书中的观点日后也很难被其他诉讼活动所援引,因此,司法建议书无法达到“引领”的效果。

综上所述,从本案发起诉讼的目的考虑,采用司法建议书的方案无法达到通过本案警示市场,规范上市公司《公司章程》反收购条款的目的,建议不予采纳司法建议书的方案,建议法院就本案作出判决。

本案相关判决书

上海市奉贤区人民法院
民事判决书

(2017)沪 0120 民初 13112 号

原告:中证中小投资者服务中心有限责任公司,住所地上海市虹口区沽源路 110 弄 15 号 209 - 80 室。

法定代表人:郭文英,董事长。

委托诉讼代理人:周理岗,男,中证中小投资者服务中心有限责任公司工作。

被告:上海海利生物技术股份有限公司,住所地上海市奉贤区金海公路××××号。

法定代表人:张某某,董事长。

委托诉讼代理人:陈晓,男,上海海利生物技术股份有限公司工作。

委托诉讼代理人:浦冬婵,女,上海海利生物技术股份有限公司工作。

原告中证中小投资者服务中心有限责任公司与被告上海海利生物技术股份有限公司公司决议效力确认纠纷一案,本院于 2017 年 6 月 26 日立案受理后,依法适用普通程序,组成合议庭,于 2017 年 8 月 16 日至 2017 年 12 月 15 日进行调解,因调解未能达成一致意见,于 2018 年 3 月 21 日公开开庭进行了审理。原告委托诉讼代理人周理岗、被告委托诉讼代

理人浦冬婵到庭参加了诉讼。本案现已审理终结。

原告向本院提出诉讼请求:确认被告于2015年6月29日作出的2015年第一次临时股东大会决议通过的《公司章程》第82条第2款第1项内容无效。事实与理由:被告于2014年8月22日第三次临时股东大会通过了《关于修改上市后的公司章程(草案)的议案》并于2015年5月14日公告发布了《公司章程草案》,其中第82条第2款第1项规定"董事会、连续90天以上单独或合并持有公司3%以上股份的股东有权向董事会提出非独立董事候选人的提名,董事会经征求被提名人意见并对其任职资格进行审查后,向股东会提出提案"。被告于2015年6月30日发布2015年第一次临时股东大会决议公告,通过了修订版《公司章程》,未修订上述条款。原告持有被告230股股份,以股东身份于2017年4月18日以邮件形式向被告发送《股东质询建议函》,该函中指出被告《公司章程》第82条增加持股90日以上的条件,不合理地限制了股东对董事候选人的提名权,违反了我国《公司法》及相关规定,建议取消此限制类条款。被告于2017年4月24日向原告出具《关于中证中小投资者服务中心有限责任公司〈股东质询建议函〉的回复》,认为《公司法》《上市公司章程指引》等法律、行政法规及规范性文件虽然没有对单独或合计持有3%以上股份的股东提名董事、监事候选人的权利作出持股时间上的限制,但也没有对《公司章程》能否就该条款进行自行规定做出禁止性规定;同时《上市公司章程指引》第82条注释明确"公司应当在公司章程中规定董事、监事提名的方式和程序",该规定赋予了《公司章程》在未违反法律法规及规范性文件禁止性规定的前提下对公司董事、监事提名权进行自治性设定的权利。被告还认为,《公司章程》第82条增加了连续持股90天以上的条件,目的是鼓励长期持股投资的股东参与公司重大事项的讨论和管理,同时避免短期投机的股东滥用股东权利、影响公司组织机构稳定及正常经营,未违反《公司法》及相关规定。

原告认为,董事的提名权是股东选择管理者权利的重要内容之一,是股东的基本权利,对这种权利的保护属于《公司法》中的强制性规定,不属于股东会自治性规定的范畴,非依法律法规的规定,任何人不得以任何方式加以限制和剥夺。单独或者合并持有3%以上股份的股东无论持股期限长短,均有权向公司提出包括董事候选人在内的提案,《公司章程》无权限制股东的上述权利。被告《公司章程》第82条增加"连续90天以上"的持股时间限制,违反了《公司法》第4条和第102条第2款规定,限制和剥夺了部分股东参与选择公司管理者的权利。依据《公司法》第22条的规定,提起本案诉讼。

被告辩称,被告在收到原告的建议后进行了回复,在原告提出质询和诉讼后,又对章程进行了自查,发现原告提出的建议合法、合理,故已于2017年6月30日召开第二届董事会第二十九次会议,审议通过了《关于修订公司章程议案》,已经按照原告的建议修改章程,并提请召开 2017 年第三次临对股东大会审议并获有效通过,新的公司章程已依法生效,故认为原告的诉讼请求已无事实依据与现实意义。

当事人围绕诉讼请求依法提交了证据,本院组织当事人进行了证据交换和质证。

原告提供的证据为:(1)原告营业执照复印件、证券账户开户确认单、股票对账单;(2)被告档案机读材料;(3)《上海海利生物技术股份有限公司 2015 年第一次临时股东大会决议公告》;(4)《上海海利生物技术股份有限公司 2015 年第一次临时股东大会资料》;(5)《上海海利生物技术股份有限公司章程》(2015 年 6 月版);(6)《股东质询建议函》;(7)《上海海利生物技术股份有限公司关于中证中小投资者服务中心有限责任公司〈股东质询建议函〉的回复》,经质证,被告对原告的上述证据均无异议。

被告提供的证据为:(1)《上海海利生物技术股份有限公司 2017 年第三次临时股东大会议案》;(2)《关于上海海利生物技术股份有限公司 2017 年第三次临时股东大会的法律意见书》;(3)《上海海利生物技术股份有限公司 2017 年第三次临时股东大会会议公告》;(4)《上海海利生物技术股份有限公司 2017 年第三次临时股东大会决议》;(5)《上海海利生物技术股份有限公司章程》(2017 年6 月版)。经质证,原告对被告的上述证据均无异议。

上述原、被告提供的证据,因真实且与本案有关联,本院予以认定并在卷佐证。

本院经审理查明:

被告于 1981 年 7 月 18 日成立,当前公司类型为股份有限公司(台港澳与外国投资者合资、上市),原告为持有被告 230 股股份的股东。

2014 年 6 月 30 日,被告发出《上海海利生物技术股份有限公司 2015 年第一次临时股东大会决议公告》,该公告中有关议案审议情况第 14 项为关于修订公司章程并办理工商变更登记,该议案以 100% 同意的比例通过。根据上述股东大会作出的决议内容,被告办理了公司章程的工商变更登记。该份章程中第 82 条第 2 款第 1 项内容为:"董事会、连续 90 天以上单独或合并持有公司 3% 以上股份的股东有权向董事会提出非独立董事候选人的提名,董事会经征求被提名人意见并对其任职资格进行审查后,向股东大会提出提案。"

2017 年 4 月 17 日,原告通过邮件方式向被告递交《股东质询建议函》,向被告提出两个问题建议,其中之一为关于取消限制股东权利的建议,原告认为被告公司章程第 82 条第 2 款第 1 项中有关"连续 90 天以上单独或合并持有公司 3% 以上股份"的内容不合理地限制了股东对董事、监事候选人的提名权,并将归属于股东大会的董事候选人审查、决策权变相转移至董事会,违反了《公司法》及相关规定,建议取消此限制类条款。

2017 年 4 月 24 日，被告作出回复，认为《公司法》《上市公司章程指引》等法律、法规及规范性文件虽然没有对单独或合计持有 3% 以上股份的股东提名董事、监事候选人的权利做出持股时间上的限制，但也没有对《公司章程》能否就该条款进行自行规定作出禁止性规定，《上市公司章程指引》第 82 条的注释明确公司应当在章程中规定董事、监事提名的方式和程序，该等规定赋予《公司章程》在未违反法律法规及规范性文件禁止性规定的前提下对公司董事、监事提名权进行自治性设定的权利。

2017 年 6 月，原告向本院提起诉讼。

在本院审理中，被告于 2017 年 7 月 18 日召开 2017 年第三次临时股东大会并作出决议，其中包括通过了修订公司章程的议案，修改后的公司章程于 2017 年 7 月 20 日进行备案。当前被告《公司章程》第 82 条第 2 款第 1 项内容为："董事会、单独或合并持有公司 3% 以上股份的股东有权提出非独立董事候选人的提名，由董事会向股东大会提出提案。"

经本院多次调解，双方未能达成一致意见。

庭审中，双方当事人确认本案的争议焦点为：被告于 2015 年 6 月 29 日做出的 2015 年第一次临时股东大会决议中《公司章程》第 82 条第 2 款第 1 项内容是否应确认无效。对上述争议焦点，原告仍坚持其诉讼主张，庭审中经询问，被告对原告的诉讼请求及事实理由未持异议。

本院认为，原告以其选择公司管理者的权利受到限制为由，请求确认 2015 年第一次临时股东大会决议中相关内容无效。本院经审理对其诉讼请求予以支持，理由如下：

第一，根据《公司法》规定，公司股东依法享有资产收益、参与重大决策和选择管理者等权利。在权利的具体行使方式上，单独或者合计持有公司 3% 以上股份的股东，可以在股东大会召开 10 日前提出临时提案并书面提交董事会。上述规定表明，只要具有公司股东身份，就有选择包括非独立董事候选人在内的管理者的权利，在权利的行使上并未附加任何的限制条件。分析被告在 2015 年第一次临时股东大会决议中有关《公司章程》第 82 条第 2 款第 1 项内容，其中设定"连续 90 天以上"的条件，违反了《公司法》的规定，限制了部分股东就非独立董事、候选人提出临时提案的权利，该决议内容应认定为无效。

第二，被告虽于 2017 年第三次临时股东大会作出决议，通过了修订《公司章程》的议案，取消了"连续 90 天以上"的限制条件，但鉴于上述限制条件存在于 2015 年第一次临时股东大会决议中，该决议自作出之日起即客观存在且发生效力，后作出的股东大会决议与此前形成的股东大会决议分属相互独立的不同法律行为，并不能当然补正此前股东大会中相关内容的法律效力。另考虑到被告作出 2017 年第三次临时股东大会决议的时间在原告提起本案诉讼之后,庭审中经询问,被告对原告的诉讼请求及事实和理由亦未持异议。综合以上因素,本院仍支持原告的诉讼请求。就被告而言,其在原告起诉后修订《公司章程》,消除限制条件,且在庭审中同意原告主张,上述行为对依法完善公司治理规则亦有积极意义,本院予以认同。

综上,依照《公司法》第 4 条、第 22 条、第 102 条第 2 款的规定,判决如下:

确认被告上海海利生物技术股份有限公司于 2015 年 6 月 29 日作出的 2015 年第一次临时股东大会决议中有关《公司章程》第 82 条第 2 款第 1 项内容无效。

案件受理费 80 元,由被告上海海利生物技术股份有限公司负担。

如不服本判决,可在判决书送达之日起 15 日内向本院递交上诉状,并按对方当事人的人数提出副本,上诉于上海市第一中级人民法院。

审 判 长 韩 峰

审 判 员 张 琳

人民陪审员 张山丽

二〇一八年四月十八日

附:相关的法律条文

《公司法》

第四条　公司股东依法享有资产收益、参与重大决策和选择管理者等权利。

第二十二条　公司股东会或者股东大会、董事会的决议内容违反法律,行政法规的无效。

……

第一百零二条……

单独或者合计持有公司百分之三以上股份的股东,可以股东大会召开十日前提出临时提案并书面提交董事会……

本案相关新闻报道

投服中心首次股东诉讼　状告海利生物[①]

2017 年 6 月 29 日

继在全国范围内开展证券支持诉讼后，中证中小投资者服务中心（以下简称投服中心）又转战股东诉讼，状告上市公司。2017 年 6 月 26 日，投服中心以上海海利生物技术股份有限公司（以下简称海利生物）《公司章程》相关条款限制股东董事提名权，涉嫌违反《公司法》有关规定向上海市奉贤区人民法院提起诉讼并获法院受理。这是投服中心提起的第 5 单诉讼，更是投服中心首次以股东身份告诉。

行使股东权利，依法提出质询

2017 年 4 月 17 日，作为海利生物的普通股股东，投服中心依法持股行权，向海利生物发出《股东质询建议函》，就海利生物《公司章程》第 82 条第 2 款第 1 项对单独或合计持股 3% 以上股东的董事提名权增加持股 90 日以上的条件提出质询，认为该条款涉嫌侵害中小投资者合法权益，不合理地限制了股东对董事的提名权，违反了我国《公司法》及相关规定，建议取消此限制类条款。2017 年 4 月 24 日，海利生物回复认为，《公司法》《上市公司章程指引》等法律、行政法规及规范性文件并未禁止公司对该条款做出自行规定，且《公司章程》对股东董事提名权增加持股时间限制是公司增加的自治性条款，目的是鼓励长期持股投资的股东参与公司重大事项的讨论和管理，同时避免短期投机的股东滥用股东权利，影响公司组织机构稳定及正常经营。海利生物认为，《公司章程》相关条款未违反《公司法》的规定。投服中心认为，海利生物的回复理由并不成立，遂向该公司所在地法院提起诉讼，要求被告改正。

公司章程条款可自治，但以不违法违规为前提

一段时间，特别是“宝万事件”以来，许多上市公司为了防止所谓的“野蛮人”入侵，纷纷修改公司章程中的反收购条款，这些条款的修改主要集中在两个方面：一是针对收购人设置收购障碍，增加收购成本和难度；二是强化对公司董事和高管利益的保障。对于前者，最明显的是在信息披露和公司治理上做文章。在信息披露层面，普遍对我国《证券法》中规定

① 《投服中心首次股东诉讼　状告海利生物》，载投服中心微信公众号：https://mp.weixin.qq.com/s/rrkRMgOO5wMINZnucY_F8Q，最后访问日期：2018 年 7 月 28 日。

的投资者持股达到公司总股本5%时及之后每次增减5%时,都应履行的信息披露和报告通知义务的规定进行修改,将法定的5%披露义务修改成3%或更低;在公司治理层面,对我国《公司法》规定的决议通过的形式、程序、效力,股东表决权、提案权等的行使,董事的选举、任期等规定进行修改,比如,将特别决议2/3以上通过修改成3/4以上通过,对股东行使权利附加持股期限或延长持股期限,延长董事任期、减少或取消董事选举程序,等等。投服中心认为,这些修改违反了法律相关的强制性规定。不可否认,公司可以自治,公司章程可以有任意条款,但公司自治是有前提的,公司章程条款也是有条件的。那就是必须遵守法律,以不违法违规为前提,一切违法违规的公司章程条款不但无效,公司还应承担由此造成的法律后果。

形成示范影响,力促举一反三

投服中心以股东身份向公司发出《股东质询建议函》是依法行使股东质询权、建议权的体现。投服中心认为,海利生物拒绝修改公司章程相关条款,致使有关股东的董事提名权受到损害,是一起较为恶劣且具有负面示范效应的事件。投服中心提起股东诉讼,就是希望通过司法判决促使海利生物停止侵权行为,以维护广大中小投资者的合法权益。如诉请得到法院支持,则该案将具有较强的示范意义,既有利于增强广大中小投资者的股东权利意识,又有利于消除上市公司章程中的自治条款乱象,同时又能体现法律保护合法正当的收购行为,实现资本市场优化资源配置的功能,让广大中小投资者分享公司并购重组所带来的发展红利,沐浴资本市场的法治阳光。

【说明】

上述新闻也获得了国内各主要媒体的报道,如:

1. 新华网:《投服中心首次股东诉讼　状告海利生物》,http://www.xinhuanet.com/fortune/2017-06/29/c_129643936.htm;

2. 证券时报网:《投服中心首次股东诉讼　海利生物涉嫌违法》,http://www.stcn.com/2017/0630/13453118.shtml;

3. 中证网:《投服中心首次提起股东诉讼　状告海利生物〈公司章程〉违法》,http://www.cs.com.cn/ssgs/gsxw/201706/t20170629_5349546.html。

投服中心首例股东诉讼获胜[①]

2018 年 5 月 10 日

日前，中证中小投资者服务中心（以下简称投服中心）诉上海海利生物技术股份有限公司（以下简称海利生物）公司决议效力确认纠纷一案已由上海市奉贤区人民法院作出一审判决，法院最终支持投服中心的诉讼请求。法院认为，根据《公司法》规定，只要具有公司股东身份，就有选择包括非独立董事候选人在内的管理者的权利，在权利的行使上并未附加任何限制条件，被告海利生物在有关《公司章程》中设定"连续 90 天以上"的条件，违反了《公司法》的规定，限制了部分股东就非独立董事候选人提出临时提案的权利，相关条款内容应认定为无效。

2016 年以来，投服中心一直向因上市公司虚假陈述侵权行为受损的投资者提供支持诉讼业务。截至目前，投服中心已提起 10 起支持诉讼案件。同时，投服中心也在积极推进持股行权业务。本案是投服中心在持股行权过程中对海利生物公司章程条款自治侵权行为提出质询，要求其更改遭拒后以股东身份提起的诉讼，也是首例股东诉讼，该案的胜诉具有以下几方面的意义。

司法判例清晰导向　反收购条款司法定性取得突破

一段时间以来，尤其在"宝万事件"后，上市公司效仿修改公司章程中反收购条款，如提高持股比例或设置持股期限限制股东权利，增设股东的披露义务，增加公司收购特别决议、设置超级多数条款，限制董事结构调整，赋予大股东特别权利，设置金色降落伞计划等，该等现象始终没有获得明确的司法定性。该类反收购条款本身是否违反《公司法》等相关法律法规不仅困扰着相关交易的当事方，更受到行业各方的密切关注，资本市场也亟须在司法层面明确该问题的合法合规性。本案的获胜，标志着首例反收购条款司法确认案件的形成，为解决反收购条款的合规性问题提供了有效的借鉴，实现了突破，弥补了司法层面的空白。

投服中心"全面知权、积极行权、示范维权"的体系化业务模式逐步成熟

自成立以来，投服中心积极探索"全面知权、积极行权、示范维权"的业务模式已成体系化，且渐趋成熟。作为目前国内 A 股市场近 3500 家上市公司的股东，投服中心始终坚守普通股东地位，从维护广大中小股东合法权益出发，突出问题导向，紧跟市场热点、难点，针对

---

① 《投服中心首例股东诉讼获胜》，载投服中心微信公众号：https://mp. weixin. qq. com/s/1jMrLXZZ27WfMHom9PVsmQ，最后访问日期：2018 年 7 月 6 日。

可能存在的侵权问题,综合运用发声质询、诉讼等手段进行体系化维权。投服中心首次以股东身份状告上市公司并获法院支持,以组合拳的方式给广大中小投资者的知权维权之路树立了标杆,指明了方向。

内外呼应　促进公司治理不断完善

投服中心作为普通股东对上市公司公司治理过程中出现的问题积极提出质询,必要时提起股东诉讼,是行使股东知情权,积极参与公司治理的体现,是对行政监管和行业自律监管的有益补充。针对公司治理中监管暂时难以覆盖的领域,投服中心以"内部人"的身份提出质询或提起诉讼,纠正侵权,践行"三公"原则,配合监管,共同提升我国资本市场上市公司治理水平。

下一步,投服中心将继续以支持诉讼为主,支持因上市公司虚假陈述行为受损的投资者进行维权索赔,同时辅以股东诉讼,充分行使股东的法定权利,维护广大投资者的合法权益。

【说明】

上述新闻也获得了国内各主要媒体的报道,如:

1. 新华网:《投服中心首例"股东诉讼"胜诉》, http://www.xinhuanet.com/fortune/2018-05/11/c_1122819787.htm;

2. 中国证券网:《投服中心首例股东诉讼获胜　不当设置反收购条款首获司法定性》, http://news.cnstock.com/paper,2018-05-11,995285.htm;

3. 中国经济网:《投服中心首例"股东诉讼"获胜》, http://www.ce.cn/xwzx/gnsz/gdxw/201805/16/t20180516_29142605.shtml。

第二篇

支持诉讼示范判决研究*

Cases Review of Securities Supportive Litigations

* 本课题承接方为上海市第一中级人民法院课题组。

前 言

近年来,随着证券监管机构对证券市场信息披露违法违规行为的打击力度不断加大,中小投资者维权意识增强,越来越多的上市公司被提起证券侵权民事损害赔偿诉讼。该类案件与普通民事案件的区别在于,涉诉上市公司股民人数众多,一旦发生证券违法行为,往往会造成大量中小投资者的利益受损,案件所涉侵权行为同一,但当事人众多、诉讼标的整体金额巨大。以上海市第一中级人民法院受理的证券虚假陈述责任纠纷案件为例,2015 年 363 件、2016 年 975 件、2017 年 1235 件,收案数量呈持续高位攀升态势。

但从诉讼方式的法律规定上看,根据最高人民法院《关于审理证券市场因虚假陈述引发的民事赔偿案件的若干规定》(以下简称《若干规定》)第 12 条规定"证券民事赔偿案件的原告可以选择单独诉讼或者共同诉讼方式提起诉讼"。第 13 条第 2 款规定"多个原告因同一虚假陈述事实对相同被告同时提起两个以上共同诉讼的,人民法院可以将其合并为一个共同诉讼"。第 14 条规定"共同诉讼的原告人数应当在开庭审理前确定。原告人数众多的可以推选二至五名诉讼代表人……"故在立法上,该类纠纷的诉讼方式应以单独诉讼、合并审理为基础的普通共同诉讼或人数确定的代表人诉讼进行。

从司法实践来看,《若干规定》出台后一段时间内,证券虚假陈述责任纠纷案件总体体量不大,将一个群体性纠纷以单独诉讼或合并成人数相对较少的共同诉讼审理,虽可能使受诉法院审判业务相应增加,但因该两种诉讼参与人相对固定、案情基本相似,赔偿责任和赔偿数额也可分别确定,故而是可行的。但近年来,遭受损失的中小投资者数量动辄成千上万,原告一方人数异常众多且分散于各地,传统诉讼制度已难以应对。从上述诉讼方式来看,单独诉讼反映了投资者不同的权利主张,给予每一位投资者相同的程序保障,是有必要的。但大量的单独诉讼导致了案件整体体量庞大,且因为相同的侵权事实要被重复审理、认定而导致诉讼资源浪费、当事人讼累增加。首先,普通共同诉讼在受害人索赔金额较大且相对集中的案件中能充分发挥合并审理的优势,但虚假陈述民事赔偿案件存在小额多数、当事人分散等特征,共同诉讼方式的使用受到很大的限制。其次,即使是合并为共同诉讼,现有的诉讼规模也超出了共同诉讼可容纳的人数,并且在普通共同诉讼方式下每一个投资者都可以分别动用其诉讼上的权利,实际诉讼效率不高。因此,实践中共同诉讼的合并主要限于多个当事人由同一律师代理的情形。最后,代表人诉讼在实践中难以操作,原因在于当事人之间虽然诉讼标的相同,但实际都有不同的权利主张和诉讼请求,且不提征得数以万计的全体当事人的一致意见是否有可能,单就征询过程而言也是一项复杂艰苦的工作,无形中增加了程序的成本,故代表人诉讼在实践中几乎没有适用的机会。

在这种情况下,法院只以单独诉讼、合并审理的方式处理如此大规模的群体性案件,就存在诸多问题。一是对司法资源的重复浪费。现阶段,法院多是以单独诉讼的方式受理案件,即使采用合并审理的方式,往往并案数量也不会过多,传统诉讼方式的经济效率问题凸显。大量相同个案须分别组成合议庭,开庭、辩论、上诉,继续重复前案所做的事实认定和法律适用工作,造成了两级法院司法资源的不必要浪费,也导致整体诉讼进程较缓慢。二是调解工作进展不大。一方面是由于在单独诉讼方式下双方当事人诉讼实力悬殊,并无进行和解议价的基础;另一方面是由于判决结果存在较大的不确定性,在法院作出生效判决对相关事实和法律适用明确认定之前,调解工作遇到较大阻力。三是中小投资者维权难。对于投资者而言,胜诉与否、胜诉权益多大以及胜诉之后权益实现率多大等风险均存在较大的不确定性,加上诉讼成本较高、周期冗长,双方当事人诉讼能力不均衡,投资者诉讼维权的成本有可能高于维权收益。大量的群体性纠纷得不到及时和有效的化解,必然对市场秩序的稳定产生不可忽视、不可低估的消极影响。司法作为社会正义的最后一道防线,构建一套公正高效、契合国情又顺应时代需求的证券群体性纠纷化解机制,已成为当务之急。

群体性纠纷在世界范围内具有普遍性,各国对群体性纠纷的诉讼解决都投入了大量的制度性资源,如美国的集团诉讼制度、德国的团体诉讼制度以及新近发展起来的示范诉讼制度等。美国的集团诉讼是通过将人数不确定但每个人所具有同一事实或法律关系的当事人拟制为一个“集团”,集团中的一人或数人提起诉讼视为代表整个群体所提起,判决效力扩及群体中的每个个体的制度。该制度通过“明示退出、默示授权”的代表机制,可集中中小投资者进行共同诉讼,形成可与侵权人相抗衡的力量;中小投资者不必亲自参加诉讼,即可享受诉讼成果;对法院而言,可以将众多诉讼一次性解决,也减少司法资源的浪费。但是,该诉讼制度与我国目前证券市场的发展情况、相关法律状况和司法条件都存在很大差距,可行性较低。具体表现在:集团诉讼作为一种彻底追究侵权行为人责任的诉讼方式,与我国证券市场非流通股占较大比例的股本结构、散户投机行为居多的市场情况不符;从集团诉讼要求的代表人的实体处分权、判决效力的扩张上看,与我国现行诉讼法冲突较大;此外,集团诉讼比任何的单独诉讼案件涉及更多的法律和事实问题,从我国现阶段司法条件来看,并不具备解决大规模集团诉讼的实践条件。德国及我国台湾地区的团体诉讼是赋予某些团体诉讼主体资格和团体诉权,使其可以代表团体成员提起、参加诉讼,独立享有和承担诉讼上的权利义务,并可以独立作出实体处分的制度。其优势在于,将多数人分别提起的多个诉讼变为团体统一提起的单一诉讼,诉讼实质仍然是“一对一”结构的诉讼,避免了因使用代表诉讼形式而带来的诸如代表人的选任等大量复杂的诉讼技术问题,能简化诉讼程序;首先,团体在专业知识结构和诉讼能力上要比大多数人高得多,可以在一定程度上解决中小投资者维权难的问题。但是,具体到虚假陈述民事诉讼中,团体诉讼存在一定局限性。这是因为,团体诉讼立法本意是针对不作为之诉,要提起损害赔偿之诉在理论上仍需要投资者的逐一授权,对诉讼效率提升不大;即使是取得部分投资者的授权后提起诉讼,对未授权的其他成员而言,一个团体诉讼的判决最多能解决被告“要不要赔”的问题,而无法解决后续“赔多少”的问题,因为赔偿金额的计算仍要依据不同投资者的具体交易情况而定,且每一位投资者是否是基于虚假陈述而作出的投资决定也需要在个案中逐一认定。示范诉讼制度,是指某一诉讼的争议事实与其他多数事件的事实主要大部分相同,该诉讼经由法院裁判后,其结果成为其他案件在诉讼中或诉讼外处理的依据。参考两大法系的示范诉讼制度,德国《投资者示范诉讼法》是将群体性诉讼中共通事实或法律问题提炼出来移交给上级法院,并经由另行选定示范诉讼原告,使上级法院可在一种新的“两造诉讼”的框架内对共通性问题先行审理,并以该审理结果作为初审法院解决所有个别纠纷的基础,示范诉讼并不解决个案争点。英美法系的示范诉讼制度则建立在判决具有先例效力的基础之上,法院通过挑选示范案件或示范诉讼当事人,以明确案件共通性的争点。在实践中,示范诉讼并非英美法系国家主流的群体诉讼制度,德国《投资者示范诉讼法》实施后,诉讼效率并没有明显提升。原因在于,除了示范诉讼原告和被告以外的其他所有被中止诉讼(以下以平行案件代称)的当事人,都被列为示范诉讼的参加人,而示范诉讼可能会因为每一个诉讼参加人的行为造成拖延。同时,各诉讼参加人之间的利益冲突加剧了这种拖延效果;其次,这种制度设计主要适用于那些共通性问题比较复杂的案件,如需要在示范诉讼中先行确定被告是否构成虚假陈述行为等。因此,对侵权行为较易认定的案件,特别是对我国现阶段设立了前置程序的虚假陈述案件而言,示范诉讼的引入反而降低了纠纷解决的效率。因为这一中间程序使个案的审理被中止,而作为案件审理焦点的因果关系问题却最终要回到个案诉讼中进行确认。

从上述群体诉讼制度的比较来看,必须要结合案件的具体特点才能判断其效率优势。首先,如果被告的侵权行为是在不作为或者诉讼效益不高、没有原告愿意起诉的情况下,德国团体诉讼具有先天优势。其次,在一方当事人为多数的情况下,只要代表人和其他当事人之间没有意见分歧,法院可用一个诉讼的成本就能解决多数当事人的纠纷,代表人诉讼无疑是最有效率的群体诉讼制度。否则,则需要像美国集团诉讼一样,通过赋予代表人实体处分权、构建“声明退出”机制等,以牺牲部分当事人的正当程序保障为代价来降低当事人之间达成一致的协商成本。最后,如果法律上无法构建与集团诉讼相配套的机制,德国示范诉讼通过构建一个“中间程序”对共通性争点集中先行审理,可以在一定程度上提高诉讼效率。但是,对于个性争点大于共通性争点的纠纷,德国示范诉讼也存在局限性。比较而言,可借鉴英国示范诉讼的思路,在大量个案之中选定一个案件先行作出示范判决、后续案件参照处理,更具有可行性。也就是构建示范判决机制,通过示范案件的审理,既避免共通性争点的重复审理,又可在此基础上解决后续个性争点,效率相对较高。并且,这种机制符合我国现阶段证券侵权民事赔偿诉讼的特点,也与我国司法实践中以单独诉讼为主的诉讼方式相符。

在一定意义上,我国群体性诉讼中对“系列案件”分批审判,与国外示范诉讼制度具有异曲同工的效果。对法院而言,以多个单独诉讼分别审理的群体性案件,一般会尽量在"第一案"中全面谨慎地解决所有焦点问题,其裁判结论往往会兼顾潜在案件或其他已经受理但尚未处理的案件的普遍问题和可能出现的特殊情况。而对于后续的具有共性的多个案件,则会本能地采用合并审理的方式,直接以"第一案"的事实认定与法律适用意见处理后续案件。对当事人而言,一个案件的开庭,具有类似情况的潜在诉讼当事人或者已经起诉的类似案件的当事人都会到庭旁听庭审,在他们对案件的胜负已经有相当预期的情况下,通过法官的协调(包括一定程度上对案件法律观点的开示),包括开庭案件当事人在内的绝大多数会选择与对方达成和解或者调解。问题在于,目前司法实践中的"示范判决"还没有上升为一种独立的、规范的诉讼形式,有必要加以研判。但不可否认,这一新型的诉讼机制通过法院的大量实践已经初具雏形,并且正处于不断发展之中。2016 年 5 月,最高人民法院与中国证监督管理委员会联合下发了《关于在全国部分地区开展证券期货纠纷多元化解机制试点工作的通知》,其中第 13 条明确要求"建立示范判决机制",即"证券期货监管机构在清理处置大规模群体性纠纷的过程中,可以将涉及投资者权利保护的相关事宜委托试点调解组织进行集中调解。对因虚假陈述、内幕交易、操纵市场等行为所引发的民事赔偿纠纷,需要法院通过司法判决宣示法律规则、统一法律适用的,法院应当及时作出判决"。

为妥善解决证券侵权民事赔偿案件,构建示范判决机制具有很强的现实意义。一是缓解审判压力,节约司法资源。该类案件数量呈现长期稳增的现象,法院收案压力不断增大;由于法院以单独诉讼的方式受理,每个案件都要重新展开事实调查、开庭辩论,造成了对至少两级法院大量司法资源的重复浪费。二是明确法律适用,促进适法统一。该类案件本身存在诸多审理难点,这与法律规定不明确、各地法院适法不统一、司法自由裁量权较大有关。通过示范判决明确法律适用,可以避免因投资者之间诉讼能力不同导致矛盾裁判。三是强化示范效力,促进纠纷多元化解。示范判决明确了多数原告与被告之间的责任认定,可为后续当事人提供明确的诉讼预期,各方可据此提出更合理、更易于接受的调解方案,有利于稳定投资者情绪和有序引导纠纷的多元化解决。四是便捷双方当事人,维护证券市场秩序。对投资者而言,可以通过援引示范判决的结果,大大缩短诉讼周期,尽快获得赔偿;对被告而言,亦可节约重复开庭、质证、答辩的诉讼成本。同时,建立示范判决机制后,数量庞大的中小投资者维权更便利,违法主体将被迅速追究责任,可起到警示董事、监事和高管勤勉尽责、督促上市公司规范经营的作用。

在借鉴示范诉讼的制度基础上,我国要构建示范判决机制,必须要解决两个问题。第一个问题是示范判决效力的扩张。从群体性纠纷彻底解决的角度来看,最理想的状态是通过示范案件个案的审理和裁判,从而实现对大量平行案件从实体上和程序上一揽子解决,这也是群体诉讼制度的落脚点。要解决这一问题,可以先考虑从我国代表人诉讼中寻找可能的法律依据,因为群体诉讼制度的基本要素就包含了判决效力的扩张。从法律规定上看,我国《民事诉讼法》第54条第4款规定,"未参加登记的权利人在诉讼时效期间提起诉讼的,适用该判决、裁定。"最高人民法院《关于适用〈中华人民共和国民事诉讼法〉的解释》(以下简称《民诉法解释》)第80条进一步明确,"未参加登记的权利人提起诉讼,人民法院认定其请求成立的,裁定适用人民法院已作出的判决、裁定"。从代表人诉讼判决扩张的实质来看,未参加登记的权利人提起的后诉是一个独立而完整的诉讼,与代表人诉讼之间只是普通共同诉讼关系,且因为未参加权利登记,后诉当事人与代表人之间并无授权关系,代表人诉讼判决结果不能直接及于后诉当事人,法院仍需要对后诉实体权利义务关系作出审查。在后诉中可能的情况是,一方面,代表人诉讼判决中所承认和保护的权利未必与后起诉的当事人所要求保护的权利在范围和程度上完全一致;另一方面,假设代表人诉讼判决为被告设定了某种实体义务或责任,但被告可能会认为后起诉的当事人实际上并不享有相对应的权利,如涉及投资者是否符合索赔资格的问题。也就是说,在后续诉讼中,无论是原告还是被告,都有可能对已作出裁决的直接适用提出异议,这本身也是当事人的权利。因此,代表人诉讼效力的扩张范围只能是在共通性的事实认定或法律适用结论上,至于个性化的诉讼请求,则不在扩张范围之内。并且,这种效力的扩张是间接的,以利害关系人在诉讼时效期间内起诉至法院、后诉与代表人诉讼之间存在共通性且当事人同意援引代表人诉讼判决为前提。这种效力的扩张是合理的,也与我国现行司法解释中的免证事由规则相一致,是因为案件本身争点的共通性、当事人之间利益的一致性才构成了判决效力扩张的基础。因此,代表人诉讼判决效力扩张的原理可以类推适用于示范判决效力的扩张。因为示范诉讼程序的目的就是解决共通性的事实认定和法律适用问题。从这一角度来看,示范案件与平行案件之间的关系跟代表人诉讼案件与未参加登记的权利人另行起诉的案件之间的关系类似。平行案件当事人同意援引示范判决的,法院对共通性争点适用示范判决,并在此基础上就当事人之间的实体权利义务关系作出裁决。如果当事人就示范判决提出异议,法院应作出审查。但应对提出异议的条件限制、不当异议的后果作出规定。

其次,由于示范判决机制与支持诉讼的紧密结合,即在均有利害关系人之外的特定组织介入诉讼程序的情况下,也可借鉴民事公益诉讼既判力扩张的思路。根据最高人民法院《关于审理消费民事公益诉讼案件适用法律若干问题的解释》第16条的规定,消费民事公益诉讼生效裁判认定的事实,对关联私益诉讼的原告和被告均具有免予举证的预决效力,并且公益诉讼判决中就诉讼标的以及主要争议焦点的判决理由对私益诉讼也产生拘束力,这些争议焦点主要是指对经营者是否存在不法行为的认定。这一规定也可类推适用于示范案件支持诉讼的情况。因为示范案件与平行案件、公益诉讼与关联私益诉讼,都属于针对被告的同一侵权行为提起的多个诉讼且有审理有先后之分、示范案件与公益诉讼案件都有专业主体介入,案件之间在事实认定、争议焦点分析判断以及法律适用方面均有共通性。因此,参照公益诉讼相关规定,已为示范判决认定的事实,因同一侵权行为受到损害的投资者根据《民事诉讼法》第119条规定提起的诉讼,原告、被告均无须举证证明;在共通性的争议焦点问题上,示范判决作出对投资者有利的认定,平行案件原告可以直接主张适用,但被告有相反证据足以推翻的除外;而对被告有利的认定被告不能主张直接适用,仍需就其主张承担举证证明责任。这种判决理由的单向扩张是因为,平行案件中的原告并非示范案件中的当事人,并未参与示范诉讼过程,但示范判决中对事实的认定和裁判,是被告参与并经充分辩论的,所以受侵害的投资者援引示范判决支持其损害赔偿请求并不损害被告权益。相反,由于平行案件投资者并未参加示范案件审理,未对被告主张及证据行使诉权,若直接适用示范判决中对被告有利的认定,则对投资者构成显著的不利益。

第二个问题是示范案件当事人之间诉讼能力不均衡的问题,由于示范判决以单独诉讼为基础,示范案件的原告可能会在证据的掌握上、专业知识和法律水平上均处于劣势,难以与被告抗衡。另外,示范判决效力的扩张也易导致"搭便车"行为,即当事人更愿意在幕后观望示范案件的结果,而不是主动发起示范判决程序、承担较重的诉讼负担,最终造成集体行动缺乏动力。为解决这一问题,有必要发挥投资者保护机构的作用,通过其支持诉讼来克服投资者个人负担过重和诉讼能力不足的问题,即通过发表支持诉讼意见、支持当事人发起示范判决程序,提升示范判决的专业性和示范案件原告的诉讼能力。

在应然情况下,我国对群体性纠纷的解决,应当在诉讼规则上兼容并蓄地设计多种程序机制,既有现代型的群体诉讼,又有与非诉解决机制的有效衔接。在司法实践中,法院结合案件的类型和具体情况,在尊重当事人程序选择权的前提下,决定具体适用的纠纷解决机制,并且可以在各种机制之间实现灵活的转换。从定位上来看,示范判决机制属于替代性的群体诉讼制度,其在与非诉纠纷解决机制对接上有独特的优势。一方面,因为示范判决会给纠纷当事人带来明确的诉讼结果预期,这对尚未参与诉讼的纠纷当事人之间达成和解会产生极大的推动作用,从而避免后续诉讼的发生;另一方面,由于示范判决是基于单独诉讼,即使是对已进入诉讼程序的平行案件当事人而言,也可以在参照示范判决的基础上选择以调解或和解撤诉的方式终结诉讼程序。因此,当事人程序选择权的自主余地更大,在与非诉解决机制对接上也更具灵活性。

从证券支持诉讼的实践情况来看,由于立法对支持起诉的规定过于原则,司法实践中缺乏可操作性,现阶段证券支持诉讼还存在支持方式零散、支持者诉讼地位不明确等诸多不足。从类似机制的比较来看,支持诉讼可以借鉴公益诉讼的思路,重点在示范案件中支持原告诉讼,从而类推适用公益诉讼既判力向同类私益诉讼扩张的相关规定;在具体支持方式上,可以借鉴"法院之友"制度,通过向法庭提交意见书的方式支持投资者诉讼,这在将来取消证券虚假陈述立案前置程序的情况下尤其必要。结合示范判决机制来看,支持诉讼人可以通过在示范判决机制启动之前征集投资者、取得投资者授权,在示范案件中支持原告诉讼以及在平行案件中协助调解、损失计算等方式,保障示范判决机制的流程顺畅。

证券群体性纠纷解决应该包括三个方面:一是以示范判决机制作为一种补充性的群体诉讼制度,解决司法资源重复浪费的问题;二是加强支持诉讼力度,解决中小投资者维权难的问题;三是完善群体性纠纷的诉调对接,促进纠纷多元化解的实效。

首先,示范判决机制是证券纠纷解决的核心。示范判决机制在诉讼方式上符合现阶段群体性案件的司法实践情况,在诉讼原理上与我国法律规定也并无冲突,具有较高的可行性。在具体程序设计上,包括四个阶段:示范判决机制的启动、示范案件的选定、示范案件审理及判决及平行案件的分流。第一,示范判决程序的启动可以依任何一方当事人的申请或者由法院依职权启动。第二,示范案件的选定应符合一定的标准,该标准包括:是否已达到群体性案件认定标准,即同类案件(以单独诉讼计数)是否已超过10件;是否符合示范判决机制的适用条件,即同类案件是否存在共通的法律争点、事实争点或者证据争点,以及个案对共通性争点的审理是否具有超出个案争议的意义;若当事人提出申请的,申请案件是否就上述共通争点具有代表性和申请、是否出于拖延诉讼的目的而提出。示范案件的选定将导致平行案件诉讼程序的中止。第三,示范案件的审理遵循审慎裁判的基本原则,并以解决共通性事实争点、法律争点或证据争点作为示范案件的审理目标。审理过程应注意信息公开。示范判决文书应当围绕示范案件的审理目标充分展开论述。第四,平行案件的分流遵循当事人自愿原则,即示范判决生效后,平行案件诉讼程序恢复并可根据当事人的选择进行分流。一方面,如果双方当事人都对援引示范判决结果无异议的,即原告主张适用且被告无相反证据推翻示范判决的,法院可以根据原告的主张和援引的事实与法律适用意见分别作出裁决,不再对共通性争点进行审理;另一方面,允许当事人就共通性争点提出异议,但只有当当事人就共通性争点提出足以影响案件结果的新证据时,该异议才被法院听取,且当该异议成立时示范判决的效力不发生扩张。此外,法院或专业调解机构可以示范判决为基础对后续纠纷进行调解。对诉讼程序被中止的案件,若当事人达成和解或调解的,由当事人和解撤诉或者由法院出具调解书。对示范判决生效时还未起诉的投资者,如果其与被告和解不再考虑起诉,或通过法院的委派调解机制达成调解的,法院对调解协议予以司法确认。

其次,支持诉讼是证券纠纷解决中不可或缺的一部分,有利于保障弱势群体当事人的诉讼能力平等。具体而言,一方面可在示范案件中保障双方当事人诉讼能力的均衡,另一方面可在后续同类事件中保障各投资者之间的诉讼公平。在示范案件中,可以借鉴美国“法院之友”(amicus curiae)制度,投资者保护机构作为支持诉讼人,可以就案件的处理发表书面的意见,各方当事人可以就该意见进行辩论。支持诉讼人也可以通过从物质上、法律上给予帮助以及选派有法律知识的人作为原告诉讼代理人等方式给予支持。在平行案件及后续纠纷中,支持诉讼人可以协助投资者依照示范判决的内容搜集、整理证据,包括调取账户信息、交易记录并计算索赔金额等,降低其维权成本,法院分批次组织被告质证后予以认定,建立快速索赔渠道。在投资者保护机构获得相应鉴定机构资质的情况下,也可以通过委托鉴定的方式对投资损失作出鉴定,进一步节省案件的审理成本。

最后,实现纠纷的多元化解是证券纠纷解决的重要目标。一是要完善委派、委托调解机制,构建司法确认绿色通道;二是要建立一定的费用激励机制。就后者而言,从正面效果来看,若当事人达成调解的,法院可以依法减免部分诉讼费用;从负面效果来看,若当事人拒绝接受依照示范判决提出的调解方案,且在后续诉讼程序中不能获得更有利的判决结果的,对方当事人要求其赔偿由此导致后续诉讼程序中增加的交通、住宿、就餐、误工、证人出庭作证等必要费用的,法院可予支持。通过费用激励机制,可以增加当事人按照示范判决调解的动力,避免平行案件诉讼拖延的可能性。

综上所述,为妥善审理证券群体性案件,应当建立一套规范而详细的纠纷解决机制,既包括诉讼与非诉机制的多元构建,也包括诉讼机制本身的多元构建,即在单独诉讼、共同诉讼之外对代表人诉讼、示范诉讼等多种诉讼方式灵活运用。在短期内,可以结合我国现有的若干司法解释、实践经验,尽快规定示范判决规则并开始试点。这一立法与实践并没有冲突,在某种意义上只是对当前行之有效的做法的明晰和规范,立法压力不大。下一步则是通过实践经验的积累,最终形成比较成熟的、具有可操作性的民事诉讼法条文。从长远来看,示范诉讼应当在民事诉讼法和证券法中固定下来,作为证券群体性纠纷领域中法定的群体诉讼制度。

绪 论

第一节 问题的提出

我国证券市场自1990年建立以来，经过10多年的迅速发展，已取得了丰硕的成果。证券市场在有效配置社会资源和对国有企业公司制和股份制改造、推动社会主义经济市场化进程等方面，都起到了不可替代的重要作用。随着证券市场的发展和壮大，规范市场运行机制和市场主体行为的各种法律、行政法规和规章制度日渐成型。《公司法》《证券法》以及国务院发布的《禁止证券欺诈行为暂行办法》和市场行政监管部门的规章等，初步形成了我国证券市场的法律体系，对证券市场发挥着综合调整和管理功能。

在证券市场侵权民事责任法律制度方面，司法的介入始于2002年1月，即最高人民法院出台了《关于受理证券市场因虚假陈述引发的民事侵权纠纷案件有关问题的通知》（以下简称《通知》），规定对证券市场上证券信息披露义务人违反《证券法》规定的信息披露义务，在提交或公布的信息披露文件中作出违背事实真相的陈述或记载，侵犯了投资者合法权益而发生的民事侵权案件，法院应予受理。《通知》的出台，标志着法院开始介入证券市场，受理证券市场因虚假陈述引发的民事赔偿案件，参与对市场行为的规范。在实践基础上，2003年1月最高人民法院公布了《关于审理证券市场因虚假陈述引发的民事赔偿案件的若干规定》（以下简称《若干规定》），对证券市场因虚假陈述引发的民事赔偿案件从实体和程序各方面明确了投资者救济规则。《通知》与《若干规定》的公布和实施，推动了我国证券市场民事侵权责任制度的建立和完善。

近几年来,随着证券监管机构对证券市场信息披露违法行为的打击力度不断加大,中小投资者维权意识增强,越来越多的上市公司被提起证券侵权民事赔偿诉讼。以上海市第一中级人民法院受理的证券虚假陈述责任纠纷案件为例,2015 年 363 件、2016 年 975 件、2017 年 1235 件,收案数量呈高位攀升态势。该类案件与普通民事赔偿案件的区别在于,涉诉上市公司中小投资者人数众多。一旦发生证券违法行为,往往会造成大量中小投资者的利益受到损害。所涉侵权行为同一,但当事人众多、诉讼标的整体金额巨大,普遍关注度高、社会影响大,如何妥善、有序、高效和公正地处理好这类群体性纠纷,切实维护好中小投资者合法权益,对维护资本市场健康稳定发展意义重大,也对司法机关提出了较高要求。

从审判实践来看,近年证券侵权民事赔偿案件反映出一些较突出的问题和需求。

一方面,侵害中小投资者合法权益的证券违法行为不断发生,投资者诉讼维权人数增多,大规模证券侵权案件呈现短期激增、长期稳增的现象,导致法院收案压力不断增大,审判实践中现有诉讼程序经济效率问题愈加凸显。对于因同一证券侵权行为受损的投资者,一旦行政处罚下达或出现部分胜诉判决,众多受损投资者就会涌向法院起诉索赔。在"佛山照明虚假陈述案"中,2013 年 9 月至 2015 年 10 月仅两年时间,多达 2755 名原告起诉至广州市中级人民法院。2016 年大智慧因虚假陈述被行政处罚,仅 1 位社会维权律师 3 个月时间就接受多达 700 余名投资者委托,给法院带来巨大的审判压力。将来虚假陈述民事赔偿案件取消行政处罚前置程序,在立案登记制背景下,此类案件的审理压力会显著增加。综观现阶段司法实践,该类案件并无采用代表人诉讼的案例,而多以单独诉讼的方式进行。即使采用共同诉讼、合并审理的方式,往往在并案数量上也不会过多。但从适法统一的角度,一旦首批案件生效裁判产生,为确保裁判一致性与公正性,这些裁量标准往往会被法院适用于同一被告的后续大量案件中。大量个案须分别组成合议庭开庭、辩论,继续重复前案所做的事实认定和法律适用工作,既造成了对司法资源的不必要浪费,也导致整体案件审理进度较缓慢。并且,该类案件面临海量交易数据,纯粹的计算、核对工作占用了大量的审判资源,影响了其他案件的审理秩序。

另一方面,尽管受诉法院投入了大量的审判资源,但法院对证券侵权行为引发的群体性纠纷的实际化解效果有限。中小投资者维权呈个体性、分散性,法院往往时不时收到相关案件,难以实现对群体性纠纷一次性或集中性解决的目的。双方当事人在个案上诉讼实力悬殊,诉前调解工作遇到较大阻力。从原告来看,中小投资者面临维权难困境,往往是因其缺乏必要的专业和法律知识,甚至不会判断是否受损、损失多少。不少中小投资者因受损金额不大、专业能力不够、诉讼成本高等原因而放弃维权,导致侵权行为人违法成本较低。反之,对被告来说,上市公司需要不断就同一行为针对不同的原告作重复性的应诉答辩,同样会被占用大量的时间与精力。

针对上述问题及需求,我们建议,最高人民法院与中国证券监督管理委员会联合出台建立证券纠纷示范判决机制的试点通知,在上海地区由上海市第一中级人民法院、上海市高级人民法院和中证中小投资者服务中心先行试点。从审判实践来看,对群体性纠纷若只以单独诉讼或共同诉讼的方式予以受理,必然出现法院对同一纠纷的重复审判。但是,通常法院在处理第一起案件时会根据群体性案件的特点,选择其中争点较具普遍性的案件先行作出判决,在该案中全面谨慎地解决所有焦点问题。若该案当事人上诉,则暂停对其他案件的审理,等待上级法院作出二审判决。待该案判决生效后,法院则会本能地采用合并审理的方式,对于后续的具有共性的多个案件直接以前案的事实认定与法律适用意见处理。实践证明,在"第一案"判决指明后续同类诉讼的未来走向、明确多数原告与被告之间的责任认定的情况下,往往能为数量众多的原告提供一定诉讼预期,各方也可据此提出更合理、更易于接受的调解方案,促进纠纷的多元化解。这说明,分别审理的案件及其判决对于群体性纠纷的解决仍然有一定的扩张性效果。在群体性案件中尝试性地对一个或几个案件率先作出判决,单个案件的结果完全可能适用于众多的当事人,从而形成集团诉讼效应,构成一种最经济、风险最小的纠纷解决方式。在近年来群体性案件数量大幅上升、代表人诉讼遇到诸多困境,大部分法院以单独诉讼或共同诉讼受理群体性纠纷的方式较为普遍的情况下,探索建立示范判决机制有强烈的现实意义,且符合审判实际需求。

第二节 文献综述

在证券群体性纠纷领域,最高人民法院与中国证券监督管理委员会于2016年5

月联合下发了《关于在全国部分地区开展证券期货纠纷多元化解机制试点工作的通知》,其中第13条明确要求"建立示范判决机制",即"证券期货监管机构在清理处置大规模群体性纠纷的过程中,可以将涉及投资者权利保护的相关事宜委托试点调解组织进行集中调解。对因虚假陈述、内幕交易、操纵市场等行为所引发的民事赔偿纠纷,需要法院通过司法判决宣示法律规则、统一法律适用的,法院应当及时作出判决"。然而,在证券法修订草案中,立法者似乎又有采纳美国集团诉讼的倾向,即"投资者提起虚假陈述、内幕交易、操纵市场等证券民事赔偿诉讼时,当事人一方人数众多的,可以依法推选代表人进行诉讼。国务院证券监督管理机构认可的投资者保护机构可以作为代表人参加诉讼或者清算程序。人民法院作出的生效判决、裁定,对全体投资者发生效力,但明确表示不受判决约束的除外"。因此,从上述立法动向来看,还需要加强对示范判决机制相关理论及实践情况的研究,为相关立法提供可行性建议。

从学术研究来看,对证券群体性纠纷的研究主要集中于对现行司法政策的评价。如《关于在全国部分地区开展证券期货纠纷多元化解机制试点工作的通知》关于该类纠纷"不宜采用集团诉讼的形式受理"的规定出台后,证券业和法学界对此争议颇多,如《深交所报告建议尽快建立证券集团诉讼制度》,陈朝阳的《证券民事诉讼机制的完善:兼评最高人民法院〈关于受理证券市场因虚假陈述引发的民事侵权纠纷案件有关问题的通知〉》等。《若干规定》关于该类诉讼可以采用人数确定的代表人诉讼,而排除人数不确定的代表人诉讼的相关规定出台后,也引起了一些争议,如潘剑锋、陈福勇的《论证券民事侵权案件的诉讼方式》,胡永庆的《证券欺诈民事赔偿案件中集团诉讼模式之构建》和陈明的《构建我国证券侵权的集成式诉讼制度——兼评国内学者对美国集团诉讼制度的三种态度》。可以看出,上述研究更倾向于在证券群体性纠纷中采纳美国集团诉讼模式。在支持引入示范判决机制的研究中,较系统的是复旦大学顾兵的硕士学位论文《证券侵权行为的示范诉讼制度构建》,其中简要探讨了示范诉讼的可行性。此外,对于是否应在证券群体性纠纷中引入支持诉讼,并无相关研究。原因在于,支持诉讼近年来才逐渐进入诉讼法研究视野,实务经验亦不多,在证券领域的适用则更加少见。

除证券群体性纠纷外,就一般意义上的群体诉讼而言,相关学术研究较多,且主要集中在:对我国群体诉讼制度建构的讨论;对代表人诉讼制度的分析、评价、比较以及实证研究;各国群体诉讼形态之间的比较,如美国的集团诉讼、德国的团体诉讼和投资者示范诉讼、日本的选定当事人等制度的比较等。其中,具有代表性的如范愉所著《集团诉讼问题研究》、汤维健等所著《群体性纠纷诉讼解决机制论》和章武生等所著《外国群体诉讼理论与案例评析》等。但是,就示范判决机制而言,专题研究较少,主要集中在对国外示范诉讼制度的介绍、论证我国构建示范诉讼制度的必要性以及相关具体程序设计等。如杨严炎所著《群体诉讼研究》在"国外其他形式群体诉讼制度的考察"一章,吴泽勇的《〈投资者示范诉讼法〉:一个群体性法律保护的完美方案?》,杨瑞的《示范诉讼制度探析——兼论我国代表人诉讼制度之完善》和齐树洁、徐雁的《群体诉讼的困境与出路:示范诉讼制度的建构》等。上述研究的方向侧重于群体性纠纷的诉讼解决,即构建与代表人诉讼并行的群体性诉讼方式,但缺乏对示范判决在促进非诉解决方面价值的探讨。同时,在司法实践中,尽管有许多群体性案件的处理自觉或不自觉地采用类似示范判决机制做法,相关实践的经验较为丰富,但大多数法院并没有进行充分的理论研究,对其命名也各不相同,有"样板诉讼""先行诉讼""先行判决""试验判决"等。由此可见,示范判决机制并未引起我国理论界与实务界的关注。

总的而言,要充分发挥示范判决机制的功能,一方面,需要加强理论研究,为立法和司法实践提供理论指导;另一方面,要总结我国司法实践的经验,可以借鉴国外成功的做法,着手制定示范判决机制的具体规则,以规范和统一示范判决机制的法律适用。

第三节 报告的构成及研究方法

从文献综述可以看出,我国目前关于示范判决机制研究的理论深度存在明显不足,且实证研究滞后,理论与实践的脱节显而易见。对示范判决机制基本理论研究较少,缺乏对实践情况相对准确的认识和客观的分析判断,且在忽视对于证券纠纷中支持诉讼最新发展的情况下,很难对我国证券群体性纠纷示范判决机制的立法、理论和实践进行深入研究并提出有针对性的意见。

基于这一认识,本篇分别从理论研究、比较研究和实证研究三个方面展开,由四部分组成。

第一章为证券群体性纠纷解决的实践情况,是以实证研究的方法,在对证券群体性纠纷特点进行总结的基础上,梳理证券群体性纠纷的司法政策、司法实践情况和存在的问题。

第二章是以比较研究的方法,分析比较群体性诉讼的其他立法经验,包括美国的集团诉讼、德国的团体诉讼及我国台湾地区的团体诉讼、大陆法系和英美法系的示范示范诉讼等,并结合证券侵权案件特点分析在我国进行法律移植的可能性。

第三章重点论证了要适用示范判决机制所需解决的问题,如可类推适用代表人诉讼判决效力扩张的规定于示范判决效力的扩张、引入支持诉讼以解决示范案件当事人诉讼能力不足等问题,排除了适用示范判决机制可能的障碍。其次,分析了示范判决机制在诉调对接上的独特优势,提出要构建证券群体性纠纷的多元化解机制。

第四章是在前期理论研究和实践基础上,提出了构建证券支持诉讼示范判决机制的具体程序。

第一章　证券群体性纠纷解决的实践情况

第一节　证券群体性纠纷的特点

社会发展初期，民事交往形式相对单一，民事纠纷的形态一般表现为单一主体之间的争议。民事诉讼当事人，以原告一人和被告一人形成对立关系而进行诉讼为最基本形态。但随着社会经济关系日趋复杂，横向经济联系不断加强，由同一或同类违法损害事件而引起的、涉及众多人利益的群体性纠纷日益增多。之所以称其为群体性纠纷，一方面是人数众多，另一方面是多数人之间存在关联性或同质性，故而可以集合起来寻求一并救济。当这些群体性纠纷被提交到法院时，就形成群体性案件。群体性案件由于涉及人数众多的当事人和大量同类问题，所涉法律关系较为复杂，往往一个案件的受理和裁判会引发一系列新的诉讼和纠纷，传统诉讼形态难以应对。众多当事人通常又属于社会"弱势群体"，一旦集结为合力，备受社会及媒体关注，舆论敏感度高。因此，为妥善解决此类纠纷，各国纷纷建立了专门针对群体性纠纷的诉讼机制，如我国的代表人诉讼等。

证券市场侵权纠纷符合群体性纠纷的定义，因为纠纷在客观上表现为同一行为侵犯市场上众多不特定的投资者权益。根据法律规定，证券市场针对投资者发生的侵权行为归纳起来主要有四大类，即虚假陈述、操纵市场、内幕交易和欺诈客户，因此产生四类民事赔偿案件。在实践中，虚假陈述行为是证券市场发生最多的侵权行为，也是截至目前收到行政监管部门查处最多的侵权行为，进入司法渠道的民事纠纷较多，证券相关法律对虚假陈述的民事责任的规定也相对完善。因此，本研究以虚假陈述民事赔偿案件作为主要研究对象。

从相关定义来看,证券市场的虚假陈述是指信息披露义务人违反证券法律规定,在证券发行或交易过程中,对重大事件作出违背真实真相的虚假记载、误导性陈述,或者在披露信息时发生重大遗漏、不正当披露信息的行为。虚假陈述民事赔偿案件,是指证券市场投资者因受到虚假陈述行为侵害发生损失,向人民法院起诉虚假陈述行为人请求赔偿的民事纠纷案件。从审判实践来看,相对于劳资冲突、环境污染等其他群体性纠纷,包括虚假陈述民事赔偿案件在内的证券群体性纠纷还存在其特殊之处。

第一,分散性。证券交易是投资者根据挂牌证券价格进行报价,通过交易所电脑主机根据价格优先、时间优先的规则撮合交易完成的。相对于其他普通商品市场,交易对象不确定,且交易不受地理条件限制,当事人分散各地难以集中。

第二,个别性。目前,证券市场投资者以自然人为主,一旦发生侵权行为,受侵害的投资者不仅数量众多,各个当事人买入、卖出股票的时间、数量、价位均会有所不同,每个案件诉请的被告、诉讼请求并不相同。即使部分集中,各当事人意见也难以统一。

第三,不确定性。由于投资者投资阶段不同以及投资者众多,在其中确定享有诉权和胜诉权的投资者、确定侵权行为人、确定各投资者与侵权行为之间的因果关系以及应当获得赔偿的损失范围、损失如何计算等,专业性较强,而相关法律规定并不完善,法院自由裁量权较大。因此,无论侵权行为人对其应承担民事责任的后果预期,还是投资者对其应获赔偿的设想,在案件开始审理时都是难以确定的。

第二节　证券群体性纠纷的诉讼方式

随着群体案件和涉诉上访群体案件的进一步增多,法院对于群体案件的处理更加慎重。就现行法律规定而言,虚假陈述民事赔偿诉讼方式的主要依据是《民事诉讼法》和最高人民法院《关于适用〈中华人民共和国民事诉讼法〉的解释》(以下简称《民诉法解释》)以及最高人民法院《关于审理证券市场因虚假陈述引发的民事赔偿案件的若干规定》。

一、《民事诉讼法》及其司法解释

诉讼方式是诉讼参与人实施诉讼行为，实现诉讼目的而依法选择的活动方式，也是法院解决当事人纠纷而依法采取的审判方式。针对当事人一方人数众多的诉讼形态，《民事诉讼法》第53条和第54条规定了代表人诉讼制度。代表人诉讼是指诉讼标的是共同的或同一种类的共同诉讼，当事人一方或双方为多数时，可以从其中选出一人或数人作为诉讼代表人，进行起诉或应诉的法律制度。

这种法律制度是以共同诉讼制度和诉讼代理制度为其理论基础的。① 从主体方面来看，它属于一种特殊的共同诉讼，要求众多利害关系人必须涉及同一事实或法律问题，并且当事人人数众多。根据《民诉法解释》第75条的规定，当事人一方须达10人以上。从代表机制来看，人数众多的当事人无法全部直接参加诉讼，故需推选代表参加，代表人既是本案的当事人，又是其他当事人的代理人，代表全体当事人进行诉讼活动，产生的结果归于其所代表的全体当事人。此外，针对当事人一方人数众多但在起诉时人数尚未确定的共同诉讼，《民事诉讼法》还规定了相应的公告以及权利登记程序。因此，代表人诉讼又可具体划分为人数确定的代表人诉讼、人数不确定的代表人诉讼。

二、审理虚假陈述民事赔偿案件的系列司法解释

2001年9月21日，最高人民法院发布了《关于涉证券民事赔偿案件暂不予受理的通知》。

2002年1月15日，最高人民法院发布了《关于受理证券市场因虚假陈述引发的民事侵权纠纷案件有关问题的通知》（以下简称《通知》），其中第4条规定“对于虚假陈述民事赔偿案件，人民法院应当采取单独或者共同诉讼的形式予以受理，不宜以集团诉讼的形式受理”。这一规定引起了证券业和法学界对诉讼方式的争议。

① 参见汤维健等：《群体性纠纷诉讼解决机制论》，北京大学出版社2008年版，第201页。

2003年1月9日,最高人民法院公布了《关于审理证券市场因虚假陈述引发的民事赔偿案件的若干规定》(以下简称《若干规定》),并于同年2月1日起正式施行。这是最高人民法院制定和公布的审理证券民事赔偿案件适用法律的第一个系统性司法解释。根据《若干规定》第12条至第14条的规定,原告可以选择单独诉讼或共同诉讼方式提起诉讼。同时,法院可以将单独诉讼或者共同诉讼加以合并。原告人数众多的可以推选2名至5名诉讼代表人,每名诉讼代表人可以委托1名至2名诉讼代理人。可见,《若干规定》确立的是将单独诉讼、共同诉讼作为基本诉讼方式。同时,将《民事诉讼法》中代表人诉讼制度作出了相应的变通,即允许采用人数确定的代表人诉讼方式,但排除了人数不确定的代表人诉讼。[①]

三、虚假陈述民事赔偿案件的司法实践

从各地法院审理虚假陈述民事赔偿案件的司法实践来看,该类案件并无采用代表人诉讼的案例,而多是以单独诉讼的方式进行,即使采用共同诉讼、合并审理的方式,往往在并案数量上也不会过多。

(一)单独诉讼

单独诉讼,是指诉讼当事人各方主体单一的诉讼方式。在中小投资者居多并且比较分散的情况下,对不特定的投资者发生的侵权行为,受侵害的投资者首先提起的民事诉讼通常以单独诉讼的方式出现,也大有可能是针对不同被告提起诉讼。此外,在证券市场中还存在针对特定投资者发生的虚假陈述,因此,采取单独诉讼的方式是有必要的。

单独诉讼有利的一面是使案件简化,便于查清事实和及时作出判决;不利的一面是对众多同类案件逐一解决不符合诉讼经济的要求。从裁判文书网上证券虚假陈述责任纠纷案由下的案件数量也可以看出这一点,自2013年1月1日至2017年12月31日,全国法院证券虚假陈述责任纠纷案件各类裁判文书7045份,但被告只涉及52家上市公司。对当事人而言,众多投资者单独诉讼使案件整体体量庞大,诉

① 参见李国光主编:《最高人民法院关于审理证券市场虚假陈述案件司法解释的理解与适用》,人民法院出版社2015年版,第159页。

讼进程旷日持久，且越是靠后诉讼的投资者获得赔偿的可能性越小。在被告方面，因同一事实被告要出庭成千上万次，针对不同的原告以几乎完全相同的内容答辩成千上万次，浪费大量时间与精力。对法院而言，同样存在效率低下的重复劳动，大量同类案件须重复送达、开庭、辩论，所消耗的诉讼资源呈几何倍数增长。单就各类诉讼文书一项，便上升至与投资人数量相同的份数，加上多名被告，又会增加数倍，仅该项费用支出就十分高昂。

（二）共同诉讼

共同诉讼，是指当事人一方或双方为二人以上，其诉讼标的是共同的或者是同一种类的诉讼。在我国民事诉讼法中，共同诉讼又分为必要的共同诉讼和普通的共同诉讼。前者是指诉讼标的必须合一确定，各人必须一同起诉或应诉，如一个投资者对两个以上的共同被告提起诉讼，或者两个投资者共同投资而受到侵害提起的诉讼；后者是指诉讼标的对于共同诉讼各人不必合一确定，各人之间有个别请求存在且就此所为的判决效力互相无关，这在证券市场民事赔偿纠纷案件中更为常见。因为，虚假陈述的侵权行为客观上表现为同一行为侵犯市场上众多不特定的投资者利益，故被侵权的投资者往往是因同一原因和同一侵权行为而受到侵害，也即基于同一事实而共同产生民事赔偿请求。因此，虚假陈述民事赔偿个案之间是同一种类标的的，可以进行共同诉讼。

在应然情况下，一旦大量投资者就同一侵权行为针对相同被告提起民事赔偿诉讼，法院应选择共同诉讼方式进行审理，即根据《若干规定》第 13 条的规定将单独诉讼合并成共同诉讼审理。理论上，只要所有原告都是因同一虚假陈述事实对相同的被告提起民事诉讼，即可以合并成一个共同诉讼。如果部分投资者是对不同的被告提起民事赔偿，则该部分投资者可以合并为另一个共同诉讼。据此，所有单独诉讼都可以分门别类地合并为若干个共同诉讼，从而最大限度地简化诉讼程序。但在实然情况下，共同诉讼方式本身也有其局限性。

首先，共同诉讼在处理多数人纠纷时能充分发挥作用的领域多是受害人索赔金额较大且相对集中的案件。[①] 大额的索赔金额能促使受害人亲自参加诉讼，相对集中则便于多数当事人的联合，这些都是进行共同诉讼不可或缺的要素。而如前

① 参见薛永慧：《群体纠纷与群体诉讼研究》，知识产权出版社 2009 年版，第 50 页。

所述,虚假陈述民事赔偿案件存在小额多数、当事人分散等特征,对共同诉讼方式的利用将受到很大的限制。申言之,索赔金额与诉讼成本的不对称使投资者缺乏参加共同诉讼的动力,投资者的分散使协调众多当事人参与同一个诉讼程序几乎成为不可能的事情。

其次,立法者似乎认为,只要同一虚假陈述侵权行为所涉及的受害人按照其诉讼请求分别组成规模不等的共同诉讼群体,法院在理论上就可以不考虑其他未起诉的投资者情况,对本法院受理的证券共同诉讼作出独立的处理。这样就减少了共同诉讼的规模和复杂性,同时为法院审判提供了可行性。但实际上,即使合并后的案件仍然超出了法院的审理能力。因为这只是多个单独诉讼合并成的简单共同诉讼,每个原告都可以动用其诉讼上的权利和主张,使诉讼变得无比复杂,以至于无法在合理期间内审理。

最后,由于共同诉讼本身对诉讼空间的限制,当受害投资者的群体规模过于庞大时,便会出现诉讼的长期化、送达所需的大量经费分摊以及诉讼关系的复杂化等难以操作的问题,共同诉讼的整个费用仍然是高昂的。

因此,在实践中诉讼的合并范围多限于同一律师代理的不同原告案件。因为证券市场一旦发生侵权行为,律师一般会积极介入、广泛征寻被侵权的投资者代为诉讼,故众多当事人可能会委托同一名律师出庭,从而使该部分当事人可以相对集中起来。在这种情况下,尽管是多个案件合并,当众多当事人之间的协调只需联系同一个律师,实际出庭人数反而较少。

(三)人数确定的代表人诉讼

《若干规定》第14条规定,“共同诉讼的原告人数应当在开庭审理前确定”。也即,虚假陈述民事赔偿案件的不宜采用人数不确定的代表人诉讼形式,但仍可以采用《民事诉讼法》第53条规定的当事人人数确定的代表人诉讼形式。

关于排除人数不确定的代表人诉讼,最高人民法院原副院长李国光在答记者问时提到,目前证券市场投资者以自然人为主,一旦发生侵权行为,受侵害的投资者不仅数量众多,而且诉讼请求各不相同,情况相当复杂。在没有民事诉讼前置程序和当事人诉讼请求意愿不明的情况下,法院对人数不确定的权利人发出公告、通知登记参加诉讼,不仅与不告不理的诉讼原则相悖,而且使诉讼周期拖长,法院难以进行审理，投资者的合法权益也难以及时有效地得到保护。[①] 并且，《民事诉讼法》中的权利登记程序无法集中处理当事人人数规模上万的诉讼，如果要对数目如此庞大的当事人进行登记，即使不考虑审判时限，这种不经济的诉讼方式的可行性也不大。我国目前没有专门机构对数以万计的投资者及其损失进行登记和计算，仅依靠法院完成公告、对权利人登记以及权利人选择加入诉讼和适用裁判等工作，是不现实的。[②]

如果只从程序设计来看，人数不确定的代表人诉讼与人数确定的代表人诉讼并无本质区别。虽然公告程序扩大了诉讼当事人范围，但并没有改变当事人必须明示参加诉讼的程序特征。从实际效果来看，进入公告程序，当事人登记后，选定代表人的权限实际上和人数确定的代表人诉讼没有什么差别。因此，之所以要在虚假陈述民事赔偿案件中排除人数不确定的代表人诉讼，主要是考虑到现阶段法院的司法能力不足。通过公告、权利登记而"选择加入"的方式无法集中处理大规模的诉讼。反之，如果将已提出诉讼的、同一证券侵权诉讼行为所涉及的受害人按照其诉讼请求分别组成规模不等的共同诉讼群体，在每个分立的共同诉讼中，只要原告当事人人数锁定，法院在理论上就可以不考虑其他未起诉的投资者情况，对已受理的共同诉讼作出独立的处理。这样就减少了诉讼的规模和复杂性，同时为法院的及时审判提供了可行性。因此，从某种意义上来看，采取单独诉讼的方式或者分离出若干个原告人数确定的以代表人方式进行的共同诉讼方式来解决证券市场民事赔偿纠纷，是充分考虑且符合当前我国证券市场的发展状况、相关法律制度建设及法院现有司法条件的。

然而，尽管《若干规定》中明确原告众多的共同诉讼可以推选代表人，以人数确定的代表人诉讼方式处理，但该方式在实践中却基本没有被适用。这与《民事诉讼法》代表人诉讼机制本身的问题和虚假陈述民事赔偿案件的特点均有关系。

《民事诉讼法》赋予诉讼代表人享有的只是一般的、不涉及被代表的当事人实体权利的程序权利，而无独立的实体上的处分权，即代表人的诉讼行为对其所代表

---

① 参见《就最高人民法院〈关于审理证券市场因虚假陈述引发的民事赔偿案件的若干规定〉李国光答记者问》。

② 参见贾纬：《关于审理证券市场虚假陈述民事赔偿案件的若干规定》，载李国光主编：《最高人民法院关于审理证券市场虚假陈述案件司法解释的理解与适用》，人民法院出版社2015年版，第50页。

人的当事人发生法律效力,但代表人处分被代表人的实体权利时要经过被代表人的特别授权。这种对代表人实体权利的授权对保障全体当事人的权利来说是必要的。但在涉及虚假陈述民事赔偿案件时,所涉当事人人数众多,就不可避免地产生诉讼效率低下、诉讼时间拖延的问题。由于诉讼代表人没有实体处分权,当某一诉讼行为涉及实体权利处分时,如诉讼代表人不能独立作出意见表示,只能暂停诉讼程序,待诉讼代表人征求全体当事人的意见,并取得一致意见后,程序才得以恢复。且不提征得数以万计的全体当事人的一致意见是否有可能,单就征询过程而言也是一项复杂艰苦的工作,这在无形中增加了程序的成本。因此,在证券市场虚假陈述涉及的当事人众多、分布的区域十分广泛、相互之间的联系不紧密的情况下,诉讼代表人征求被代表人的意见则十分困难,甚至是难以实现的。

同理,《若干规定》第15条关于代表人应取得特别授权的规定,同样难以实现。所以,在代表人诉讼中,如果没有一个简便有效的代表程序,不能有效地把多数人一方组织起来,同样会造成大量人力、时间、财力的浪费。

(四)以诉讼合并为特征的"集团诉讼"

现阶段,对虚假陈述民事赔偿案件的审理通常是以原告分别起诉、法院合并审理的方式进行。这种审理程序既不是代表人诉讼,也不是共同诉讼,而是一种以诉讼合并为特征的"集团诉讼"。这种诉讼方式是以证券虚假陈述有关的特殊规定为前提(违法事实已经确认),属于法院的一种职权合并和管理方式,能在事实上起到诉讼经济、使同类问题获得统一审判的功能和效果,也有利于受害人权利救济;同时,不至于引起滥用诉权、诉讼代表人权利过大、剥夺当事人本人处分权等方面的问题。①

首先,法院以单独诉讼的方式受理案件,之后将同一律师代理的案件合并审理。在这种情况下,原告方虽然是分别起诉,但事实上律师的组织在诉前已经起到了一定集团化的作用,存在合并审理的条件。其次,合并审理只是为方便共通部分的举证、质证和辩论,原来的个别案件和当事人仍然是独立的,个案当事人有权单独达成和解和撤诉。每一个原告的请求是否成立仍需要进行个别判断。在一些涉系统性风险的案件中,每个当事人获赔的比例也各有不同。最后,法院在合并后的

① 参见范愉编著:《集团诉讼问题研究》,北京大学出版社2005年版,第352页。

案件中,仍采取了分批审理的方式,并将先行审理的案件结果适用于后续其他案件。一审法院判决后,众多原告和被告在判决后分别提起上诉。这仍是根据单独诉讼的原则和方式,保证了每个当事人的独立的处分权。

综上,针对我国目前证券市场的发展情况以及我国目前的法律状况,不难发现,对于解决目前存在的虚假陈述民事赔偿案件,采用单独诉讼、合并审理的方式是具有可行性的。在证券市场中,每个投资者买卖证券的时间、价格、数量各不相同,损失大小不一;造成投资者损失的具体原因也不同,有的是因虚假陈述影响而产生投资损失,有的则是在明知虚假陈述的情况下投机造成的损失;由于各投资者交易情况不同,诉讼中为争取自身利益最大化,提出的事实理由也各不相同,如对虚假陈述实施日、揭露日等限制损失赔偿范围关键日期的确定等,不同原告会提出不同的观点。因此,单独诉讼更有针对性。在单独诉讼的基础上合并为共同诉讼审理,一方面,在理论上有利于当事人达成调解,因为原被告可以就同一侵权行为存在与否、投资损失总额多少进行质证、作出让步,而不是面对不同的投资者作成千上万次谈判,调解成本相对较低;另一方面,共同诉讼总的赔偿额确定之后,可以在一定程度上避免因单独诉讼中先结案者先获赔、后结案者后获赔甚至得不到赔偿的情况所引发新的不公。对被告而言,承担一个群体的投资损失责任也远比赔偿单个投资者损失的威慑力要大,对市场能起到警示作用。最后,对法院而言,在案件总体体量不大的情况下,单独诉讼、合并审理方式虽可能使受诉法院审判任务相应增加,但因诉讼参与人相对固定、案情相对简单、赔偿责任和赔偿数额较易认定,据此简化流程是可行的。但是,随着同一被告虚假陈述民事赔偿案件收案压力的不断增大,以上诉讼方式的弊端就日益凸显。

第三节　存在的问题

近年来,侵害中小投资者合法权益的证券违法行为不断发生,投资者诉讼维权人数增多,大规模侵权案件呈现短期激增、长期稳增的现象。2016 年上海大智慧股份有限公司因虚假陈述被行政处罚,仅 1 位社会维权律师 3 个月时间就接受多达 700 余名投资者委托。截至 2018 年 4 月 13 日,上海市第一中级人民法院共受理

2096名投资者的起诉,给法院带来巨大的审判压力。在这种情况下,只以单独诉讼或共同诉讼方式审理如此大规模的群体性案件,就会出现诸多问题。

一、司法资源重复浪费

尽管案件受理数量逐渐增加,但现阶段该类案件还是多以单独诉讼的方式进行。即使采用共同诉讼、合并审理的方式,往往在并案数量上也不会过多,经济效率问题愈加凸显,耗费大量司法资源。

实际上,一旦首批案件生效裁判产生,为确保裁判一致性与公正性,这些裁量标准往往会被法院适用到同一被告的后续大量案件中。如对虚假陈述行为的认定、实施日与揭露日等日期的认定、系统性风险等有关因果关系的认定等,都属于共通性的事实与法律问题。但在大量的后续个案中,仍需再次组成合议庭、开庭、辩论,继续重复前案所做的事实认定和法律适用工作,既造成了司法资源的不必要浪费,也会导致整体案件审理进度较缓慢。另外,由于每一原告的投资损失都需单独计算,且每一原告交易往往不只一笔买入卖出,后续判决的作出面临大批量交易数据,计算工作量极大。在首例判决作出后,计算工作基本上是根据首例判决确定的公式确定一个具体的数额,计算思路相对简单,但由于交易数据复杂,人工计算效率低下且极易出错,迫切需要权威机构协助认证、计算。从当事人角度来看,中小投资者往往缺乏必要的专业和法律知识,除有相关专业领域律师代理的之外,在诉讼中常存在提供的证据不全、计算错误频出等问题,亦需要专业投保机构如投服中心协助进行损失计算、准备相关证据。

二、调解工作进展不大

《若干规定》第4条规定,"人民法院审理证券市场虚假陈述民事赔偿案件,应当着重调解,鼓励当事人和解"。相对于判决方式,当事人若自愿达成调解或和解的,是对争议的内容和问题进行了彻底的解决,不存在上诉问题,有利于纠纷的迅速解决,进而避免社会矛盾的扩大和激化。

但在实践中,一旦发生侵权行为,侵权人如何承担民事责任,承担多大范围的民事责任,都是很难精确和划分的。在中小投资者单独维权的情况下,双方当事人诉讼实力悬殊,并无进行和解议价的基础。

另外,即使法院或其他机构主持调解,由于该类案件争议空间较大,在法院作出生效判决对相关事实和法律适用明确认定之前,调解工作也会遇到较大阻力。与传统的民事侵权案件不同,证券虚假陈述所引发的赔偿案件具有较强的专业性、技术性和复杂性等特点。虽然《若干规定》为法院受理、审理该类案件提供了一定法律依据,但在审判实践中仍遇到了实体上的诸多争议和难题:一方面延长了诉讼进程;另一方面则导致双方争议空间较大、判决结果存在不确定性。

一是虚假陈述行为成立认定难。《若干规定》对证券虚假陈述民事赔偿诉讼设置了前置程序,即原告提起民事诉讼,须提交“有关机关的行政处罚决定或者人民法院的刑事裁判文书”。但是,随着立案登记制改革的推进,该类案件是否仍依赖前置程序存疑。在实践中,部分法院在有前置程序的情况下也以行为不具有“重大性”为由认定其不构成证券虚假陈述行为。

二是因果关系认定难。这一点主要在于诱空虚假陈述和市场系统风险的认定两种情况。由于《若干规定》因果关系推定的范围只限于投资者在揭露日之前买入、揭露日后卖出或继续持有所产生的损失,也即只适用于诱多虚假陈述引诱投资者买入的情形。当虚假陈述类型为诱空时,因果关系如何认定,在审判中存在较大争议。另外,《若干规定》中规定了市场系统风险为排除因果关系的五种情形之一。但关于市场系统风险的定义,《若干规定》并没有作出明确界定,也没有对如何认定系统风险的程度作出进一步规定,司法自由裁量权较大。

三是损失计算方法不统一。投资者进行的股票交易较为复杂,会随着股价的波动多次买入、卖出,在此情况下,不同的计算方法可得出不同的投资差额损失金额。在审判实践中,计算方法的差异主要集中于在揭露日前投资者既有买入又有卖出的情况时买入均价的计算上,共有算术法(不考虑卖出股票)、冲抵法(冲抵卖出股票数量)、加权法(减去卖出股票成本)三种不同算法。适法不统一现象比较突出,当事人争议空间较大。

因此,即使面对高昂的诉讼成本、赔偿判决经济利益难以预见等诉讼风险,被告也宁愿选择周期冗长的诉讼程序,在每一个诉讼中据理力争、拖延时间,而不是达成协议立即赔偿。通常情况下,被告往往还通过提出管辖权异议等手段恶意延长诉讼进程,从而达到减少参与索赔的总人数、降低赔偿总金额的目的。原告方面,各投资者往往不顾自己的实际情况,径自从各地法院历年相关案例中寻找对自己最有利的点来提出主张,对诉讼风险的估计不足。

三、中小投资者维权难

我国证券市场投资者以自然人为主,这些中小投资者往往缺乏必要的专业和法律知识,甚至不会判断是否受损、损失的多少。根据《若干规定》关于损失因果关系的界定,只有在虚假陈述行为实施日至揭露日之间买入,而且在揭露日之后仍然持有股票的投资者才满足索赔的资格。揭露日的确定直接关系着投资者是否能够参与索赔以及索赔金额的计算。在没有生效判决明确裁判思路的情况下,投资者需要找出可能被认定为揭露日的所有时间点,并结合自己的交易情况评估诉讼风险。同理,索赔金额的计算也是如此。原告往往也会根据不同案例,以自己的理解用不同的计算方法得出损失金额来确定诉讼标的,随意性较大。事实上,如果投资者事先估计的计算方法与之后法院生效判决所确定的计算方法不一致,导致其诉请金额较低的,法院通常会以实体权利处分的理由而仅支持投资者诉请金额。然而,即使同类案件首例判决已经作出,后续起诉的投资者诉请金额仍低于依首例判决所计算损失的情况也不时发生。另外,现阶段案件原告虽人数众多,但单独诉讼和共同诉讼的方式并不能使众多原告联合起来维权,单个原告与被告之间、各个原告之间诉讼能力极不均衡。即使有专业律师代理,单个原告可投入的资源也难以与被告相抗衡。

因此,该类诉讼对于投资者而言,胜诉与否、胜诉权益多大以及胜诉之后权益实现率多大等均存在较大的不确定性。再加上诉讼成本较高、周期冗长,投资者诉讼维权成本实际上高于维权收益,普遍面临着“为追回一只鸡,须杀掉一头牛”的窘境。

综上,对于现阶段虚假陈述民事赔偿案件,从诉讼方式上来看,单独诉讼、合并审理等以“一对一”为基础传统诉讼制度虽有其必要性和合理性,但已经明显难以应对大规模的案件数量。我国现有立法虽然规定了代表人诉讼作为专门的群体诉讼制度,但相关规定具有内容疏漏、可操作性不强等缺憾,导致实践中存在诸多障碍。同时,该类案件又存在判决结果的不确定性、双方当事人诉讼能力的不均衡等因素,加剧了中小投资者维权难的情况。大量的群体性纠纷得不到及时和有效的化解,其结果必然对市场秩序的稳定产生不可忽视、不可低估的消极影响。因此,首先,有必要从群体性纠纷的利益一致性出发,对单独诉讼等传统诉讼制度加以改造,使其逐步适应现代群体诉讼的发展,减少司法资源的无谓消耗。其次,应完善诉前调解、诉调对接机制,鼓励纠纷的非诉解决,构建多元化纠纷解决体系。最后,应充分发挥投资者保护机构的功能,为虚假陈述侵权事实、因果关系、损失数额等认定提供专业意见;由投资者保护机构征集、联络投资者并支持其诉讼,以降低维权成本。

第二章　各国和地区群体性纠纷的诉讼解决

第一节　我国证券群体诉讼的立法动向

从我国相关法律的修订和司法解释情况来看，目前对证券群体性纠纷的诉讼解决存在两种不同的思路，且均借鉴了域外司法经验。

一是集团诉讼与团体诉讼的结合。证券法修订草案二次审议稿在第176条规定，"国务院证券监督管理机构认可的投资者保护机构可以作为代表人参加诉讼"，同时明确规定，"人民法院作出的生效判决、裁定，对全体投资者发生效力，但明确表示不受判决约束的除外"。其体系上采用的是美国集团诉讼制度，即一个或数个代表人为了集团全体成员的共同利益，代表全体集团成员提起诉讼。法院对集团所作出的判决，不仅对直接参加诉讼的集团具有约束力，而且对那些没有参加诉讼的主体也具有约束力。其中代表人的选任，采用的是团体诉讼制度，即法律赋予某些团体（特定的投资者保护机构）以诉讼主体资格和团体诉权，使其可以代表团体成员提起、参加诉讼。

二是示范诉讼制度。最高人民法院与中国证券监督管理委员会《关于在全国部分地区开展证券期货纠纷多元化解机制试点工作的通知》中第13条要求"建立示范判决机制"，明确"对因虚假陈述、内幕交易、操纵市场等行为所引发的民事赔偿纠纷，需要法院通过司法判决宣示法律规则、统一法律适用的，法院应当及时作出判决"。类似于德国的示范诉讼，即在证券群体性案件中，对事实认定与法律适用存在共通性问题率先作出判决，该判决对其他同类案件产生拘束力。

第二节　各国和地区群体性纠纷的诉讼解决

一、集团诉讼制度述评

1938 年,美国制定了《联邦民事诉讼法》,该法第 23 条特别规定了集团诉讼的程序,从此奠定了美国集团诉讼的法律基础;1966 年《联邦民事诉讼法》第 23 条被修正,使现代法律意义上的集团诉讼程序日臻完善。集团诉讼(class action)是指一人或数人代表有着共同利益的、构成较大群体或集团的人提起的一种诉讼形式。[①]通过将人数不确定但各个人所具有同一事实或法律关系的当事人拟制为一个"集团",集团中的一人或数人提起诉讼视为代表整个群体所提起,判决效力扩及群体中的每个个体。[②]

(一)集团诉讼的先决条件及分类

关于集团诉讼的先决条件,一是人数的众多性(numerosity),即集团成员人数众多,合并当事人存在实际困难;二是利益的共同性(commonality),即所有成员存在共同的法律问题或事实问题;三是请求或抗辩的典型性(typicality),即集团诉讼代表人提出的请求或抗辩为集团其他成员的请求或抗辩的典型;四是代表的充分性(adequate representation),即代表人能够公正且充分地维护全体集团成员的利益。

在满足先决条件的前提下,集团诉讼在不同情况下又可分为三类。

第一类集团诉讼是必要的集团诉讼;即法院必须将它作为集团诉讼对待而不得分开进行审理,所有的集团成员无权选择退出该诉讼,且均受该集团诉讼裁决结果的约束。这类集团诉讼往往被用于大规模的侵权纠纷,如航空器爆炸、工厂爆炸等因意外事故引发而涉及人数众多的赔偿案件以及由于药品、产品质量缺陷而引发的产品责任诉讼等。法院将这类案件强制合并为集团诉讼,可以有效避免在同

① 参见[美]史蒂文·L. 伊曼纽尔(Steven L. Emanuel):《民事诉讼程序》(伊曼纽尔法律精要影印系列),中信出版社 2003 年版,第 330 页。

② 参见肖建华:《群体诉讼与我国代表人诉讼的比较研究》,载《比较法学》1999 年第 2 期。

一事实上重复进行诉讼,并且当被告财力有限时,有利于全面、公平地保护所有受害者的利益。

第二类是涉及寻求禁令或宣告的救济方式的集团诉讼,主要是民事权利案件。其制度设计的基本假设是一个群体由于受到了共同伤害而集体寻求集团范围的救济,多为一方当事人被指控对某个集团实施了歧视。与前一类集团诉讼相同的是,集团成员无权选择退出集团且必须受到判决的约束。

第三类集团诉讼则包含了所有其他必要采用集团诉讼的案件,涵盖那些"法院认定,集团成员的共同法律问题或事实问题相对于仅影响个别成员的问题占优势地位,而集团诉讼对纠纷作出公正和有效的判决优于其他可以被采纳的方式"的案件。该类集团诉讼往往被称为"消费者集团诉讼",在实践中证券欺诈案件、反托拉斯案件等都是依据这一条款进行集团诉讼的。相较于前两类,第三类集团诉讼的规定最宽松,适用的范围也比较大,因而是美国民事诉讼中被最普遍适用的,也是争议最多的集团诉讼。在该类集团诉讼中,法院应根据情况向集团成员进行最可行的通知,同时也要提供给他们选择退出集团的机会。集团成员通常的诉讼请求包括了法律责任和损害赔偿两方面。由于各当事人受损情况千变万化,请求责任承担方式、损害赔偿金额各有异同,而当法律责任与个人损害赔偿可以分割的,该诉讼通常就被认为可以构成第三类集团诉讼。

(二)集团诉讼的制度设计

除诉讼开始和终结阶段外,集团诉讼的程序与其他诉讼的程序大体相同。在集团诉讼开始阶段,法院必须首先确定该情形是否能证明集团诉讼是必要的,即是否符合集团诉讼先决条件。如符合先决条件,还须确定集团诉讼代表人是否"充分"代表整个集团,以及律师所提供的帮助是否足够。在集团诉讼终结阶段,需要特别的司法监督,以监督集团成员之间对收益的分配。此外,为了平衡判决效力扩张和正当程序之间的冲突,还须为未参加诉讼集团成员提供特定的程序保障。具体而言,集团诉讼重点有以下几个步骤。

1.集团范围的确定

集团诉讼制度是通过法院对诉讼集团的定义和当事人选择退出的机制来实现对集团范围的确定。法院在确认一项集团诉讼后,向定义的集团成员发出通知,并在通知中明确参加该集团诉讼的人员范围以及集团成员有权选择退出集团诉讼

(opt-out of class action)。集团成员行使退出权必须在法院规定的时限内,书面告知法院,否则即视为其默示加入该诉讼集团,由此集团诉讼的范围得以确定。

2. 通知程序

一般而言,集团诉讼中非代表人的集团方其他成员并不当然知道与自己有关的集团诉讼已经被提起以及集团诉讼的具体情况。因此,受诉法院有义务对全体集团成员进行通知。就法理而言,通知程序是集团诉讼的判决结果对集团的其他成员产生拘束力的必要前提。对于集团中非代表人的其他成员来说,由于集团诉讼采取的是默示授权,只要其他成员没有明示反对加入该集团,既判力扩张将使判决对其产生拘束力。因此,为了满足正当程序的要求,保障集团成员的知情权,保证集团成员自主决定如何行使自己的诉讼权利,通知程序有着特别重要的意义。通知应当尽最大的可能,使缺席的成员获得充分的信息以满足通知有效性的标准。如果缺席成员的姓名和地址是通过适当的努力可以获得的,则必须对每一个单个的成员进行邮寄送达;如果无法获得缺席成员的姓名和地址,则应采取公告通知的方式完成。但在实践中,集团通知名义上是法院通知,但一般是由集团代表人和集团律师承担的。

3. 代表人的选任和审查

在集团诉讼中,代表人代表着其他成员实施诉讼行为,其行为对全体成员发生法律效力。除非集团成员能证明代表人未能公正、充分地履行职责,否则必须受判决既判力的约束,不得就相同的事实或理由另行起诉。同时,集团诉讼以默示方式认可代表人,也即只要其他成员不向法院提出异议即视为同意代表人的选定。[①] 因此,代表人的行为直接关系到其他集团成员的切身利益,其充分性是既判力及于其他集团成员的前提。法院通过对代表人选任和审查程序的控制与管理,确认代表的充分性,实现对代表人在诉讼中代表行为的监督。

具体而言,须审查以下问题:代表人的利益与缺席集团成员的利益是共同的还是相互冲突;代表人是否善意、有力地保护集团利益,包括是否具有相应的诉讼能力,是否正确履行代表义务,借助合适的律师来积极有力地为整个集团争取利益,

① 参见杨峰:《美国集团诉讼及其对完善我国证券侵权群体诉讼制度的借鉴意义》,载《福建政法管理干部学院学报》2002 年第 4 期。

善意地维护整个集团的合法权益。

4. 集团诉讼判决效力的扩张

集团诉讼制度通过诉讼拟制出集团,使该集团能起到类似法人实体一样的结果,即代表人的诉讼行为被视为各个成员实现其诉讼权利的诉讼行为。在法院公告期内,没有明确申请排除于集团之外的人都视为参加诉讼,诉讼结果无论胜败均对其发生效力。理论上,集团诉讼既判力扩张的正当性源自严格的通知程序和集团代表人的充分性:一方面强调通知集团成员的适当程序,要求对集团成员发出"最可行的通知",并经过"合理的努力"对所有成员进行个别通知;①另一方面则强调对代表人的充分性进行审查的程序。

(三)集团诉讼制度评析

1. 集团诉讼的实施效果

集团诉讼制度自其产生时便富有争议,各界对其褒贬不一。这种诉讼机制对于消费者利益的保护、抵制破坏市场的不正当竞争、恢复受损害的公民权利等,都起到了不可忽视的作用。但从实施效用来看也存在一些问题,使其遭到不少指责。如集团诉讼本身增加了诉讼的复杂性与处理难度,诉讼效率不高;胜诉酬金制等因素诱使律师恶意驱动与操纵诉讼,导致了滥诉和恶意诉讼;②庭外和解的公正性缺乏严格监督,集团成员利益无法得到保障等。

为了矫正证券集团诉讼存在的种种问题,美国国会又通过了多项法律,希望鼓励确有价值的诉讼并同时限制滥诉现象,包括在 1995 年通过《私人证券诉讼改革法》(Private Securities Litigation Reform Act,PSLRA),从诉讼程序和信息披露责任两方面进行了改革;1998 年通过《证券诉讼统一标准法》(the Securities Litigation Uniform Standards Act of 1998,SLUSA),限制证券诉讼起诉人规避联邦法律将应向联邦法院起诉的集团诉讼向州法院起诉;2005 年通过《集团诉讼公平法》(The Class Action Fairness Act of 2005),扩展异籍管辖和案件移送的概念,并严格规定了集团诉讼的和解程序。

---

① 参见潘剑峰、陈福勇:《论证券民事侵权赔偿案件的诉讼方式》,载《政法论坛》2004 年第 3 期。

② 参见汤维健:《美国民事司法制度与民事诉讼程序》,中国法制出版社 2001 年版,第 391 页。

2. 我国适用集团诉讼的障碍

国内不少学者主张在证券群体性纠纷中采取集团诉讼形式。不可否认的是，集团诉讼确实有其优势。首先，证券市场的特性决定了因证券侵权行为造成损失的投资者范围十分广泛，而且受到损失的往往是中小投资者，其在自身权利受到损害时，很难与侵权人抗衡。集团诉讼可以集中中小投资者进行共同诉讼，就形成了可与被告相抗衡的力量。其次，通过集团诉讼，中小投资者自己不必亲自参加诉讼，甚至不用申明参加诉讼，即可享受诉讼成果，节约了诉讼成本。对法院而言，可以将众多诉讼一次性解决，以减少司法资源的浪费。

但是，集团诉讼制度要适用于我国虚假陈述民事赔偿案件，至少存在以下障碍。

(1) 市场条件不具备

第一，股本构成的缺陷。一方面，我国证券市场国有股份占主导地位，绝大多数上市公司是由国有企业股份制改造后形成的。所以，国有股份超过了市场总股本的一半，几乎任何一家上市公司都包含了相当的国有资产。那么，在以国有资产为主的市场条件下，采用私有制前提下的集团诉讼方式进行民事赔偿就不现实。另一方面，国有股和社会法人股总量占市场总股本的2/3，且在市场上均不能流通，这与股份全流通的市场有着本质的不同。在这种状况下，上市公司流通股股东在二级市场受到侵权行为侵害时，持有非流通股的股东因其股份不能流通和取得股份成本低于流通股股价，则不一定受到侵害。集团诉讼的规则不加区分地让部分股东向另一部分股东赔偿，易引发新的不公。

第二，市场风险和侵权行为的发生在新兴市场较突出，同时也因证券市场本身投资和投机的双重性，区分投资者的损失哪部分是由市场风险导致，哪部分是由侵权行为导致是非常困难的。从我国证券市场情况来看，主要以自然人为投资主体，与成熟市场以投资基金为主有着质的差异。自然人投资理性欠缺，抗风险能力较弱，在证券市场上极易发生“羊群效应”追涨杀跌。其往往以短期博取市场差价的投机操作手法为主，极少因看好某个上市公司中长期发展和盈利能力而进行中长线投资。因此，其投资损失中有多少属投机成分，多少是因无辜被侵权，要比成熟市场投资者的损失更难界定。[①] 因此,在我国证券市场条件并不完备的情况下,采用集团诉讼制度与市场现实情况并不匹配。

(2)法律条件不具备

我国《民事诉讼法》第 55 条规定的人数不确定的代表人诉讼制度,虽然与集团诉讼有相似之处,但仍存在较大差异。

第一,代表人的权限不同。我国《民事诉讼法》第 55 条第 3 款规定:"代表人的诉讼行为对其所代表的当事人发生法律效力,但代表人变更、放弃诉讼请求或者承认对方当事人的诉讼请求,进行和解,必须经被代表的当事人同意。"因此,我国的代表人诉讼如要处理被代表人的实体权利,必须经过被代表人的特别授权。而在集团诉讼中,虽然法院要对集团诉讼中的撤诉与和解进行严格的审查,只有排除了一切可能损害集团成员利益的合理怀疑后,才能裁定该批准,但代表人实际上享有包括撤诉与和解在内的一切处分权,而这一授权是默示的。[②]

第二,判决效力扩张的冲突。我国《民事诉讼法》第 55 条第 4 款规定:"人民法院作出的判决、裁定,对参加登记的全体权利人发生效力。未参加登记的权利人在诉讼时效期间内提起诉讼的,适用该判决、裁定。"因此,我国代表人诉讼的判决只适用于参加登记的人,未参加登记的权利人只有在另行起诉的情况下,才适用法院已作出的判决,判决不能扩张至未参加诉讼的人。而按照集团诉讼规则,法院裁判具有扩张性,如证券法修订草案中所表述的"人民法院作出的生效判决、裁定,对全体投资者发生效力,但明确表示不受判决约束的除外",即裁判的效力直接适用于所有权利人,无须再行判决。但是,由法律直接赋权"国务院证券监督管理机构认可的投资者保护机构"作为代表人,而那些被代表人不参加诉讼,甚至不知道有这样一个诉讼存在,却要受到该诉讼判决的约束。这种制度设计与正当程序理论相悖,这也是这种诉讼制度没有在世界各国得到广泛采用的原因之一。然而,美国集团诉讼之所以有如此大的威力,就在于它允许任何人不经明确授权就可以代表所有集团成员提起诉讼,并可以作出实体处分,包括和解;其判决的效力可以向未参加诉讼的人扩张。因此,采用集团诉讼制度解决我国证券市场侵权民事赔偿纠纷,

① 参见李国光主编:《最高人民法院关于审理证券市场虚假陈述案件司法解释的理解与适用》,人民法院出版社 2015 年版,第 163 页。

② 参见曾艳:《我国证券集团诉讼制度的构建》,载《天津大学学报》(社会科学版)2009 年第 2 期。

在我国现阶段程序法中并无法律依据。

(3)实践条件不具备

集团诉讼极其繁杂、耗资巨大且耗时过长。由于集团诉讼的标的额往往十分巨大,原被告不得不投入大量的资源和人力、金钱来相互对抗。如果风险全由当事人自行承担,集团诉讼的利用率必然极低。在这种情况下,美国采用了胜诉酬金制(或称风险代理),由律师承担集团诉讼的风险。但由此也产生了两难的困境,如果不给予律师丰厚的回报,他们发动集团诉讼的积极性可能就不足;但如果集团诉讼获得的赔偿大部分给予律师,则集团诉讼本身的正当性就值得怀疑。这也是美国集团诉讼在现实中常被质疑的一点。实际上,我国法律倒并未禁止胜诉酬金制,但在我国律师职业伦理本身尚未真正形成、行业自律程度低、律师职业公信度不高的情况下,将其作为一种集团诉讼的配套制度,并不具备实践条件。

首先,集团诉讼在损害计算和赔偿金分配方面非常困难。在虚假陈述民事赔偿案件中,由于每个投资者具体交易情况不同,侵权行为导致的损失金额也不同。如果集团诉讼解决的问题除了共通性的事实认定和法律适用问题如侵权行为、因果关系等之外,还要解决各投资者具体赔偿问题,实际效率并不会高。从美国实践情况来看,由于集团诉讼比任何的单独诉讼案件涉及更多的法律和事实问题,集团诉讼案件只有8%在一年内了结(通常情况是被法院驳回),有26%在两年内被驳回或者和解,在三年内了结的只占所有案件的39%,大部分案件都要持续三年以上。① 因此,从我国现阶段对法院审理期限的要求来看,在司法层面也并不具备解决大规模集团诉讼的实践条件。

综上,集团诉讼的制度特点在于"明示退出、默示授权"的代表机制,这种诉讼方式是彻底追究侵权行为人责任的诉讼方式,只要投资者被确定为受害者而未明示放弃权利,无论其起诉与否,都将因他人诉讼而获得赔偿。这与我国目前证券市场的发展情况、相关法律状况和司法条件都存在很大差距,因此,可行性较低。

二、团体诉讼制度述评

团体诉讼与集团诉讼经常被相提并论,他们在诉讼中都是以一个集体的名义

① 参见李响、陆文婷:《美国集团诉讼制度与文化》,武汉大学出版社2005年版,第50页。

出现,都涉及人数众多的利益群体,都是典型的群体诉讼形态。团体诉讼(Verbandsklage)是一种赋予某些团体诉讼主体资格和团体诉权,使其可以代表团体成员提起、参加诉讼,独立享有和承担诉讼上的权利义务,并可以独立作出实体处分的制度。[①] 我国在证券法修订草案中明确规定,“国务院证券监督管理机构认可的投资者保护机构可以作为代表人参加诉讼”,即是通过法律的明确规定赋予团体诉讼资格。

(一)德国团体诉讼制度

1. 团体诉讼的基本特征

无论是我国的代表人诉讼,还是美国的集团诉讼,代表人的诉讼实施权一方面来源他自己就是群体的一分子,另一方面来源其他成员的明示或默示的授权。因此,代表人当事人适格基础是当事人身份(实体法上的请求权)和代理人身份的结合,如我国《民诉法解释》第 77 条规定,人民法院可在起诉的当事人中指定代表人。申言之,代表人本身是案件的当事人,他与其他成员一样,都是案件的利害关系人,与诉讼标的有直接的关联,其不仅以群体代表人的名义,也以自己的名义进行诉讼。[②] 但在团体诉讼中,团体本身不具有实体法上的请求权,其成为正当当事人的理论基础是实体法的明确规定和授权。首先,该团体一般应具有法人人格,进行过社团登记。作为原告的团体应是具有一定规模的组织完备的团体,而不是为了特定的诉讼事件的目的而临时集合的团体。这也是德国集团救济与美国截然不同的特征。因此,团体诉讼并非一种一般性的民事诉讼制度或程序,而是通过制定实体法,在特定的法律领域设立专门性制度或特殊程序。因为在虚假陈述民事赔偿案件中,投资者保护机构并不必然是被侵权的受害者,只有经过法律特别规定,该团体才具有特殊救济形态的诉权,才成为正当的当事人。这是团体诉讼中较为突出的特征,只有立法特别授权的社会团体,才能提起团体诉讼。换言之,被授权提起团体诉讼的社会团体,是立法者选择用来推行某种公益政策的,这种社会团体肩负起了某种特殊的社会使命,使之有了准政府组织的意蕴。因此,团体诉讼实质上是一种特殊的公益诉讼。

---

① 参见章武生:《论群体诉讼的表现形式》,载《中外法学》2007 年第 4 期。

② 参见肖建华:《群体诉讼与我国代表人诉讼的比较研究》,载《比较法研究》1999 年第 2 期。

其次，团体诉讼适用的范围受到严格的限制。作为一种通过特定实体法建立的专门性的诉讼制度，团体诉讼的立法目的在于惩戒不法行为或预防不法行为的发生，而非追求直接的经济利益，故其适用范围相当有限。德国传统意义上的团体诉讼仅指不作为团体诉讼，即有权利能力的公益团体，以法律的规定就他人违反特定禁止或无效的行为，得向法院请求命令他人中止或撤回其行为的民事诉讼。这种诉讼的主要功能是制止违法和预防保护，而不是重在对受害者进行救济和对违法者进行制裁。一般认定，这种诉讼在实体法上以不作为请求权为基础。如德国《反不正当竞争法》和《反对限制竞争法》等允许行业协会和消费者团体可以针对不正当竞争的违法行为提起团体诉讼。在通常情况下，团体诉讼的发展是与实体法同步完成的。因此，不会出现与实体法规则不协调的团体诉讼，法院也无须承担过重的压力。

在判决效力方面，对于不作为之诉，法院判决虽是针对该团体作出的，但有利于该团体的判决效力并不能当然地、直接地及于该团体的每一位成员，而只有消费者主动援引团体判决时，才发生团体诉讼判决效力的扩张。同时，如果团体诉讼原告败诉的，则消费者因为在该诉讼中没有获得程序保障，该不利判决对其没有拘束力。因此，团体诉讼原告胜诉判决才具有片面的扩张性。

2. 团体损害赔偿诉讼的发展

随着诉讼制度的发展，德国团体诉讼也出现了一些包含损害赔偿请求的新型团体诉讼，但主要是以任意诉讼担当的方式形成的，相当于代位诉讼。所谓诉讼担当，是指第三人基于诉讼实施权而以自己的名义作为原告或被告，就他人之实体权利义务进行诉讼的法律制度。诉讼担当人虽然以自己名义进行诉讼，但诉讼结果中确定的实体权利义务仍然归属于他人。[①] 从理论上来说，侵权行为的众多受害者可以将其请求权转让给某个团体，由该团体为了全体权利人的利益参加诉讼，以促进集体权利的实现。据此，该团体有权就受害者所转让的请求权以自己的名义提起诉讼。

这一诉讼方式在2002年得到德国法律的确认。此前，德国因受《法律咨询法》

---

① 诉讼担当是诉讼实施权与实体权利发生分离的产物，其中又分为法定的诉讼担当和任意的诉讼担当。前者是第三人依据法律明文规定而当然享有诉讼实施权，后者是第三人由权利义务人的意思表示而获得诉讼实施权。

(Rechtsberatungsgesetz)第 1 条的限制,原仅限于符合一定条件而经主管机关许可的特定职业者,如律师等,可提供法律信息,及收取他人债权或以收取债权为目的而受让债权。至于消费者团体,仅能提供法院外的咨询的服务,而不能为权利人提起诉讼。[①] 但是,此项限制在德国 2002 年修正后的《法律咨询法》第 1 条第 3 款第 8 句规定中有所缓解,消费者中心(Verbraucherzentrale)或其他受政府资助的消费者团体,在其业务范围内,在有保护消费者利益的必要时,除可提供消费者于法院外的法律咨询服务外,还可以就消费者的债权提起一个示范性诉讼(Musterfeststellungsklage),或者接受消费者个人的授权而提起一个集合性诉讼。申言之,如果权利受损的消费者人数不多,且身份容易确定,那么所有的权利人都可以授权消费者团体一并提出集合性的损害赔偿主张。如果人数众多并且身份难以明确,逐一取得消费者授权、分别查明其具体请求权金额几乎不可行,则消费者团体可以提起一个示范性诉讼,以确定被告的民事责任。[②] 2008 年 1 月生效的《法律服务法》(Rechtsdienstleistungsgesetz)进一步扩大了这种诉讼的可能性:消费者团体不再需要证明,其行为是出于保护消费者的必要——这种证明已被证实是纯粹流于形式的。[③]

对于损害赔偿之诉,由于消费者团体是通过从消费者处让渡的请求权而提起团体诉讼。理论上,消费者让渡的是诉讼的实施权,使团体可基于团体成员的诉讼实施权而以自己的名义主张损害赔偿,这种诉讼判决无论是何方败诉,都及于授权该团体的成员。但是,示范诉讼的最终判决对没有直接参加诉讼的团体成员没有约束力。然而,如果案件最终由联邦最高法院处理,将构成一个"事实上的先例",其决定将被其他法院加以遵守。在证券民事侵权诉讼领域,如果按照《投资者示范诉讼法》的规定给未直接参加诉讼的成员以法定程序保障的,则示范判决对全体成员均有拘束力,该领域的示范诉讼制度将在下文作专门评述。

(二)我国台湾地区证券团体诉讼制度

我国台湾地区"证券投资人及期货交易人保护法"(以下简称"投保法")于

---

① 参见沈冠伶:《诉讼权保障与裁判外纷争处理》,北京大学出版社 2008 年版,第 176 页。

② 参见汤维健:《群体性纠纷诉讼解决机制论》,北京大学出版社 2008 年版,第 188 页。

③ 参见[德]布里吉特·居普里斯:《程序法视野下的消费者权益保护——德国团体诉讼的成功经验和集体权利实现的未来》,载南京大学-哥廷根大学中德法学研究所编:《中德法学论坛》(第 7 辑),南京大学出版社 2009 年版,第 49 页。

2002 年 7 月 17 日通过。该有关规定将所设立的“保护机构”,即“财团法人证券投资人及期货交易人保护中心”(以下简称“投资人保护中心”),从财团法人证券市场发展基金会中独立出来,其任务之一就是为投资者提起诉讼。“投保法”第 28 条第 1 项规定:保护机构为保护公益,于本规定及其捐助章程所定目的范围内,对于造成多数证券投资人或期货交易人受损害之同一原因所引起之证券、期货事件,得由 20 人以上证券投资人或期货交易人授予仲裁或诉讼实施权后,以自己之名义,提付仲裁或起诉。证券投资人或期货交易人得于言辞辩论终结前或询问终结前,撤回仲裁或诉讼实施权之授予,并通知仲裁庭或法院。据此,投资者得以将“诉讼实施权”授予保护机构的方式,由该机构为投资者提起团体诉讼。

从流程来看,“投资人保护中心”会先在其网站及各大报纸发出公告,征集符合受理条件的投资者登记求偿。投资者委托“投资人保护中心”为诉讼代理人后,即由“投资人保护中心”为原告提起诉讼。登记时,投资者无须支付任何费用。如法院作出具体判决,且依该判决投资者可获得赔偿的,“投资人保护中心”可以在赔偿金额中扣除诉讼必要相关费用,包括法院诉讼费用及相关邮费等,之后依求偿金额比例发还给登记的投资者;如果法院判决投资者未获得赔偿,则投资者无须另外支付费用。团体诉讼的判决效力仅及于登记的投资者,未登记的投资者无法请求分配,但可自行向法院主张权利。①

与前述德国团体损害赔偿诉讼类似,投资者仅授予诉讼实施权予保护机构,相关请求权主体仍为投资者本人,且诉讼实施权的授予与撤回均任由投资者本人自行决定,故其本质亦属“任意的诉讼担当”。故团体判决的主观范围,仅及于授予诉讼实施权的投资者,就同一事件受损害的其余投资者,并不受团体诉讼判决效力拘束。因此,该诉讼并无法一次性地解决相关纠纷,且因涉及多数不特定的投资者,保护机构无从一一通知,大量投资者未能参与团体诉讼,亦使团体诉讼制度功能大打折扣。

(三)团体诉讼制度评析

与其他解决群体性纠纷的诉讼制度相比,团体诉讼有其独特的优势。它将多

① 资料来源:台湾地区“财团法人证券投资人及期货交易人保护中心”网站:www. sfipc. org. tw,最后访问日期:2018 年 4 月 11 日。

数人分别提起的多个诉讼变为团体统一提起的单一诉讼。其诉讼实质仍然是"一对一"结构的诉讼,且因团体的诉讼资格是法定的,从而避免了因使用代表诉讼形式而带来的诸如代表人的选任、诉讼事项的通知、上诉等大量复杂的诉讼技术问题,能简化诉讼程序,节省司法资源。另外,专业的团体在专业知识结构和诉讼能力上要比大多数人高得多,进行相关的诉讼也更能游刃有余,统一的代位诉讼实质上可更好地保护多数原告的利益。

但是,具体到虚假陈述民事诉讼,团体诉讼本身的制度设计就存在一定局限性。首先,团体诉讼设计之初就是针对不作为之诉,要提起损害赔偿之诉仍需消费者的逐一授权。这无非是把利益的合并从法院内放到了法院外,即在诉讼程序开始之前就以任意诉讼担当的方式确保诉讼实施权的集中行使。换言之,不再要求法院以权利登记的方式确定原告人数,而是要求团体在诉前就征集、联络团体成员和整理证据、梳理诉请做大量的工作。但是,在虚假陈述民事纠纷中,各投资者只是因为权利被害情况相同而临时形成一个群体,成员分布范围广泛,本身并无严密的组织。无论是团体经授权再起诉,还是投资者先起诉再授权团体作为代表人,提前将群体利益合并且转让的可行性很低。

其次,由专业团体进行相关诉讼,从其专业知识和诉讼能力上看确实可解决代表人的充分性问题。但是从实体法来看,该团体本身不一定是适格的当事人,并不存在自身权利受到侵害的情况,也即没有实体法上的请求权。如果其不是代表具体的投资者提起诉讼,则不能解决如损失计算方法的确定等涉及具体赔偿的问题。然而,即使团体是在取得部分投资者的授权后提起诉讼,对未授权的其他成员而言,一个团体诉讼的判决最多能解决被告"要不要赔"的问题,而无法解决后续"赔多少"的问题,因为赔偿金额的计算仍要依据不同投资者的具体交易情况而定。更何况,每一位投资者是否是基于虚假陈述而作出的投资决定,也需要得到个案的逐一认定。因此,从效益最大化的角度考虑,相比逐一取得投资者授权后再提起损害赔偿之诉,不如由团体先提起一个示范诉讼,通过示范诉讼解决虚假陈述行为是否成立、揭露日的认定等共通性争点,明确被告的责任,再由符合索赔资格的投资者选择在援引示范判决的基础上确定具体的赔偿额。这样,既可以省去征集投资者的麻烦,也可以尽可能地实现群体利益的合并。正是在这一理念下,示范诉讼在德国证券民事侵权诉讼领域得到了进一步发展。

综上所述,团体诉讼作为一种“准公共诉讼”,在损害赔偿之诉中的适用范围宜限于直接受害人完全没有兴趣提起诉讼的小额分散型侵害。对于证券市场欺诈引起的群体性纠纷,本非传统团体诉讼的适用范围,要引入团体诉讼的话又需要逐一授权的步骤,实际效率不高。但是,在团体诉讼中,团体作用如何发挥,仍值得借鉴。团体本身具有高于个人的诉讼能力,可以克服个人诉讼能力不足和负担过重的问题。特别是证券领域的投资者保护机构,他们本身高度组织化、并受到政府资助,承担着维护一般公共利益和法治秩序的功能,可以在预防和制止违法行为和大规模侵害方面发挥更加重要的作用。

三、示范诉讼制度述评

示范诉讼(Musterprozess)是指,某一诉讼之纷争事实与其他(多数)事件之事实主要大部分相同,该诉讼事件经由法院裁判后,其结果成为其他事件在诉讼上或诉讼外处理的依据,此判决可称为示范判决(Musterurteil)。

示范诉讼是为适应解决现代社会中大量同类纠纷的需要而产生的,在各国司法实践中是普遍存在的一项制度。如在日本“新澙水俣病诉讼案”中,具有共同争点的几个诉讼同时起诉到法院,新澙地方法院尝试了被称为“选出诉讼”的诉讼方式。该法院先后 8 次受理了 10 件同类案件,先选出一个案件作为先行诉讼,最先进入诉讼程序,其余案件分别指定日期进行,待证据调查阶段结束时,将全部的案件集中起来一并审理,最后宣告判决。再如,英国在治疗关节炎药物 Opren 一案中,多数服用 Opern 导致健康受损的被害人约有 1500 人分别提起损害赔偿之诉,法官为避免重复审理及诉讼资源浪费,从中选出对多数当事人而言具有代表性重要争点的案件作为示范诉讼,且对示范诉讼的原告准予诉讼救助。于示范判决确定后,此判决对于其他同类案件,在判例法系的“判决先例必须遵守原则”下,具有约束力。①此外,我国群体性诉讼中对“系列案件”分批审判,在一定程度上也与示范诉讼具有异曲同工的效果。

理论上,示范诉讼可分为契约型和职权型两种。前者是指,当事人之间协议择

① 参见沈冠伶:《示范诉讼契约之研究》,载《台大法学论丛》2004 年第 6 期。

定某一案件作为示范诉讼,并约定在示范诉讼判决确定前,其他未起诉的当事人暂不起诉,已提起诉讼的则停止进行,待示范诉讼判决确定后,以该判决作为其他同类纷争解决之准据,在当事人间具有拘束力。后者则是指,法院依职权择定示范案件并启动示范诉讼制度。① 由于在实际的诉讼中,当事人之间达成示范诉讼协议的情况很少,故本课题以职权型示范诉讼为主要研究对象。

(一)德国《投资者示范诉讼法》

相较之下,德国的示范诉讼的成文法化比较发达。由于德国团体诉讼法定的仅有不作为诉讼形态,对于大规模分散型损害赔偿请求事件,示范诉讼是一种重要的处理方式。2005 年德国颁布实施的《投资者示范诉讼法》(Kapitalanleger-Musterverfahrensgesetz-KapMuG),是第一部关于专门规范示范诉讼的民事程序法,对示范诉讼的一系列问题作出了全面系统的规定,具有相当的借鉴意义。根据《投资者示范诉讼法》的规定,示范诉讼可以分为申请、示范裁判和个案裁判三个阶段。②

1. 申请阶段

申请示范诉讼可以由原告或被告作出,但必须在初审阶段提出。申请中必须包括申请的目的、资本市场虚假信息的详细资料、支持申请目的的事实和法律状况(争点、示范诉讼对同类争议的预决必要性)。如果出现下列情况,则不适用示范诉讼:(1)潜在争议的决定与示范诉讼争点无关;(2)所展示的证据效力不足;(3)示范诉讼申请对于其他争议的意义没有被说明;(4)示范诉讼申请出于拖延诉讼程序而提出。

对于不符合条件的示范诉讼申请,法院以裁定方式驳回。如果申请符合条件,受诉法院(地区法院)即裁定在将申请联邦电子公告上公示(Veröffentlichung im Klageregister),公示期为 6 个月,该公示将导致个案诉讼程序的中断(Unterbrechung des Verfahrens)。公示期间其他原告可以提出示范诉讼申请,原告不要求出自同一受诉法院,其资格由各受诉法院各自审查,但众原告的申请必须是基于相同的事实或法律问题。

---

① 参见齐树洁、徐雁:《群体诉讼的困境与出路:示范诉讼制度的建构》,载《中州学刊》2009 年第 1 期。

② 有关《投资者示范诉讼法》内容的介绍,译自德国 Kapitalanleger-Musterverfahrensgesetz(2016 年 6 月 30 日修订),参见 https://dejure.org/gesetze/KapMuG,最后访问日期:2018 年 5 月 16 日。

在首个示范诉讼申请公示期内，至少有9个新的示范诉讼申请被公示的，首个作出示范诉讼申请公示的受诉法院即应作出移送裁定（Vorlagebeschuluss）将案件移送到地区高等法院；反之，则裁定驳回申请，各诉讼以原有的诉讼程序继续进行。当事人对移送裁定不得声明不服。示范诉讼的移送裁定确定后，地区高等法院受其拘束，必须接受移送。移送裁定内容包括示范诉讼的目标、示范诉讼申请所依据事实的简要陈述，受诉法院应将移送裁定的内容在电子公告中公示。

移送裁定的公示将导致所有已经系属或直至示范裁决作出时仍系属的同类争议诉讼程序的中止（Aussetzung）。为了实现集中管辖，各州可以将案件集中到一个地区法院和一个地区高等法院管辖，跨州的案件也可以通过协议由一个地区高等法院负责示范诉讼的审理。

2. 示范裁判阶段

地区高等法院受理示范诉讼后，参考请求赔偿的金额和多数原告的意见，依自由裁量权在其诉讼程序被依法中止案件的原告中选择示范原告。原告撤回示范诉讼申请不影响其示范原告的适格，但原告如果撤诉、破产、死亡或者丧失诉讼行为能力，则地区高等法院须重新确定示范原告。被中止的案件的原告若未被选择为示范诉讼原告的，则以诉讼参加人（Beigeladen）的地位参加诉讼。示范诉讼被告是诉讼程序被中止的所有被告。选定示范诉讼原告后，地区高等法院在联邦电子公告的原告登记栏公示示范诉讼程序，内容包括示范诉讼原、被告及地区高等法院的文号。在该公示6个月内，尚未提起诉讼的投资者可以书面方式在地区高等法院登记（Anmeldung von Ansprüche）其请求权。请求权的登记应包括登记人及其代理人的说明、示范诉讼程序的文号及其申请登记的请求权说明、请求权所指向的示范诉讼被告以及请求权理由、金额。上述请求权的登记应送达相关被告。

民事诉讼法第一审程序中适用于州法院的相关规定也适用于示范诉讼程序。其中，开庭日期、诉讼各阶段决定对诉讼参加人的送达可以由电子公告所替代，开庭日期的公告期至少为4周。被中止案件（Ausgangsverfahren）当事人即诉讼参加人有权在诉讼中提出攻防手段及实施所有诉讼行为，只要其陈述与行为不与示范诉讼原告产生冲突。示范诉讼应该对申请中提出的共通事实和法律问题作出裁判，但不得对个案争点作出裁判，如损害金额，即使被中止的案件中的赔偿金额相同亦不得裁判。但是，当事人可以在审理中提出新的争点，如果示范决定所涉争议依赖于该争点的确定、该争点诉涉事实与示范诉讼相同或扩张争点有助于案件审理的,地区高等法院可以作出裁定扩张审理范围并公示。

示范诉讼原告和被告可通过提交书面和解申请或接受法庭提出的和解建议,以和解方式终结示范诉讼程序。和解申请须包含当事人所协商义务的分担、由当事人提交的其有资格履行义务的证明、义务履行的期限以及示范诉讼程序费用的分担条款。和解协议须经法庭确认。经确认的和解协议应送达诉讼参加人,诉讼参加人可在送达之日起1个月内以书面方式向法庭声明退出和解,当声明退出和解的诉讼参加人少于30%的,和解协议即生效。

此外,根据《投资者示范诉讼法》第20条的规定,地区高等法院对示范诉讼作出裁判后,全体当事人均可以向联邦最高法院提出上诉。联邦法院受理后,通知所有示范诉讼程序其他当事人及请求权登记人,他们可以在收到通知后1个月内参加上诉,逾期视为放弃上诉。随后联邦法院启动上诉审程序进行审理。示范诉讼原告提出上诉的,则继续在上诉审程序中作为上诉人(Musterrechtsbeschwerdeführer)推进示范诉讼程序;若其未提出上诉的,则联邦法院将首个提出上诉的诉讼参加人确定为上诉人。

3. 个案裁判阶段

示范判决对初审法院被中止审理的案件具有约束力。但是诉讼参加人可依两种例外情况提出异议:(1)被中止的案件当事人的攻击防御方法受到阻碍;(2)示范原告没有因故意或重大过失没有提出被中止的案件当事人所不知道的攻击防御方法。若当事人达成和解的,地区高等法院须作出裁定确定和解是否生效并公示该裁定,和解效力及于没有声明退出的当事人。

(二)英美法系的示范诉讼

英国《民事诉讼规则》规定,集团诉讼的管理法官可以对诉讼作出指示,该指示可以规定集团诉讼中的一项或几项请求作为示范请求(test claim);[①]如果该请求获得和解,法院可以另行指定试验性请求,法院在前试验性请求中所有的命令均约束此后的试验性请求。[②] 这种试验性请求实际上就是选择有代表性的案件作为示范

① See CPR, R19.13(b).

② See CPR, R19.15.

诉讼。

在英国,示范诉讼是与集团诉讼相结合的纠纷解决机制,而且得到了十分有效的运用。根据《民事诉讼规则》第 19 章第 11 条的规定,集团诉讼令必须在律师协会公布而且交付王座法庭的高级主事官处备查。律师协会可以帮助联系有兴趣申请集团诉讼令的当事人,使当事人之间可以相互联系。女王陛下法院服务网上也列有当前所有集团诉讼令的清单,任何人都可以登录该网站查询到这些集团诉讼令,了解每个集团诉讼的审理法庭、主审法官、案件争点和牵头律师。有时,法院还要求当事人在集团诉讼令作出的一定期限内,在全国性报纸上连续刊登启事,以便尽可能地将集体诉讼信息告知全社会。英国《诉讼规则》第 19 章第 15.1 条规定,集团诉讼的管理法院可以就共同争点的审理以及个别争点的审理作出指令,其中共同争点和示范诉讼通常在管理法院审理,对于个别争点的审理,可以指令对当事人来说更为便利的其他地方的法院审理。英国法院的惯常做法是先审理共同争点诉讼,并通过示范案件(lead case)来明晰共同争点。法院在审理集团诉讼案件时往往会要求双方当事人共同选择一些示范案件,这些案件从不同的角度或程度反映争点。这些争点既是个案争点,也是整个集团诉讼的共同争点。通过对示范案件进行审理,法院就更为清晰地了解集团诉讼的共同争点,可以认为,示范案件为集团诉讼共同争点的审理提供了实例或参考。①

英国下级法院的法官偏好在集团诉讼中运用示范诉讼。示范诉讼可以由双方当事人自行协商确定,但规则也赋予法官自由选择示范诉讼的权力。因此,法官通常都是在集团诉讼的审理中选择核心争点进行试验,这种核心争点往往涉及当事人争议最大的或者法院自己最没有把握的案件争点,以此作为寻求上级法院智力支持的试验田。下级法院会对示范诉讼率先作出判决,并命令中止集团诉讼中的其余诉讼,等待示范裁判生效,通过这种方式达到投石问路的效果,而示范诉讼的处理结果也常常为集团中其他诉讼的解决起到明确的指引作用。以英国预付公司税集团诉讼为例,法院在审理这起原告超过 200 家公司的诉讼时,根据被告的抗辩,将诉讼划分为四个小集团,几乎每一组诉讼都有各自的示范诉讼,下级法院在判决

---

① *A Brief Factual History of the Action*, available at http://www.edwardsandcompany.co.uk/html/phistory.htm. 2018. 6. 18.

中充分公开自己的法律观点,并鼓励当事人上诉,借此了解上级法院对争点问题的看法,从而为得出案件的最终解决方案奠定基础。在这些示范诉讼中,最典型的就是“Metallgesellschaft 公司案”,[①]这个案件起诉于 1995 年,当时英国新的《民事诉讼规则》尚未诞生,因此在程序上并没有集团诉讼制度可资利用。但因案件持续多年,直到 2001 年伦敦高等法院作出集团诉讼令时,它还没有审结。因此,Metallgesellschaft 公司自然就转化为集团诉讼成员之一。在该案的审理中,英国法院就案件争点向欧洲法院请求初步裁决,[②]欧洲法院作出裁判后,这一示范诉讼即对该组集团诉讼以及整个预付公司税集团诉讼中的相关争议产生先例效果,为整个集团诉讼的走向定下了基调,对集团诉讼的处理结果的正当性、一致性和稳定性都起到了不可替代的作用。[③]

在美国,示范诉讼是作为集团诉讼的一种替代性方式出现的。《联邦民事诉讼规则》第 23 条(b)款第(3)项要求法院在确认集团诉讼时要评价为了公正而有效地解决纠纷,集团诉讼是否比其他方法更为优越。法院必须考虑解决纠纷的替代性方法,包括非集团的合并方法。这些非集团的替代性方法包括:单独诉讼、强制的或任意的当事人合并、根据规则第 24 条允许当其他人通过介入而成为当事人、根据规则第 42(a)条进行的合并(consolidation)、跨州的合并或集中、由另外的法院(联邦或州法院)或行政机构解决、采用示范诉讼或前导性方法。[④]

美国挑选示范诉讼当事人的方法也颇具特色,这些方法主要包括以下几种。(1)原告选择:一些法院允许原告方挑选出所有的示范原告。为了限制任何潜在的不公正,法院可能会通过指示原告挑选有代表性的诉讼请求人来限制原告的判断力。(2)多方选择:为了避免任何可能的不公正,一些法院允许原告和被告挑选数目相同的示范原告。其他一些法院允许当事人和法院一起提名示范原告。这些方法的本意旨在提高挑选方法的公正性,从而增加双方当事人接受示范性判决的可能性,并有利于解决剩余的案件。(3)随机选择:这种方法避免了任何一方当事人

---

① *Metallgesellschaft v. CIR*,[2001] *ECR I* – 1727.

② 该争点是英国《收入和公司税法》中有关集团收入选择权只给予英国本土的母子公司是否违反《欧洲共同体条约》中有关自由设立公司的原则。欧洲法院认定英国国内法违反了该条约的规定。

③ 有关预付公司税集团诉讼的案情,参见 Simon Whitehead,“Group Litigation And The European Court of Justice”,(2006)8 *The EC Tax Journal* 16。

④ 参见杨严炎:《群体诉讼研究》,复旦大学法学院 2007 年博士学位论文,第 66 页。

的操纵,但有可能产生欠缺代表性的示范原告。如果法院和当事人认为随意选择出的原告在某些方面并不能作为整个原告群体的代表,那么示范判决最后促成和解的可能性就极小。法院也可以通过增加随机挑选的示范原告的数量来改善随机挑选方法所存在的问题,但这样做又会损害示范诉讼本身的目的。(4)分层随机挑选:在这种挑选方案当中,当事人和法院对能公正地代表所有原告的当事人的类型进行定义,然后,法院或原告的律师从每一类型当中随机挑选示范原告。这一混合的程序方法降低了不公正性,增强了示范原告的代表性。法院挑选出的示范原告的人数通常要少于10人。人数太多可能会难以处理,也可能会破坏进行示范诉讼的宗旨。当然也必须有代表多数诉讼请求的充分数量的示范原告,以保证示范诉讼的结果对当事人来说具有正确性和可预测性。①

(三)示范诉讼制度评析

从上述制度设计可以看出,英美法系具有实施示范诉讼制度的先天优势,即在其"判决先例必须遵守原则"下,立法者可以不用考虑示范判决拘束力扩张的问题,故重点可完全放在如何挑选示范案件上。反之在大陆法系,示范判决效力的扩张是最大的法律技术难题。在我国,示范诉讼也存在同样的难题。依据我国诉讼法理论,既判力原则上只及于当事人。因为民事诉讼判决的目的是为了解决当事人间民事实体法律关系的争议,判决是基于当事人之间言辞辩论的结果作出的,而且诉讼的胜败是根据当事人的诉讼行为如举证方法、范围等来确定的,因此,原则上不应将既判力扩张到没有参加诉讼的案外人。②

1. 诉讼参加与效力扩张的两难

德国《宪法》第103条规定的法定听审权(Rechtliches Gehör),即法律争议的当事人有权知晓诉讼程序涉及的法律关系及判决结果,法庭必须听取当事人的陈述。对于非示范案件的当事人而言,他们与示范案件的当事人之间并无代表与被代表的关系,除非其有权参与诉讼、参加庭审并对法庭主张事实、证据和法律意见,否则无人能受到法庭对其他案件判决的强制性约束。

但从《投资者示范诉讼法》的规定可以看出,德国立法者采取了别具一格的程

---

① 有关预付公司税集团诉讼的案情,参见 Simon Whitehead, "Group Litigation And The European Court of Justice", (2006) 8 *The Ec Tax Journal* 16。

② 参见李龙:《论民事判决的既判力》,载《法律科学》(西北政法学院学报)1999年第4期。

序设计,其要义在于:将群体性诉讼中共同事实或法律问题交给上级法院,并经由另行选定示范诉讼原告,使上级法院可在一种"两造诉讼"的框架内对共通性问题先行审理,并以审理结果作为解决所有个别纠纷的基础。[①] 申言之,是以"提取公因式"的方法提取共通的事实或法律问题以构造一个新的"案件",先由上级法院对此作出裁判,再回到地区法院解决案件个性问题。据此,一方面形成了集合性处理大量纠纷的程序结构,通过将先决问题移交上级法院审理而获得了示范判决的垂直效力;另一方面,个案的当事人既可以在示范诉讼中作为辅助参加人提出事实和证据,也可以在自己的诉讼程序中,对示范判决提出异议,从而满足对其法定听审权的保障。

申言之,与英美法系的示范诉讼相比较,德国示范诉讼的审理对象只是构成所有同类案件裁判基础的共通性事实或法律问题,而不是某一个或者几个典型案件。这一点在示范诉讼申请就以列明"确证目的"(Feststellungsziele)的方式得以固定。对于具体个案情况,上级法院并不会在示范判决中作出判定。因此,这类示范诉讼程序也被称为"客观的中间程序",即示范诉讼程序只是案件审理过程中的一个步骤,最终个案的判决仍要回到地区法院,再就示范判决"确证目的"之外的部分单独审理。德国立法者期望通过这种方式,既为大规模侵害案件提供解决之道,同时也避开各类"代表式"诉讼在处理诉讼参加和判决效力扩张问题时的困境。

2. 德国《投资者示范诉讼法》的实施效果

但从实践效果来看,示范诉讼的效率却并不高。德国《投资者示范诉讼法》的出台始于2004年的德国电信(Deutsche Telekom)的虚假陈述案,包括2100个相关案件被提起,涉及754家律师事务所和数以万计的原告。据当时的报道,如果严格按照德国诉讼法规定的单一诉讼审判程序逐一处理这些案件,大概需要花费15年的时间才能结束审理。立法者意识到,必须解决大型群体性争议和传统诉讼模式激烈冲突的问题,因此,德国《投资者示范诉讼法》被寄予厚望。2005年12月22日,第1份示范诉讼申请在电子登记系统公告;2006年2月17日,就相同事实提出的第10份申请在电子登记系统登记;2006年7月11日,法兰克福州法院作出移交裁决,该裁决长达193页,包括33个示范诉讼申请,其中每个申请又包含1个到20

① 参见吴泽勇:《〈投资者示范诉讼法〉:一个群体性法律保护的完美方案?》,载《中国法学》2010年第1期。

个不等的子申请。此后,州法院又多次对移交裁决进行扩张或者更正。经过多轮开庭后,法兰克福地区高等法院在2016年11月30日才就该案作出示范判决,认定德国电信对招股说明书中的错误陈述负有过错,但同时说明,该错误陈述与每一位投资者投资决定之间的因果关系仍要依个案情况而定。此时已过去12年,目前该案仍处于联邦最高法院审理阶段。显然,距离投资者真正拿到赔偿还有很长一段时间。反之,在2005年年初,美国投资者在纽约就同一事实向德国电信提起集团诉讼,并以原告获得1.2亿美元赔偿达成和解。可见,德国法院并未因为《投资者示范诉讼法》的实施而对该案诉讼进程有效控制。

3. 制约德国投资者示范诉讼效率的原因

(1)诉讼参加造成的拖延

从实践情况来看,示范诉讼程序的引入并没有加速诉讼,反而创造了更多诉讼拖延的可能。申言之,除了示范诉讼原告和诉讼被告以外的其他所有被中止诉讼的当事人,都被列为示范诉讼的参加人(Beigeladen)。根据《投资者示范诉讼法》的规定,诉讼参加人有权在诉讼中提出攻防手段及实施所有诉讼行为,只要其陈述与行为不与示范诉讼原告产生冲突。此外,还可以在审理中提出新的争点,以扩张示范诉讼的审理范围。据此,示范诉讼可能会因为每一个诉讼参加人的行为而被拖延。在实践中,考虑到示范判决对于后续诉讼的约束效力,大多数诉讼参加人都会积极参与示范诉讼的审理,其代理律师也会动用一切诉讼手段,以免因为职业过失责任而遭到委托人的起诉。在这种情况下,不能期待法院的负担会有大幅度地减轻。

(2)移交裁决的复杂性增加

案件审理过程的复杂程度也并没有因为示范诉讼程序的引入而有任何降低。理论上,地区高等法院仅需对同类案件共同的事实或法律问题作出判决,不涉及具体案件的判决,会减少工作量。但对于示范诉讼确证目的应当如何拟定、可以包括哪些问题,在理论和实务上都没有形成统一的认识。由于要从上千个案件中审理共通性问题,牵一发而动全身,长篇累牍的移交裁决,一再扩张的审理范围、旷日持久的开庭,示范诉讼本身的程序设计就增加了诉讼的难度。

(3)示范诉讼适用范围的局限

对部分案件而言,示范诉讼程序的引入反而降低了诉讼效率。在大规模损害赔偿之诉中,由于每个案件的损害过程和损害数额都有差别,一个示范诉讼判决并不能解决平行诉讼中可能涉及的所有问题。示范诉讼的效率取决于共通性的事实与法律问题占多大比例。申言之,在证券市场信息责任引起的侵权纠纷中,除了确认信息披露义务人的虚假陈述行为确实存在,还要确认该行为与原告购买股票决定的因果关系。在部分案件中,若被告虚假陈述行为需要在诉讼中认定,那么关于上市公司是否对其财产作出了过高估算、是否虚增了利润等,需要经过花费高昂的专家鉴定。如在"德国电信案"中,仅就德国电信公司所属地产进行估价就需要耗资 1700 万欧元。那么,示范诉讼程序的引入确实可以节约这部分重复的成本。

但在另一类案件中,对于证券市场信息错误的确认相对简单,或者已经通过行政部门作出认定,但关于该错误信息与购买决定之间因果关系的确认却是很困难的,示范诉讼程序的引入反而降低了纠纷解决的效率。因为这一中间程序使个案的审理被中止,而作为案件审理焦点的因果关系问题最终却要回到个案诉讼中进行确认。比如,在我国司法实践中,虚假陈述行为通常已经在行政处罚中予以认定,诉讼的重心不是通过审理和裁判以确认被告的违法行为,而是追究被告的民事责任,对受害人的损失进行补偿和救济。由于各原告主张的损害赔偿额、理由和证据不同,因此结果也不同,而每个原告购买股票的时间和当时的状况只能在个别诉讼中认定。

(4)当事人之间的利益冲突

如果整个示范诉讼程序要高效运作的话,必须在假定所有当事人之间存在合作的情况下,而这种假设在现实中经常落空。一方面,如果被告意欲以重复诉讼拖延赔偿的话,那就仍然需要更多的诉讼成本;另一方面,示范诉讼原告与其他诉讼成员也会存在利益冲突。每个投资者关于证券市场信息的认知不同,他们了解相关信息的实践也有可能不同。到底提出哪个事实来证明证券市场信息的虚假性,以哪个时间点来认定虚假信息的首次揭露,不同投资者的判断可能会有出入。其他成员提出与示范诉讼原告完全不同的事实主张是很有可能的。

4. 移植示范诉讼的可能性

示范诉讼制度存在于许多国家,这与示范诉讼在替代大规模群体诉讼中独特的价值是分不开的。示范诉讼通过对同类诉讼中共通性问题的先行审理,使示范判决对于其他同类事件之后诉在一定条件下具有拘束力,即用比较小的诉讼规模解决比较大的群体纠纷中共通的事实或法律问题,从而扩大单一诉讼制度解决纠纷的能力,可减轻法院重复审判的负担,节约司法资源。①

从法律移植的角度观察两大法系的示范诉讼制度,德国《投资者示范诉讼法》设定的示范诉讼制度规范、严谨,注重保障当事人的诉讼权利,但需要一个专门从案件中提炼出共通性问题移交上级法院审理的中间程序,实践中诉讼效率不高。首先,从提级审理来看。应当说,将多数人诉讼的直接上级法院作为示范诉讼的一审法院的规定,通过提高审级而使较高级别的法院甚至最高法院有机会对重大的示范诉讼案件发表意见,可以更充分地实现示范诉讼应有的示范效应。然而,这一规定的负面作用也是十分明显的,不仅诉讼卷宗和文书的往来传递容易造成诉讼的拖延。更重要的是,提级审理在大多数情况下使案件的审判地发生变动,这无疑会增加当事人的诉讼成本和不便。如果案情重大导致多次开庭,诉讼当事人的诉讼成本可能会持续上升,这对小额、分散型诉讼来说可能构成致命的打击。考虑到我国幅员辽阔,地区经济差异巨大,当事人贫富不均较为严重的现实以及示范判决的正确性有上诉制度的保障等因素,我国引入示范诉讼制度时,不宜确定提级审理规则。其次,德国示范诉讼制度更适用于那些共通性问题相较个性问题而言更复杂且重要的案件类型,如被告是否存在虚假陈述行为尚须鉴定的,这也与我国现阶段证券群体性纠纷的案件特点不符。最后,如果要专门构建一个解决共通性问题的中间程序,这一程序的费用如何分担也是很大的问题。

相对而言,英美法系的示范诉讼制度更强调程序运作的自由,其个案审理的方式与我国目前的司法实践也不会发生太大的冲突。事实上,只挑选一个或若干个示范性个案先行审理,也能达到解决共通性问题的目的。但是,英美法系的个案是建立在判决具有先例效力的基础之上,与我国诉讼法理论有本质的差别。英美法系的司法民主程度、司法权威程度以及各项具体程序之完善程度与我国相去甚远,贸然移植的话与配套制度的发展水平不甚契合,有很多问题需要解决。

两大法系既有的示范诉讼制度都可以为我国学习与借鉴,但在考虑法律移植的过程中应当有中国问题的意识。因为上述制度都有其特定的知识背景、文化传统,与特定的国家权力结构、司法的角色定位、社会发展状况、市场经济发达程度等

---

① 参见杨严炎:《群体诉讼研究》,法律出版社2010年版,第236页。

因素密切相关,简单的移植必然导致"水土不服"。我国相关的制度模式必须要立足于能够解决我国的实际问题的基础上。因此,有必要在借鉴上述示范诉讼制度的基础上,再结合本土法律资源和司法实践经验,另行构建符合我国国情的示范判决机制,①以作为对代表人诉讼的补充。

第三节　各群体诉讼制度的比较

一、群体诉讼的基本要素

综观上述集团诉讼、团体诉讼、示范诉讼等制度的设计,均可归为群体诉讼制度,即各国专门为解决群体纠纷而设置的,由特定主体代表多数当事人实施全部或者部分诉讼行为,诉讼结果能过直接影响多数当事人的诉讼程序制度。具体包括以下基本要素:存在利益同一或同质的多数当事人、权利实现的间接性、判决效力的扩张性。②

(一)存在利益同一或同质的多数当事人

当事人人数众多是群体纠纷最突出的特征。从理论上来说,涉及多数人的同一纠纷或者同种类型的纠纷,也可以通过单独诉讼化整为零。但是,由于这些多数当事人的利益诉求是基于同一或同类事实或者应当适用同一或相似的法律规范,若对此类纠纷反复审理,会造成有限司法资源的大量浪费,分别处理也可能由于个别当事人诉讼能力的不一致而导致矛盾裁判。因此,存在利益同一或同质的多数当事人,将其视为一个整体是群体诉讼适用的前提。

(二)权利实现的间接性

由于当事人人数众多,无法同时参加诉讼,必然由某一主体作为群体代表实施诉讼行为,未能直接参加诉讼的当事人权利就通过代表人得以间接实现。这是群体诉讼区别于共同诉讼或单独诉讼的关键,这一程序设计使得原本分散的多数利

① 此处用示范判决机制,以与前述示范诉讼制度作区分,其概念界定及定位详见第四章。

② 参见汤维健:《群体性纠纷诉讼解决机制论》,北京大学出版社2008年版,第65页。

害关系人集中在一起，通过代表将群体纠纷浓缩成一般诉讼可以容纳的主体数量，从而达到简化诉讼的效果。如集团诉讼中的代表人、团体诉讼中的团体以及示范诉讼中的示范案件。这种间接性的处理方法具有“浓缩功能”，可无限扩大诉讼对争议主体的空间容量，[①]解决当事人诉讼主体众多与诉讼空间有限的矛盾。

（三）判决效力的扩张

判决效力主观范围的扩张，是群体诉讼提高诉讼效率、避免矛盾裁判的必然要求，也是群体诉讼区别于单独诉讼的显著特点。所谓判决效力主观范围的扩张，是指第三人在特定条件下与案件诉讼标的产生存在密不可分的关系，而且这种关系对权利的稳定来说必不可少时，法律规定在适当的条件下扩大判决效力的适用范围。

具体来说，各诉讼制度下具体实现效力扩张的法律技术基础不一，如美国集团诉讼通过默示授权将判决效力扩张至未声明退出的全体集团成员，德国团体诉讼判决的效力经由团体成员的援引扩张于当事人之外的第三人或者依“任意的诉讼担当”扩张至授权的团体成员。德国示范诉讼虽然只审理案件的共通性问题，不涉及案件的个性问题，但相当于是把案件要解决的实体法律义务关系问题分成了两部分：一部分是在示范判决程序中解决的共通性问题；另一部分是留在个案审理中解决的个性问题。示范判决的既判力直接及于所有平行案件，是对共通性问题部分在诉讼上的一次性解决，在实体权利义务关系上产生法律上合一确定的效果。

二、各群体诉讼制度的效率比较

我国代表人诉讼属于群体诉讼制度，其本质是从众多当事人中选择几个特定的代表人参加诉讼，裁判效力及于全体，从而实现审判的效率。但是，相比其他群体诉讼制度而言，代表人诉讼只是通过合意选任机制压缩了群体规模而已，并无其他提升诉讼效率的实质手段。

（一）我国代表人诉讼的实践困境

在我国代表人诉讼中，选出的代表人虽代表多数当事人参加诉讼，同时又不剥

---

① 参见张卫平：《程序公正实现中的冲突与衡平》，成都出版社 1993 年版，第 165 页。

夺当事人的实体权利。代表人的权限仅相当于委托代理中的一般授权,即代表人变更、放弃诉讼请求或者承认对方当事人的诉讼请求,进行和解,必须经被代表的当事人同意。反观美国的集团诉讼,其代表人无须在取得全体利害关系人的特别授权即能处分实体权利。因此,我国代表人诉讼中虽然增加了代表人,但代表人属于当事人和诉讼代理人身份的统一,本质上并没有超越共同诉讼。代表人与其他当事人的关系属于典型的一般代理关系,也并没有超越诉讼代理的界限。从严格意义上来讲,我国代表人诉讼只是共同诉讼和诉讼代理制度的简单相加,并没有超出传统诉讼原理。

该制度设计过于理想化,也过于简单,没有考虑到实践中可能遇到的诸多难题。首先,法院公告案情、通知权利人就需要一笔费用。如果节省公告费用,知道的人少,就达不到代表人诉讼所预期的规模效益。其次,在跨省、市的情况下,权利人到有管辖权的法院去登记,需要直接花费差旅费,间接花费误工费。最后,权利人推选代表人更是人多心不齐,可能会旷日持久。虽然在推选不出代表人的情况下,法院可以与权利人商定代表人,但要商定就要调查,这仍然要耗费很长时间。加上代表人并没有实体处分权,如果被告为了自身利益,不断给出新的和解方案或者收买部分当事人变更、放弃、承认诉讼请求,则诉讼进程更加难以预测。① 此外,代表人诉讼还体现了较强的法院职权主义色彩,当事人并没有程序选择权,特别是在法院拆分诉讼时,当事人缺乏基本的影响力。因此,在实践中代表人诉讼的选择几乎处于被舍弃的状态。

(二)各群体诉讼制度的效率比较

对各种具体的群体诉讼制度的效率优势,必须结合案件的具体特点。首先,如果被告的侵权行为是在不作为或者诉讼效益不高、没有原告愿意起诉的情况下,团体诉讼就具有先天优势。此外,在纠纷发生之初,若争议的事实比较复杂,法院是否受理、法律如何适用以及当事人诉讼请求的正当性等问题都处于非常模糊的阶段。此时,当事人个人所承担的费用和成本风险往往是不成比例的。尽管诉请金额不高,但消费者很难从法庭得到赔偿,而对于企业,尽管其造成损失的总额可能是这一赔偿额的数万倍,其却可以获得数额巨大的收益。因此,绝大部分人会因败

---

① 参见廖斌、郭云忠:《群体诉讼模式研究》,载《西南民族大学学报》(人文社会科学版)2005年第2期。

诉风险过大、诉讼成本过高而不愿提起诉讼，那么由团体代位提起诉讼是很有必要的。这也是为什么传统团体诉讼会长期被限制在为弥补原告动力不足而必须由团体采取行动的案件当中。

其次，如果大量原告都有动力提起诉讼，且在互相之间没有意见分歧的情况下，代表人诉讼无疑是最有效率的群体诉讼机制。因为这种机制几乎把所有能省却的成本都省了下来，在进入诉讼后，代表人的行为可以代表大多数当事人，法院也不需要一一宣判，用一个诉讼的成本就能解决多数当事人的案件，诉讼开支会大幅度下降。但退一步来讲，如果众多当事人真的能众志成城，哪怕没有规定专门的群体诉讼程序，也能顺利地得到结果。因为没有分歧，众多分散的当事人自然合为一个整体，程序必然会运转流畅。回到一般的群体纠纷，多数当事人分散、互相之间难以达成一致是普遍现象。特别是关于损害赔偿方式和数额，当事人之间的意见分歧过大，又不能强制性地要求当事人统一意见，或者当事人之间互不信任，那么强行适用代表人诉讼反而会成为滋生矛盾、延误诉讼的温床。这是因为，大量时间和精力要消耗在多数当事人内部的谈判、妥协和达成共识上。在这种情况下，集团诉讼无疑是最有效率的，但须以赋予代表人实体处分权、构建“默示授权”“声明退出”等机制为前提，在一定程度上以牺牲部分当事人的正当程序保障为代价来降低成员之间达成一致的协商成本。

最后，如果在法律上无法考虑集团诉讼的配套机制，示范诉讼制度也可以在一定程度上提升诉讼的效率。其中，德国的示范诉讼将共通性争点拟合成一个“新的案件”先行审理，并将其判决结果适用于同类案件，至少可以避免在大量个案中对共通性争点的重复审理。但是，在群体性纠纷个性争点大于共通性争点的情况下，这种示范诉讼在实践中的效率并不高。因为个性争点是单独诉讼存在的基础，而共通性争点则为法院审理大规模单独诉讼时降低成本、简化程序、提高诉讼效率提供了契机。当共通性争点占比较小时，单独构建一个中间程序处理共通性争点的收益较低。反之，共通性争点本身是对大量个性争点的汇总和提炼，就这个过程而言，将哪些争点列为共通性争点、如何确定示范诉讼的审理目标等往往存在争议，又会大大增加这一中间程序的成本。从现阶段虚假陈述民事赔偿案件情况来看，共通性争点有是否构成虚假陈述行为、揭露日的认定、因果关系的认定、投资损失计算方法等。其中，是否构成虚假陈述行为已有前置程序的认定，而因果关系和投资损失计算方法的确定虽然属于共通性争点,但也须基于至少一个原告的实际交易情况才能得出。因此,适用德国示范诉讼并不能有效提升诉讼效率。比较而言,借鉴英国示范诉讼的思路,在大量个案之中选定一个案件先行作出示范判决,后续案件参照处理,更具有可行性。这是通过示范案件的“投石问路”——在个案基础上先解决共性问题,再逐一着力解决个性问题。

综上所述,当群体性纠纷为大规模的损害赔偿之诉时,群体规模越大、成员越分散且存在利益冲突的,个案分批处理反而比集中处理更有优势。如前所述,集团诉讼在我国的适用不具备相应的法律条件、市场条件和实践条件。而团体诉讼虽然可充分起到专业团体对中小投资者的保护作用,但适用范围有限,团体的诉讼资格问题较难解决。比较而言,示范判决机制既可先行审理群体性纠纷共通性问题,又可在后续个案中参照示范判决结果解决个性问题,更符合证券群体性纠纷的特点,也与我国司法实践中以单独诉讼为主的诉讼方式相符。

第三章　我国证券群体性纠纷的多元化解思路

群体性纠纷如果不能通过诉讼外的途径解决，就需要寻求司法救济，通过诉讼方式解决，这就构成了群体诉讼。所谓群体性纠纷的多元化解，是指我国对群体性纠纷的解决，应当在诉讼规则上兼容并蓄地设计多种程序机制，既有现代型的群体诉讼，又有与非诉解决机制的有效衔接。在司法实践中，理想目标是法院结合案件的类型和具体情况，在尊重当事人程序选择权的前提下决定具体适用的纠纷解决机制，并且实现在各种机制之间的灵活转换。

第一节　证券群体性纠纷的诉讼解决

代表人诉讼是我国立法规定的处理群体性案件的诉讼形式。尽管在实践中许多符合群体性纠纷特点的系列案件都不同程度地回避了代表人诉讼的适用，但这并非是对诉讼法的违背，而是因为代表人诉讼只是法院审理群体性案件的一种程序，并非唯一形式而必须适用。当适用代表人诉讼出现困难时，强行指定代表人就有违民事诉讼的基本原理。相比之下，示范判决在我国的司法实践中适用更多。

一、示范判决机制在我国的司法实践

实际上，允许当事人单独参加诉讼，在一个群体案件中实现单独诉讼、共同诉讼与代表人诉讼的并存，并不会导致诉讼效率的明显低下。即使在极端的情况下，法院将群体案件全部拆分成个案审理，对诉讼效率的影响也没有那么严重。原因

即在于,群体性纠纷中存在共通的事实和法律问题。申言之,群体性纠纷一般是由同一行为或事件引起的,纠纷的事实是相同或基本相同的,其具有同质性的事实基础。从法院裁判的角度来看,既然事实相同,在为它们定性时就应当统一,不允许作出差异很大甚至矛盾的认定;在适用法律时,也应当体现它的统一性,以保持裁判结果的一致。因此,如果共通性的问题已经通过个案得到解决,对于后续类似的案件法院就可以直接援引,尽量避免不必要的重复劳动,从而实现同类型诉讼的资源共享。这种诉讼效率的实现可以说是法院一种自然而然的选择。一般而言,多个个案集合的群体性案件,法院在审理第一起案件时通常会全面谨慎,完成所有程序,解决所有的焦点问题(形成示范判决),而对于后续的具有共性的多个案件,则不会再重复已认定的问题,而仅仅解决个案的个性问题。从这个角度来说,只要群体性纠纷是在一个法院内解决,分批审理总是能多多少少地降低诉讼成本。

另外,在纠纷事实认定和法律适用存在较大争议的情况下,一审法院还可能以个案先行审理的方式向上级法院寻求支持,以避免大量同类案件被改判的风险。比如,一审法院在处理这类群体性纠纷时会根据案件的特点,选择其中争点较具普遍性的案件作为示范案件先行作出判决,同时暂缓对其他案件的裁判。待当事人上诉后,等待上级法院对该示范案件作出二审判决,而后再遵照直接上级法院的判决思路对其余案件作出裁判。法院的这种做法实际上就是示范判决的雏形,即通过有代表性的个案先行审理,解决带有共性的事实认定和法律适用问题,从而对其他的同类案件发挥指导性作用。

综上所述,在我国司法实践中,同一法院对于按照单独诉讼或者共同诉讼合并审理的群体性案件,由于没有一种诉讼程序可以将纠纷一次性解决,故必然在一定程度上适用了示范判决制度。但问题在于,上述做法并没有被上升为一种独立的、规范的诉讼形式,示范判决所适用的法律依据也没有被厘清。这既不利于示范判决功能的发挥,也可能造成实践中的混乱。

二、示范判决机制的必要性

(一)缓解审判压力,节约司法资源

从现阶段司法实践来看,一方面,该类案件数量呈现长期稳增的现象,法院收

案压力不断增大。究其原因，一是证监会的行政处罚决定数量、罚没款金额、市场禁入人数均逐年递增，刷新历史峰值，法院审理案件数量也随之上升。二是投资者维权呈个体性、分散性。尽管各原告是因同一虚假陈述事实对相同的被告提起诉讼，但在诉讼形式上均以单独诉讼为常态，人为地导致了案件数量的畸高。三是随着该类案件胜诉判决增多，投资者维权意识亦逐渐提高，一旦有虚假陈述相关行政处罚作出，随即有大批量索赔案件诉至法院。

另一方面，该类案件占用了大量司法资源。据统计，虚假陈述民事赔偿案件平均审理周期长达 270 天。由于案件均以单独诉讼的方式受理，尽管向同一被告起诉的案件具有因同一侵权行为受损的特点，个案审理在侵权行为事实认定、因果关系认定、损失计算方法等方面具有相同性，但每个案件都要重新展开事实调查、开庭辩论，既无实际意义，又重复性地耗费了大量的时间精力。另外，每位投资者的损失金额都需要分别查明和计算。这部分损失都需要从相关交易结算机构调取交易数据，在对投资者账户及交易情况进行核实后，还需要就大批量的交易数据进行计算。由于这部分工作量大，常常成为制约案件审理效率的“瓶颈”。

（二）明确法律适用，促进适法统一

该类案件本身存在诸多审理难点，这与法律规定不明确、各地法院适法不统一、司法自由裁量权较大有关。但证券侵权行为涉及投资者众多、社会关注度高，一旦处理不当，社会维稳压力较大。从法院自身角度来看，如果由上级法院通过示范判决对案件的走向作出定性，可以避免大量一审案件被改判的风险，维护司法权威。

从当事人的角度来看，如果不明确示范判决的效力，较易造成矛盾的裁判结果。在单独诉讼中，当事人需要自己对损害赔偿数额进行举证和说明。但各原告之间掌握的证据、诉讼资源不同，如果完全割裂群体性案件之间的联系，按照独立的单独诉讼方式依据原被告之间举证、辩论来判定责任，则被告完全可以在不同的案件中使用不同的抗辩手段，如主张不同的损失计算方法等，以最大限度地减少赔偿金额。对示范判决的适用，可以保证对同一被告、同一侵权行为的案件采用相同的裁判标准，体现司法公正。

（三）强化示范效力，促进纠纷多元化解

现阶段司法实践表明，一旦首例判决作出后，会给纠纷当事人带来明确的诉讼结果预期,引导其后续程序的选择。如以上海市第一中级人民法院受理的被告为上海大智慧股份有限公司的证券虚假陈述赔偿案件为例:截至2018年4月13日,该法院共受理2096名原告的诉讼,其中陆续撤诉的原告已累计达688名,占比32.82%;作出判决的涉及847名原告,其中驳回诉请的涉及96名原告;在已结案的案件中,原告诉请获得支持的751名,占比48.93%。但是,即使在首例判决对多数原告有利的情况下,并无双方达成调解或和解的案件。原因在于,该首例判决是由一审程序作出的,并不是对双方实体权利义务关系的终局判断,故被告必然要穷尽其诉讼权利,就全部案件提起上诉以拖延赔偿。可如果进入二审,全部案件又需要重新进行事实调查、法律辩论,耗费的司法资源无疑将成倍增长。故通过适用示范判决机制,待示范案件判决生效后再对其他案件作出处理,是很有必要的。

如前所述,示范判决明确了多数原告与被告之间的责任认定问题,可为数量众多的受损投资者提供诉讼预期。各方可据此提出更为合理、更易于接受的调解方案,有利于稳定投资者情绪和有序引导纠纷的多元化解决。

(四)便捷双方当事人,维护证券市场秩序

采用示范判决机制时,作为投资者个人,只需要证明自己是与示范判决的当事人所诉侵权行为相同、被告相同、交易方向处于可索赔区间,就可以通过援引示范判决的结果,大大缩短诉讼周期,有利于切实维护中小投资者合法权益。作为被告的当事人,因在示范案件中已尽抗辩手段,已审判案例具有示范效应,其余案件则主要通过质证的方式对投资者损失金额予以确认,被告当事人亦节约重复开庭、质证、答辩的诉讼成本。同时,建立示范判决机制后,数量庞大的受损投资者维权更为便利,违法主体将承担巨额赔偿责任,可起到警示董事、监事和高管勤勉尽责、督促上市公司规范经营的作用。

三、构建示范判决机制要解决的问题

证券群体性纠纷要适用示范判决机制,首先应当要解决以下问题:一是示范判决效力扩张;二是示范案件当事人之间诉讼能力不均衡。

(一)示范判决效力的扩张

从群体性纠纷解决的角度来看,最理想的状态莫过于通过示范案件个案上的审理和裁判,从而实现对大量平行案件从实体上和程序上的“一揽子”解决。在实体上,该类群体性诉讼是由于同一违法行为造成,尽管具体损害未必相同,但对被告的行为的认定以及因此行为导致众多受害人的损失之间的因果关系的认定标准,对于所有纠纷当事人而言是共通的。以虚假陈述民事赔偿案件为例,尽管各投资者诉请损失的具体金额不一,起诉的被告亦不统一,如有只起诉上市公司的、同时起诉上市公司及其实际控制人以及起诉会计师事务所等中介机构的等。但是,关于虚假陈述行为实施日、揭露日的认定以及因果关系几种除外情形,如市场系统风险的认定以及具体损失计算方法等,尽管实际损失情形多样,但各类情形都可以通过若干个典型性案件组成示范案件组予以穷尽并加以明确——该类案件共通性的程度极高,以至于此后平行案件的审理只不过是一种关于“对账”的纯粹数字计算工作而已。而从适法统一的角度,若示范案件先行审理,先作出的裁判毫无疑问地会产生“事实上的先例效力”——同一个法院几乎不可能对后续案件作出实体上不同的裁判。

1. 判决效力扩张的必要性

判决效力的扩张,对于各方而言都是极具效率的程序设计。对于平行案件的当事人而言,可以选择不参加诉讼,而可以等示范案件的结果出来后再申请直接适用,无偿享用前人的诉讼成果。虽然这是一种典型的“搭便车”行为,但对于整个群体而言,反而是一种最有效率的做法。从当事人个体权利的角度来看,面对群体诉讼的巨大风险和不确定性,他完全有权选择规避风险和有利自己的途径。经过观望示范诉讼的结果,能最大限度地规避自身诉讼风险,同时能间接降低群体性纠纷化解的总体成本。这也是符合诉讼经济的需要的。对被告来说也是如此,避免重复应诉的诉累。对法院来说,基于判决效力扩张引起的诉讼,如只需再解决个案中的个性问题,相对于新案的审理,也不会给法院增加实质上的负担,整个诉讼的成本都会大大降低。那么,需要解决的问题就是,如何扩张示范判决效力?

如果参照德国《投资者示范诉讼法》的规定,从同类案件中提炼共通性的事实或法律问题移交上级法院先行审理,则无论是从示范诉讼的审理内容还是审理法院来看,该程序设计本身就为示范判决效力的扩张提供了一定的正当性基础。但是从实践来看,其效率远不如只在同类案件中挑选个别代表性案件先行审理。后者既可以通过若干个案最大限度地解决对因果关系、损失计算方法等问题的认定,也可以降低示范诉讼的审理难度。因为进入诉讼程序的仅是示范案件本身,示范案件的当事人也仅代表其自身的利益。

但在我国,由于正当程序原则和既判力相对性原则,法院判决并不具有判决先例的拘束力。从诉讼法理论来看,示范案件判决的既判力的主观范围只限于示范案件当事人,对后续案件并没有严格法定意义上的既判力。即使是当事人之间达成协议,也难以就判决的效力扩张进行约定,因为既判力属于判决在公法上的效力,不能因当事人的合意而受到限制。在理论上,尽管有学者提出判决理由也应当有拘束力,理由是基于诚实信用原则及当事人之间的公平原则。如果当事人在诉讼上对其重要的争点已经认真地进行辩论,而且法院也对该争点进行了实质上的审理判断,则后诉应受前诉判决理由中先决法律问题判断的拘束,此即所谓"争点效"的作用。但是,该理论并未得到主流学说认可。因为,通说认为既判力客观范围局限于判决主文中的判断即诉讼标的,而不承认判决理由中的判断有既判力,其依据在于:作为判决理由中判断的当事人主张,相对于判决主文中的判断即诉讼标的而言,处于一种手段性、次要性的地位,对于这些判决理由中的判断,当事人也许没有真正展开彻底的攻击防御。如果让这种争点也产生既判力,就难免对当事人造成突然袭击,也不符合处分权主义和辩论主义的要求。

但是,如果从法律上无法为示范判决效力的扩张找到依据,而只存在一种事实上的"先例效力",即基于案件的共通性可以在事实上推断法院在后续诉讼中不会作出不同的裁判,那么,这种示范判决的意义是非常有限的:首先,因为"先例效力"要求作出示范判决的法院级别足够高或者要求所有同类纠纷都由同一法院受理,而这并不是总能够实现;其次,尽管法院可以依职权调查示范诉讼相关证据,从证据的角度以"预决的事实"来免除后续原告在后诉中对已在示范判决中认定事实的举证,但后诉被告也有权提出新的证据与攻防手段,从而有可能取得与示范判决不同的结果;再次,若无示范判决效力的约束,即使原告在示范诉讼中胜诉,被告也完全可以通过漫长的后续诉讼来拖延赔偿,因为后续诉讼的结果并不是完全确定的;最后,后续诉讼当事人都是独立地开始自己的诉讼并仅代表自己的利益,也即每个原告都可以动用其诉讼上的权利和主张,大量个案须重复庭审、辩论,实质上并不能有效地降低诉讼成本。因此,如何在现行法律框架内寻求示范判决效力扩张的理论依据,充分发挥示范诉讼的价值,是本篇须重点研究的。

2. 代表人诉讼判决效力扩张的实质

首先,可以从我国代表人诉讼中寻找可能的法律依据。因为群体诉讼制度的基本要素就包含了判决效力的扩张。按照我国《民事诉讼法》的规定,代表人诉讼分为人数确定的、人数不确定的两种情形。人数确定的代表人诉讼的既判力全部及于被代表的当事人,人数不确定的代表人诉讼的既判力及于公告期满前进行权利登记的当事人,此类情形概无疑义。被代表人系以授权代表人代理诉讼的方式参加诉讼,因此,既判力无须扩张即可直接约束他们。实际上,这种情况可视为共同诉讼与诉讼代理制度的叠加,并不属于既判力的扩张。只有针对人数不确定的代表人诉讼中未在公告期内参加权利登记的利害关系人,才涉及判决效力向他们扩张的问题。[①]

从法律规定上来看,我国《民事诉讼法》第 54 条第 4 款规定,“未参加登记的权利人在诉讼时效期间提起诉讼的,适用该判决、裁定”。《民诉法解释》第 80 条进一步明确,“未参加登记的权利人提起诉讼,人民法院认定其请求成立的,裁定适用人民法院已作出的判决、裁定”。由此规定可见,一方面,法律不禁止未参加登记的第三人单独提起诉讼,也即判决效力不是直接扩张;另一方面,若其提起诉讼的,法院不另行审理,查明情况后直接适用之前已作出的判决,也即判决效力存在一定程度的间接扩张。

至于扩张的正当性基础,则有社会公益维护说、诉讼担当说、诉讼经济说等不同观点。如认为,代表人诉讼本身就是一举救济纠纷所涉及的所有主体的诉讼,由于这个诉讼救济的不仅仅是私权,而且是对社会公益的维护,对法的秩序稳定有重大影响,那么代表人诉讼判决的影响就不限于参加登记的人,判决的效力可以间接及于在公告期间内不申报权利、未向法院登记的人。[②] 或者认为,该情形属于法律规定的诉讼担当,登记的权利人担当了未登记的权利人,因此,其所获判决的效力及于后者。[③] 并且,若判决的效力不能扩张适用,势必导致相关利害关系人针对同一纷争不断重复起诉与审理,实则浪费司法资源。但是,上述理论并没有厘清这种

---

① 参见翁晓斌:《论既判力及执行力向第三人的扩张》,载《浙江社会科学》2003 年第 3 期。

② 参见肖建华:《群体诉讼与我国代表人诉讼的比较研究》,载《比较法研究》1999 年第 2 期。

③ 参见李德飞:《我国诉讼担当制度中既判力主观范围的扩张》,载《司法改革论评》2009 年第 00 期。

间接扩张的实质是什么。可以想象,实践中会出现种种问题——如果后诉的诉讼请求与代表人诉讼判决不一致如何处理?如果代表人诉讼判决对多数人的一方不利,后诉当事人不愿接受该判决效力且提出了新的证据,是否必须受该判决的约束?

根据《民事诉讼法》的规定,代表人诉讼判决效力的扩张,是针对在公告期内未进行权利登记、在诉讼时效期间内向法院起诉的人所使用的,即将代表人诉讼判决效力间接地扩张及于有关的利害关系人。方式是法院作出裁定适用代表人诉讼的判决。理论上,在诉讼时效内后起诉的当事人,符合完整的起诉要件,提起的诉讼是一个独立而完整的诉讼,法院需要对实体权利义务关系作出审查。可能的情况是,代表人诉讼程序顺利进行且代表人诉讼判决对多数原告一方有利。但一方面,代表人诉讼判决中所承认和保护的权利未必与后诉的当事人所要求保护的权利在范围和程度上完全一致。这一点在大规模的损害赔偿之诉中是必然存在的,每一个投资者的具体交易情况不同,受损害的事实当然不同。另一方面,虽然代表人诉讼判决为被告设定了某种实体义务或责任,但被告可能会认为后诉的原告实际上并不享有相对应的权利,如涉及投资者是否符合索赔资格的问题。换言之,在后续诉讼中,无论是原告还是被告,都有可能对已作出裁决的直接适用提出异议,这本身也是当事人的权利。因此,后起诉的当事人对已作出的裁决,只能是部分适用,无法全部适用,毕竟损害赔偿必然存在个性化问题。从扩张的范围来看,代表人诉讼效力的扩张只能是对共通性的事实认定或法律适用结论,至于个性化的诉讼请求,则不在扩张范围之内。[①]

代表人诉讼判决效力间接扩张的实质在于,法院必然在代表人诉讼的判决中对一些带有共通性的问题进行了判断,包括事实认定和法律适用意见。对于后来提起诉讼的当事人而言,最有意义的就是这些具有共通性的事实认定和法律适用结论。在这个范围内,规定代表人诉讼判决效力的扩张是合理的,也与我国现行司法解释中的免证事由规则相一致,法院没有必要就已经证明的事实和争论过的法律适用意见重复审查。至于后起诉的当事人的具体诉讼请求和必要证据资料,则属于个性问题,无法在原判决中找到答案,必须具体案件具体裁判。也就是说,后

---

① 参见汤维健等:《群体性纠纷诉讼解决机制论》,北京大学出版社2008年版,第287页。

起诉的当事人对于原判决,只能是部分适用而无法全部适用。另外,对于共通性的事实认定和法律适用意见,未参加诉讼的后续当事人不一定是赞同态度,也有可能提出异议,并希望通过新的诉讼提出救济。这本身也是当事人的权利,不能因为法院已经有了意见而拒绝审理。如果该部分当事人所主张的事实和理由与代表人诉讼所认定的一致,可以直接援引代表人诉讼判决中关于共通性事实和法律意见的认定。但是,法院也可以以后诉原告的诉讼请求没有法律依据,或者没有足够证据支持为由,判决其败诉。因此,判决效力的扩张只针对认可代表人诉讼判决并希望援引该判决的当事人。具体而言,符合登记条件但没有参加登记的当事人,可以在代表人诉讼判决生效后,向一审法院起诉。起诉人所主张的事实和法律理由如果与代表人诉讼相同或相似,法院可以直接援引生效裁判所认定的事实和法律适用意见,当事人不需要举证。法院在当事人提供的证据基础上,裁定是否支持当事人的诉讼请求。当事人起诉时主张的事实或法律适用意见与原生效判决不一致的,法院审理后认为没有新的事实和理由足以推翻原判决的,判决驳回诉讼请求。

深究之,在代表人诉讼中,虽然全部共同利害关系人在起诉时尚未确定,但参加授权的人数是确定的,即所有向法院登记的权利人。代表人也正是代表这一部分人进行诉讼,诉讼结果也只在这个范围内直接发生效力。未参加登记的权利人与代表人之间并无授权与被授权的关系,其起诉到法院后,与之前的代表人诉讼只构成普通共同诉讼关系。与其说出于确保适法统一、维护社会公益、节约诉讼成本,或者说经公告而不登记的则视为对代表人择定的默示同意等,倒不如说是因案件本身的共通性、当事人之间的利益的一致性才构成了判决效力间接扩张的基础,而且扩张的范围也只限于共通性问题。

3. 示范判决效力扩张的类推适用

笔者认为,《民诉法解释》第 80 条关于代表人诉讼判决效力扩张的原理完全可以类推适用于示范判决效力的扩张。因为示范诉讼程序的目的就是解决共通性的事实认定和法律适用问题。从这一角度来看,示范案件与平行案件之间的关系跟代表人诉讼案件与未参加登记的权利人另行起诉的案件之间的关系类似。

具体而言,根据《民诉法解释》第 80 条规定,“未参加登记的权利人提起诉讼,人民法院认定其请求成立的,裁定适用人民法院已作出的判决、裁定”,对平行案件来说,其本身构成一个完整的、独立的诉讼,法院仍要作出个案审查,只是对已经确认的事实和法律适用结论可以不再审理,而只审查当事人诉讼请求的合法性与合理性。当事人也可以在后续诉讼中提出新的证据,反对共通性的结论。如果有新的事实和理由足以推翻原判决的,判决效力则不发生扩张。另外,在援引共通性事实认定和法律适用结论的基础上,如果当事人就个性问题的部分作出让步、达成和解,如降低索赔金额的,属于对自身实体权利的处分,也应予以准许。因此,这种示范判决效力的扩张不是既判力上的直接扩张,它既不产生"一事不再理"的效果——示范诉讼期间未起诉的相关利害关系人仍可起诉;也不在实体权利义务关系上产生法律上合一确定的效果——平行案件的当事人仍可以选择调解、和解乃至继续诉讼。与代表人诉讼判决的间接扩张一样,其性质只能归为"判例效",即在后续事件中可以援引示范判决的结论。

虽然示范判决机制不是通过一个程序彻底地解决群体性纠纷,即示范案件在审理后还要对平行案件分别作出认定。但对法院来说,通过示范判决结论的援引,足以避免对共通性问题重复审理所导致的司法资源浪费;对当事人来说,示范判决也可以提供稳定的诉讼预期,并赋予其更多的程序自主权以选择纠纷的非诉解决,避免重复讼累。因此,如果示范案件能够进行充分的审理,引起社会各界的关注,在制度上落实示范判决效力的扩张性,使当事人充分意识到示范判决对群体利益的影响,那么也足以实现示范诉讼的价值。综上,在现阶段,通过类推适用人数不确定的代表人诉讼制度,以实现将示范判决效力向平行案件的扩张,进而使初步构建示范判决机制具有相当可行性。

4. 示范判决效力扩张的法理基础

在示范判决对后诉的作用上,相对于契约型示范诉讼而言,在由法院依职权启动示范诉讼的情形下,由于欠缺当事人之间的效力扩张协议。因此,在解释论上,示范判决对后诉并不具有既判力扩张的效力,关键在于后诉是否得援用示范案件的结果,而节省在事实认定、证据调查上费用支出等问题。

首先,根据《民事诉讼法》第64条依职权调查证据的规定,即使当事人未声明将示范判决作为证据,法院仍可依职权调阅该文书,并将其作为书证予以调查。最高人民法院《关于适用〈中华人民共和国民事诉讼法〉的解释》第93条亦规定,当事人对已为法院发生法律效力的裁判所确认的事实,无须举证证明。在将示范判决作为证据调查的基础上,法庭归纳争议焦点时即可引导当事人就案件是否得适用示范判决作辩论。此外,就同一待证事实,若后诉当事人又声明有其他证据时,法院原则上也须调查,但出于诉讼经济的必要,应限定其范围。如果后诉当事人所提出的新事实对诉讼结果有重大影响,且在示范案件中又未证明过,法院应进行证据调查。如有必要,可就同一证人再行询问或再行鉴定。关于证据调查是否必要,应考虑以下因素:后诉当事人的听审权是否已在示范判决程序中受到充分保障;于后诉中再申请调查某一证据,是否有违诉讼法上的诚信原则;当事人有无拖延诉讼的意图等。并且,应使当事人就此有表示意见的机会,以保障当事人的程序权。法院若认为,即使许可当事人的证据申请,亦不足以证明有重要的新事实时,则可以驳回当事人的证据申请。

其次,若后诉当事人同意援引示范判决的,则后诉程序可以进一步简化。如后诉在事实及法律上争点无重大特殊性,且案情事实均已厘清,可以简化争点、采用简易程序审理,如仅就赔偿数额裁判即可,而无须再认定被告责任是否成立。对此法理上可解释为当事人合意就某一事实或法律上的争点愿意依照他人同类诉讼判决所认定的结果,不予以争执,而为自认契约。申言之,一方面,基于辩论主义,当事人就事实具有处分权限,故若当事人就某一事实合意不争议,应具有拘束力;另一方面,关于权利自认,由于涉及法官就事实在法律上的评价,是否得由当事人处分有争议。但是,既然适用法律所根据的事实是当事人可处分的对象,理论上当事人也可基于对事实的限制而影响法官在法律上的评价。并且,示范判决本身是由法官遵循正式、严格的程序就同类事实或法律争点所为的判断,后诉当事人如合意受其约束,应无否定之理。

就既判力扩张的主体范围而言,考虑到平行案件中的原告并非示范案件中的当事人,并未参与示范诉讼过程,但示范判决中对事实的认定和裁判,是被告参与并经充分辩论的,所以受侵害的投资者援引示范判决支持其损害赔偿请求并不损害被告权益。相反,由于平行案件投资者并未参加示范案件审理,未对被告主张及证据行使诉权,若直接适用示范判决中对被告有利的认定,则对投资者构成显著的不利益。因此,参照公益诉讼相关规定,示范判决中判决理由部分的既判力扩张也应是单向的,可仅向投资者作为平行案件原告方面作有利扩张,而不及于作为被告的上市公司。即在案件主要的争议焦点问题上,生效示范判决作出对投资者有利的认定,平行案件原告可以直接主张适用,但被告有相反证据足以推翻的除外;而对被告有利的认定被告不能主张直接适用,仍需就其主张承担举证证明责任。

综上,通过对现行法的解释,示范判决能否在后诉中最大化地发挥诉讼经济作用与当事人是否同意相关,可仍有其界限,故宜考虑就示范案件与平行案件之间拘束力关联在立法上明文予以规范。具体可参考消费民事公益诉讼、环境民事公益诉讼中相应援引同类判决的规定。如最高人民法院《关于审理消费民事公益诉讼案件适用法律若干问题的解释》第16条规定"……消费民事公益诉讼生效裁判认定经营者存在不法行为,因同一侵权行为受到损害的消费者根据民事诉讼法第一百一十九条规定提起的诉讼,原告主张适用的,人民法院可予支持,但被告有相反证据足以推翻的除外……"最高人民法院《关于审理环境民事公益诉讼案件适用法律若干问题的解释》第30条规定"……对于环境民事公益诉讼生效裁判就被告是否存在法律规定的不承担责任或者减轻责任的情形、行为与损害之间是否存在因果关系、被告承担责任的大小等所作的认定,因同一污染环境、破坏生态行为依据民事诉讼法第一百一十九条规定提起诉讼的原告主张适用的,人民法院应予支持,但被告有相反证据足以推翻的除外……"因此,民事公益诉讼生效裁判不仅在事实认定上对私益诉讼有预决力,在判决理由上也存在既判力向关联私益诉讼扩张。

(二)示范案件当事人诉讼能力不平衡

由于示范判决以个案审理为基础,示范案件的原告可能会在证据的掌握上、专业知识和法律水平上均处于劣势,难以与被告抗衡。申言之,原告一方往往是消费者、中小股东,被告一方则是上市公司、集团企业等,在经济实力、专业知识、法律资源等各方面都有一定优势,能够承担昂贵的诉讼开支、有丰富的处理纠纷的经验、有条件聘请最好的律师代理诉讼。在其他群体诉讼制度中,通常强调将弱小的一方当事人基于共同利益集合为一个集团,从而使诉讼格局发生根本性的改变。如有学者指出,"受害的消费者具有分散性,要像扣暗扣似地人为地将他们结合起来,形成一个强大的受害者集团,以实现它与加害企业间地位平等化,这是其最大的作用。因为通过将分散的消费者集合起来,集团诉讼可以营造一个与处于优势地位的超大型组织平等地进行权利斗争的奋争环境"。[①] 但在示范判决机制中,人数众

---

① 参见[日]小岛武司:《诉讼制度改革的法理与实证》,陈刚等译,法律出版社2001年版,第52页。

多的受害一方虽然在人数上占优势，但单独诉讼的方式使其无法在诉讼中显现出集团的存在及其作用，单个的投资者显得势单力薄，无论哪个方面都远远不如对方当事人。并且，对示范案件的挑选主要是基于其在同类案件中关于共通性问题的代表性。虽然也需考虑当事人本身的诉讼能力及其意愿，但后者并不是决定性因素。可能的情况是，直接参与示范案件审理过程的当事人双方并不在一个平等的起跑线上，不利于中小投资者维权。

另外，示范判决效力的扩张所形成的“搭便车”现象，一方面使平行案件当事人得以分享示范判决成果，提高诉讼效率；另一方面，也容易导致集体行动缺乏动力。对那些平行案件当事人而言，完全可以躲在背后等待示范案件的结果，胜诉了则到法院直接分享胜利果实，且不用承担示范诉讼程序的相关费用；若是败诉了，既可以提出撤诉“全身而退”，也可以在后续诉讼中吸取败诉教训，提出新的意见。反之，对示范案件的当事人而言，一是要承担可能的败诉风险；二是要在诉讼中投入相当多的精力，以达到在示范判决中全面谨慎地澄清所有共通性问题的目的；三是面临着各种实际的诉讼支出，如诉讼的各种预交费用、交通费、住宿费等，案件越复杂支出也就越大。即使是胜诉，所获得的收益也与成本不成正比。可以想象，群体每个人都有维护自身权利的意愿，出于理性的权衡，他们会选择沉默，希望别人为自己出头，自己则无偿享有前任的诉讼成果，这种“集体行动困境”在客观上无法避免。即使是法院依职权选定了示范案件当事人，也不能解决其与平行案件当事人诉讼成本不对等的问题。

笔者认为，有必要发挥专业团体的作用，以克服个人负担过重和诉讼能力不足的问题。但是，考虑到适格当事人资格的问题，此处团体的角色不应是提起团体诉讼，而是支持诉讼。我国《民事诉讼法》第 15 条规定，“机关、社会团体、企业事业单位对损害国家、集体或者个人民事权益的行为，可以支持受损害的单位或者个人向人民法院起诉”。对示范案件当事人而言，支持诉讼可以通过在物质上、法律上、道义上给予帮助，选派有法律知识的人作为其诉讼代理人，有效降低示范案件当事人的诉讼成本。对法院而言，团体的介入也发挥着显著的协助作用。示范诉讼程序不可避免地涉及许多复杂的技术性问题，如要协调各当事人之间的关系，主动挖掘各个案件的共同材料，分辨不同案件的个性与共性。这不仅增加了工作负担，对审判能力也提出了更高要求。如果处理不当，不仅会造成延误，还可能会损害当事人的程序性保障,比如,该审理的没有审理,不必要审理的又重复进行。而团体能够以“法院之友”的角色,主动协调当事人之间的关系,发掘案件的共性,提供、整理案件相关材料等,对示范案件审理的顺利进行有很大的积极作用。从现阶段虚假陈述民事赔偿案件的各地司法实践来看,也多依靠律师“穿针引线”地承担起大量征集原告、整合诉讼资料的工作。

在证券群体性纠纷领域,中证中小投资者服务中心(以下简称投服中心)于2014 年 12 月成立,属于国务院证券监督管理机构认可的证券金融类投资者保护机构。从司法实践中其提起的多起证券支持诉讼来看,团体的参与可有效弥补处于弱势地位的原告在知识上的欠缺和能力上的短板,降低其维权成本,在个案中平衡当事人诉讼能力,对切实保护中小投资者权益具有重要意义。因此,引入法定的投资者保护机构等团体,由其支持示范案件诉讼,实有必要。

第二节　证券群体性纠纷的非诉解决

应当说,在纠纷解决的终极目的上,群体诉讼与其他非诉纠纷解决机制并无优劣之分。法治社会并非诉讼社会,使用法律并非一定要诉讼,根据法律规定进行和解、调解、仲裁等都能同样解决纠纷。在司法实践中,面对大规模的群体性纠纷,单靠挖掘现有资源、提高审判效率对缓解人案矛盾已经是杯水车薪。正式的诉讼救济不可能解决社会所有纠纷,仅依靠简化诉讼程序也不足以克服诉讼的所有弊端和问题。相比群体诉讼,替代性纠纷解决机制(Alternative Dispute Resolution,ADR)存在成本低、效率高、解决方案易于为当事人接受并主动执行等优势,应成为解决群体性纠纷的重要手段之一。《若干规定》第 4 条即规定:“人民法院审理虚假陈述证券民事赔偿案件,应当着重调解,鼓励当事人和解。”

一、制约 ADR 发展的因素

相对于判决而言,调解与和解,是在当事人自愿基础上取得的诉讼结果,有利于纠纷的迅速解决,进而避免矛盾的扩大和激化。在调解与和解基础上解决的纠纷，是经过协商的各方都愿意接受的争议解决方案。其不存在上诉问题，二审程序不会发生，并且进入审判监督程序的情况也非常少，可以说是对争议的内容和问题进行了彻底的解决。但是，在我国证券群体性纠纷的处理上，调解机制在现阶段并未有多大发展，可能存在以下几点原因。

（一）专门调解机构的影响力低

由于证券民事纠纷具有复杂性、专业性、技术性等特点，一般机构和人员难以作为调解中间人。而现阶段，证券纠纷专门调解机构的发展规模、社会知晓度、认可度均有待提高，当事人可能因为不知晓或不信任该调解机构而拒绝参与调解。

（二）当事人对调解解决的认同度低

部分当事人由于主观认识的偏差，认为只有通过法院诉讼才能产生强制执行的效力，出于对调解协议达成后实际履行效果的顾虑，不愿意进行调解。法院委托调解机构进行调解的案件，也不乏由于一方当事人愿意调解而另一方当事人拒绝调解而被退回的情况，导致调解成功率降低。

（三）当事人之间争议较大

证券群体性纠纷涉及索赔金额巨大。不仅原被告之间对侵权事实和责任承担争议较大，各原告之间也诉求不一，导致难以在诉前提出一个各方都可接受的调解方案。例如，在虚假陈述民事赔偿案件中关于揭露日的认定，无论定哪个时间点都有不同的支持者和反对者，若没有生效判决予以认定，当事人完全不可能达成一致。另外，就被告而言，也更希望通过漫长的诉讼程序来提高投资者的维权成本，故对调解保持消极态度。如在司法实践中，提出管辖权异议是上市公司应对投资者索赔系列案件的常见手段，其意图在于拖延案件进程，以此达到减少在诉讼时效期间参与索赔的总人数、降低赔偿总金额的目的。

不可否认，诉讼程序虽然耗费成本较高，但其最大的优点在于，可以形成确定的、终局性的结果。如果没有通过诉讼程序给出明确的判决结果，众多原告在与被告反复博弈的过程中，其所声称的“得不到补偿就将付诸诉讼、执行”的威胁对侵权人而言毫无作用；即使以 ADR 方式解决，受害人得到的补偿也不会令人满意。更重要的是，通过示范判决，可以有效地促成信息公开，准确的诉讼预期可以使双方对各自的筹码和胜诉概率估计接近，有助于当事人尽早地达成一致。

(四)律师参与度十分有限

在该类案件中,相当多的当事人都是由律师代理的,且律师代理往往采用风险代理机制,即以最后执行到位债权的一定比例付给律师作为报酬。因此,律师在调解过程中,出于自身利益的考量,往往希望当事人进行诉讼而非调解以获得更多报酬,对当事人进行调解持放任甚至反对意见,对当事人选择调解产生消极的影响。

因此,要实现示范判决对平行案件的分流作用、完善其与 ADR 机制的对接,应要从以下几方面改进:加强法院与专门调解机构的对接,通过委托调解分流案件;简化、完善司法确认程序,建立调解协议司法确认快速通道;发挥诉讼费用、律师费用的经济杠杆作用、形成对调解的激励;将示范诉讼程序的信息完全公开,保障同类案件当事人对示范诉讼的参与等。总之,在群体性纠纷的解决方式上,应当兼收并蓄,避免把纠纷的解决单纯寄希望于某一种程序,并将其绝对化。示范判决机制可以使 ADR 与诉讼程序相互促进、形成互动,共同为证券群体性纠纷公正、经济地解决提供富有实效的平台。

二、示范判决机制与 ADR 的对接

示范判决机制在与 ADR 对接时具有独特的优势。原因在于,示范判决会给纠纷当事人带来明确的诉讼结果预期,这会对尚未参与诉讼的纠纷当事人与对方当事人达成和解产生极大的推动作用,从而避免后续诉讼的发生。另外,由于示范判决是基于个案审理,即使是对已进入诉讼程序的平行案件当事人来说,也可以在参照示范判决的基础上选择以调解或和解撤诉的方式终结诉讼程序。

(一)示范判决的“试验性”

所谓“试验性”,是指对于平行案件当事人来说,经法院对示范案件的审理,在平行案件中所共通的事实与法律问题也同时得以明确,示范判决的结果无疑是对其自身胜诉前景“试验性”的、直观的展示,就如同法院审理的是自己的案件一样。因此,示范诉讼的裁判结果除了成为其他相同事件在诉讼上的处理依据外,也能成为纠纷当事人于诉讼外解决其他相同事件之准据。

就这点而言,示范判决从结果导向上与早期中立评估制度有异曲同工之妙。它起源于 20 世纪 80 年代美国的早期中立评估制度,被归类于建议型的替代性纠纷

解决机制,即在案件审理之前,利用专家的专业知识,通过现有的证据帮助当事人对纠纷作出一定程度的评估,以使当事人认识到案件的价值、自身于案件中所处的局势并厘清合意以及争点等,纠正当事人对案件认知的偏差,以正确决策未来的纠纷解决走向。[①] 简言之,即通过中立第三方为当事人提供接近于裁判的法律意见,促使当事人权衡利弊后选择以和解解决纠纷。[②] 但与早期中立评估制度所不同的是,示范判决并非是对个案分别作出预估,而是基于该类案件在事实或法律上的共通性而起到类似的效果。

例如,在虚假陈述民事赔偿案件中,如果示范判决确定被告应承担侵权责任,则对众多原告而言,只要是在规定的时期内买入、卖出该股票的,总是能获得赔偿的。当事人完全可以参照示范判决的内容,选择各方都能满意的解决问题的方案,达成调解或和解。对原告来说,相比后续漫长的诉讼程序,调解或和解可以最快地诉讼拿到赔偿款;对被告来说,也省却了重复诉累、降低诉讼费用,并可在一定程度上通过与原告协商互相让步来降低赔偿款。此外,如果已起诉的当事人经由示范判决可确定自己的交易损失不是在可索赔范围内的,如已在虚假陈述揭露日之前卖出全部股票的,也可以及时撤诉以避免败诉风险;对法院来说,在共通性的事实和法律问题得到解决后,法院将其他个性化争议转交 ADR 解决,如果当事人达成一致,就减少了正式庭审的时间和成本。从许多国家的司法实践来看,一旦有了这种判决,当事人通常会在双方律师的帮助下根据法官阐述过的一般原则在法院外解决其他案件。

(二)平行案件当事人的程序自主权

相比集团诉讼等其他群体诉讼制度,由于示范判决是基于单独诉讼,当事人程序选择权的自主余地更大。从集团诉讼的和解制度来看,法院需要经过严格的审查才允许和解。具体而言,当集团诉讼和解协议提出后,法院应对和解协议进行书面审查。法官初步同意和解协议的,则要求集团诉讼代表人和集团律师将拟议的和解方案通知所有集团成员,包括告知和解的原因、通过和解可以得到的利益、和解金的分配和派送方式以及集团律师费和诉讼费用支付的案件等主要和解协议事

① 参见江和平、黄琪:《民商事纠纷中立评估机制的中国发展之路》,载《法律适用》2015 年第 7 期。

② 参见周晨:《浅析美国早期中立评估机制(ENE)在中国诉前调解中的构建》,载《法制与社会》2011 年第 25 期。

项;告知集团成员对和解协议提出质疑,并通知法院对和解协议进行听证的时间等。在排除了一切可能损害集团成员利益的合理怀疑之后,法院才能以裁定批准证券集团诉讼和解。之所以对程序要求严格,是因为代表人是代表集团整体与被告和解,而和解作为终结集团诉讼的方式之一,是对全体集团成员发生效力的。与之类似,在德国的示范诉讼中,和解也是一种终止示范诉讼程序及所有平行案件的方式,并对所有没有声明退出的当事人发生效力。这是因为,无论是集团诉讼还是示范诉讼,都是将所有纠纷合一解决,故和解是对全体当事人发生法律效力,而不存在一部分人和解、另一部分人继续诉讼的情况。

但是,示范案件与平行案件一样,都是单独、独立的诉讼事件,示范判决对平行案件而言只就其对于共通性问题的裁决部分具有"判例效",且是否发生效力还须法院的审查。因此,平行案件当事人所进行的仍是一个相对独立的诉讼程序,可以根据自己的情况自主选择程序的终结方式。若继续诉讼的,可以援引示范判决中关于共通性事实和法律问题的裁决;也可以根据示范判决的结果,就具体的赔偿金额等个性问题接受调解或和解等。对于那些不符合索赔资格的投资者,未提起诉讼的不再起诉,已进入诉讼程序的可以撤诉。可以预见,在经过示范判决的分流后,仅是筛掉不符合索赔资格的投资者这一项,进入后续诉讼程序的案件数量也将大大降低。

综上,较其他群体诉讼制度,示范判决机制以个案分别处理的方式虽然没有直接的、一体化的解决全部纠纷,也不具有集团诉讼所有的通过众多人数而形成的势能,但是,事实上也可以起到群体诉讼的某些功能,在与 ADR 对接上也更具有灵活性。从利弊和效益的权衡上来看,不失为一种非常重要的群体性诉讼的补充方式。

第三节　证券支持诉讼的应然机能

我国的支持起诉制度始建于 1982 年的《民事诉讼法(试行)》。该法第 13 条就此作出了专门规定。1991 年《民事诉讼法》原文保留了该项规定,只是将条文序号调整为第 15 条。即机关、社会团体、企业事业单位对损害国家、集体或者个人民事权益的行为,可以支持受损害的单位或者个人向人民法院起诉。支持起诉,体现了依靠社会力量维护国家法制的思想，故也被称为社会干预原则。其中，证券支持诉讼是指投资者保护机构支持受损害的投资者向法院起诉，是在金融消费者权益保护机制及公益诉讼方面的创新尝试。

在一般情况下，民事诉讼只能由民事权益受到侵害的或者发生争议的公民、法人或者其他组织向法院提起，并不需要其他组织或者个人的干预。在特殊情况下，受到损害的单位或者个人不能独立保护自己的合法权益，就需要有关组织给予协助和支持，帮助弱势单位或者个人实现诉讼权利。但是，如何支持投资者起诉，法律并无具体规定。理论上，机关、社会团体、企事业单位可以向他们宣传法律知识、提供法律咨询服务，使他们熟悉法律所规定的权利义务，提高法制观念，加强法制意识，敢于和善于运用法律武器维护自己的合法权益；也可以经他们的同意，接受他们的委托或者推荐律师担任他们的诉讼代理人，帮助他们维护合法权益；也可以向他们提供物质帮助，如代交诉讼费、律师费等。

通说认为，支持起诉应当具备以下条件：首先，在支持起诉的方式上，不允许支持者以自己的名义提起诉讼，而只能派人帮助受损害的单位和个人起诉、派代表出席法庭审理等。其次，支持者必须是机关、社会团体、企业事业单位，而不包括公民个人。最后，支持起诉的前提是有损害国家、集体和个人的民事权益的行为发生。

一、证券支持诉讼存在的不足

一方面，证券侵权诉讼涉及证券市场广大中小投资者的利益，事实往往较复杂、举证比较困难、鉴定费用高，对于证券支持诉讼的需求已经与日俱增。现阶段，支持起诉已呈现向支持诉讼发展的趋势，即支持人在介入时间上，不限于法院受理案件之前；在支持方式上，不限于道义、物质或法律知识的支持，派员出庭支持诉讼较常见。另一方面，《民事诉讼法》虽将支持起诉定位为基本原则，但从其实际运行来看，支持起诉因其适用范围相当狭窄，仅仅属于制度而非原则。并且由于立法对支持起诉的规定过于原则，对提起支持诉讼的条件、方式、程序，如支持诉讼人能否参与诉讼以及如何参与诉讼、支持诉讼人的诉讼地位、支持诉讼人对受害人是否具有保护义务等具体内容都没有明确规定，司法实践中缺乏可操作性，现阶段证券支持诉讼还存在诸多不足。

（一）支持诉讼方式零散

从司法实践来看，常用的支持诉讼方式包括以下几种：

1. 提供法律咨询。为促进诉讼的顺利进行，支持诉讼主体可以就起诉书的制作、举证、质证、法庭辩论预案的制作、是否对一审判决提起上诉等为原告提供法律咨询、提出参考意见建议。

2. 协助调查取证。为弥补原告调查取证上的困难，支持诉讼人可以自己名义进行调查取证，并在送交支持起诉意见书时一并移交人民法院。人民法院应当在庭审时将该类证据提交各方诉讼当事人进行质证，经质证确认的可以作为定案的依据。

3. 提交书面意见。书面意见的表现形式为支持诉讼意见书。被支持起诉方符合司法救助条件的，支持起诉主体可以建议人民法院缓收、减收或者免收诉讼费用。

此外，根据实践做法，支持诉讼的方式还包括出席法庭发表支持意见、对自身提交法庭的证据进行质证、推荐或委派诉讼代理人、代交诉讼费和律师费等。支持诉讼人当庭发表的支持诉讼意见不只限于在起诉时向法院递交的支持起诉意见书，还可以根据庭审情况，在法庭辩论终结时发表意见供法庭参考。其他当事人可以就支持诉讼意见发表自己的观点。但是，从证券支持诉讼来看，在证券侵权行为发生后，投服中心征集投资者维权时，大多只是在前期联络各地投资者、提供法律咨询、协助证据收集，维权难以形成规模。尽管在部分案件中投服中心派员以诉讼代理人身份出庭参与民事诉讼，但借助诉讼代理制度参与案件的实质审理中需要原告逐一授权，参与人数少、标的小，绝大多数中小投资者不在案件范围内，维权效果亦大打折扣。

（二）诉讼地位不明确

关于支持诉讼人在诉讼上是否有地位，以及有什么样的诉讼地位，理论上有三种认识：一是认为支持诉讼人可以支持者的身份参加民事诉讼，成为诉讼参与人之一；二是认为支持诉讼人非经委托，不能越俎代庖提起诉讼，若其接受委托则诉讼地位为诉讼代理人；三是认为支持诉讼人只是法律上的支持者和道义上的同情者，在起诉成立前可以给受害者以种种支持和帮助，当人民法院立案后便无权再干预，其不具有诉讼上的地位。但实践中，支持诉讼人既不是原告，也不是第三人，仅能

“支持”原告提起诉讼,在法庭上也没有相应的位置,独立的支持者说并无法律依据。若支持诉讼人派员以个人名义作为原告的诉讼代理人参与诉讼,又会与诉讼代理制度相冲突,如导致支持诉讼这一职务行为以个人名义进行的非正常形态,影响有限,责任追究也存在困境。三是,如果支持诉讼仅限于法律上的支持和道义上的同情,难免导致中小投资者因诉讼成本高昂而放弃维权,支持诉讼的法律功能便无法实现。

二、支持诉讼与其他机制的比较

(一)支持诉讼与公益诉讼

《民事诉讼法》第 55 条规定了环境民事公益诉讼和消费民事公益诉讼,即对污染环境、侵害众多消费者合法权益等损害社会公共利益的行为,法律规定的机关和有关组织可以向人民法院提起诉讼。与支持诉讼类似,公益诉讼中也存在除利害关系人之外的特定机关或组织介入诉讼程序,但两者主体在诉讼地位上存在较大区别。申言之,在支持诉讼中,机关、社会团体、企业事业单位不是与本案有直接利害关系的人不是原告,不能以自己的名义起诉,只是可以支持受损害的单位或者个人诉讼。公益诉讼则允许某些特定主体为维护公共利益,作为原告直接提起诉讼。

在群体性纠纷中,民事公益诉讼案件中往往也存在公益和私益的交叉,即针对同一侵权行为,在法律规定的机关和有关组织提起公益诉讼的同时,受害人也提起普通消费民事诉讼。也即存在两种诉讼程序的协调问题。从最高人民法院《关于审理消费民事公益诉讼案件适用法律若干问题的解释》相关规定来看,在当事人自愿处分原则下,消费普通诉讼的原告也可搭公益诉讼的“便车”。首先,该解释第 9 条规定消费民事公益诉讼案件受理后,在消费普通民事诉讼(私益诉讼)中原告自愿的前提下,人民法院可以裁定中止案件审理,即等待公益诉讼的结果。在公益诉讼判决生效后,该解释第 16 条规定,消费民事公益诉讼生效裁判认定的事实,对关联私益诉讼的原告和被告均具有免予举证的预决效力。并且,公益诉讼判决中就诉讼标的以及主要争议焦点的判决理由对私益诉讼也产生拘束力,这些争议焦点主要指对经营者是否存在不法行为的认定。因此,消费民事公益诉讼生效裁判不仅在事实认定上对私益诉讼有预决力,而且在判决理由上也存在既判力向关联私益诉讼扩张。就这个角度而言,公益诉讼与普通消费民事诉讼的关系和证券示范判决机制中示范案件与平行案件的关系类似。一方面,若示范案件由投服中心支持原告诉讼,则公益诉讼和示范诉讼均是由专业人士主导或参与,在专业能力和诉讼资源上能更好完成诉讼,维护公共利益。另一方面,无论是针对被告的同一侵权行为提起的公益诉讼和私益诉讼之间,还是示范案件与平行案件之间,在案件事实认定、争议焦点分析判断以及法律适用方面均有共通性。在群体性纠纷中受害人人数众多、维权成本高、诉讼周期长的情况下,为了统一裁判尺度,避免司法资源的浪费和提高诉讼效率,在公益诉讼和示范诉讼原告胜诉后,对受害人救济程序理应相对便捷化。

(二)支持诉讼与"法院之友"

法院之友(amicus curiae)制度是一项在英美法系国家以及国际纠纷解决机制中被广泛运用的制度,具体是指案件当事人以外的人在案件审理过程中主动地或经当事人邀请,向法院或其他裁判机关提交与案件有关的事实意见或法律意见,以影响裁判的制度。[①] 在17世纪之前,法院之友主要由英国的检察总长或法律界人士担任,目的是阐明一些法院尚未掌握的事实以及相关制定法方面的信息。美国在继承了英国这一制度的基础上,通过一系列的判例,将法院之友制度改造成了一项运用非常广泛的制度。

法院之友参加诉讼的方式有两种:一是递交法院之友书状(amicus brief);二是直接以言词方式参加庭审辩论、质证,其功能是支持、帮助和向法院提出建议,帮助法院作出公正的判决。就这一角度而言,支持诉讼也有类似作用。申言之,尽管支持诉讼人是支持原告一方,在法律地位上不具有中立性,但从美国司法实践来看,法院之友作为"中立者"的观念早已过时,它对相关问题有利益已经成为普遍做法。一般来说,个人或利益集团作为法院之友具有明显的利益倾向性。特别是在一些涉及政府政策、公民宪法权利、种族和性别歧视、环境保护等问题的案件中,利益集团的活动尤其活跃。这些法院之友只有在获得诉讼双方当事人的同意、向法院提出申请获得同意或应法院之邀时方可参与诉讼。但从法院之友制度的设立目的来看,尽管法院之友可以站在一方当事人立场上,也应尽可能地保持客观,着重运用

① 叶青、王晓华:《论法院之友制度及其在我国的移植障碍》,载《现代法学》2008年第2期。

自己的专业性去推动一个公正的判决的形成，而不是仅仅通过重复一方立场，这样的法院之友才会真正成为法院的朋友。因此，投服中心虽然是以支持诉讼人的身份参加诉讼，但其作为专业化金融法律服务公益机构，具有法律和金融专业背景，在投资损失计算方面能够对复杂的交易进行专业分析并高效准确地进行大批量的计算工作，应利用其专业优势尽到法院之友的功能。从参加诉讼的方式上，也可借鉴法院之友的相应程序，如投服中心在支持诉讼案件中提交支持诉讼意见书，该意见书应按规定送达给案件当事人，支持诉讼人可在法庭上就该意见书的内容直接参与法庭辩论、质证和询问，各方当事人可以就该意见书进行辩论。

从证券虚假陈述案件的审理情况来看，若将来取消前置程序，由投服中心就虚假陈述行为的认定提供专业意见则更有必要。申言之，2003 年施行的最高人民法院《关于审理证券市场因虚假陈述引发的民事赔偿案件的若干规定》，要求原告提起证券虚假陈述民事赔偿诉讼须以“有关机关的行政处罚决定或者人民法院的刑事裁判文书”为依据。但由于该司法解释尚未被明确废止，对于法院是否应当按照立案登记制要求对此立案条件不再审查，实践中存在分歧。但就现阶段而言，将行政处罚或刑事制裁作为前置程序，为民事诉讼中虚假陈述行为的认定提供了直接、专业的依据。前置程序若取消，一方面将大大降低投资者起诉的门槛，虚假陈述案件数量或将激增；另一方面，投资者就违法行为的举证难度加大，双方将产生更大的诉争空间，法院审理难度亦将明显增加。但随着证券市场的成熟和立案登记制的推进，基于更好保护中小投资者的需要，立案前置条件的取消是可预期的。因此，投资者提起诉讼就需涉及被告虚假陈述行为是否成立、该虚假陈述是否具有重大性等专业问题，在诉讼过程中可能需要承担较高昂的调查费、取证费、咨询费和律师费，故有必要在示范案件中引入证券支持诉讼以增强投资者诉讼能力，并且在平行案件的举证责任分配上作出有利于投资者的规定，即对示范判决所认定的事实赋予平行案件当事人免予举证的预决效力。

三、示范判决机制中的证券支持诉讼

支持诉讼是示范判决机制中不可或缺的一环，下文以投服中心作为支持诉讼人为例，详述支持诉讼与示范判决机制的结合点。

(一)示范判决机制启动之前

在示范判决机制启动之前,投服中心即可先行征集投资者进行求偿登记。如果受损投资者人数规模较小,且大多数同意委托投服中心作为代理人提起诉讼的,投服中心可直接以诉讼代理的方式参加诉讼。在当事人全面授权的前提下,从证据的收集、诉讼的提起、调解或诉讼的终结,甚至代理申请执行生效裁判,可使投服中心在实质上履行团体诉讼的职能。尽管从制度层面来分析,相较于以自己的名义进行的团体诉讼,对于以“全权”诉讼代理方式支持诉讼的诉讼模式来说,投服中心并非以自己名义提起民事诉讼,而是以当事人名义提起诉讼,且诉讼后果直接由当事人承受。但是,在实质意义上来分析,投服中心在取得全面授权的前提下所从事的诉讼行为在法律效果上与团体诉讼并没有实质的差异,因而能起到团体诉讼的相应作用。

其次,若受损投资者人数规模较大或存在内部意见分歧的,则宜启动示范判决机制。一方面,投服中心可在分析各投资者交易情况的基础上,选择符合示范案件择定标准的案件支持投资者提起诉讼;另一方面,对其他投资者而言,投服中心可就示范判决机制中当事人的各项权利义务逐一释明,如平行案件的审理应等待示范案件结果等,以此引导当事人暂缓起诉或申请中止审理。特别地,示范判决既判力的扩张须以当事人同意为基础,投服中心可先引导投资者出具书面同意意见,以加快示范判决机制流程。

(二)示范案件的支持诉讼

从示范案件的重要性来看,由投服中心作为支持诉讼人来进行示范诉讼,不管是在相关费用的负担上,还是实质的诉讼能力上,相较于个别投资者,均更适合。更重要的是,由于其公共职能,投服中心作为国务院证券监督管理机构认可的投资者保护机构,也有义务在中小投资者利益受到损害时采取司法行动。并且,投服中心就揭露日的认定、虚假陈述行为与损害之间是否存在因果关系、系统性风险的扣除等共通性争点提交的支持诉讼意见书,是在总结分析其征集的大量投资者交易情况基础上,如能就上述争点与被告进行充分地辩论,能协助法庭全面考虑到示范案件对后续案件的影响,最大限度地实现示范判决既判力扩张之目的。

支持诉讼意见书一般应当包括支持诉讼机关、案件来源、当事人的基本情况、支持起诉的事实与理由等。在投服中心参加诉讼的方式上,若投服中心派员参加庭审的,可单独发表支持诉讼意见并参加辩论。至于诉讼地位,基于支持起诉制度和诉讼代理制度之间的共通性,在法庭审理中支持诉讼人地位相当于原告的诉讼代理人,但可在判决书中表明支持诉讼人身份。

(三)平行案件的支持诉讼

在示范判决作出后,投服中心支持诉讼的方式应为协助投资者参照示范判决进行调解。另外,参照示范判决确定的计算方式协助投资者计算投资损失并准备相关证据也可作为支持诉讼的方式之一,既便利投资者维权,也可减轻法院后续平行案件的工作量。

第四章　证券支持诉讼示范判决机制的构建

证券群体性纠纷涉及众多中小投资者的权益，是当下的热点问题。司法作为社会正义的最后一道防线，构建一套公正高效、契合国情又顺应时代需求的证券群体性纠纷化解机制，已成为当务之急。证券支持诉讼示范判决机制，即法院在审理证券群体诉讼案件时，以解决共通性的事实认定和法律适用问题、对其他同类事件的处理发挥指导作用为目的，挑选示范性个案先行审理、判决，且在过程中由专门机构进行支持诉讼、证据认证的群体性纠纷化解机制。机制内容具体可以分为三个方面：一是示范判决程序，包括程序的启动、示范案件的审理及判决、平行案件的分流；二是示范案件及平行案件中对支持诉讼的适用；三是其他辅助机制，包括费用激励、司法确认等。

第一节　证券纠纷示范判决机制

证券群体性纠纷当事人不仅在地域上分散，相互之间也难以达成一致，要适用代表人诉讼存在客观的障碍。故在现阶段司法实践中，该类案件基本以若干单独诉讼、共同诉讼的组合出现。由于没有一种机制可以实现利益的合并，导致了诉讼资源重复浪费、纠纷解决效率低下等问题。在这一基础上，如果能从众多单独诉讼案件中挑选出具有示范性的案件先行审理，并将其结果作为其他同类事件的处理依据，用比较小的诉讼规模解决大规模群体性纠纷中共通性问题，扩大单独诉讼制度解决群体性纠纷的能力，进而可以降低诉讼成本。

一、示范判决机制的定位

示范判决机制是指在群体性案件中,法院通过有示范性个案的先行审理、先行判决,解决共通性的事实认定和法律适用问题,从而对其他同类案件及潜在案件发挥指导性作用的审判机制。

之所以要称为“示范判决机制”,而不沿用“示范诉讼制度”,是因为该机制虽然充分借鉴了两大法系各具特色的示范诉讼制度,但又与其不同,是基于我国现有的法律资源和实践经验总结出的审判机制。具体而言,示范判决机制的基础是单独诉讼、分批审理;核心是示范判决效力的扩张。前者是我国现阶段证券群体性案件在司法实践中的常态,后者是类推适用的《民诉法解释》第80条所明确的代表人诉讼判决效力的扩张。这一机制与德国《投资者示范诉讼法》所规定的“客观的中间性程序”及英美法系的示范诉讼均有不同。

首先,示范判决机制可归类为群体诉讼制度,因为其符合群体诉讼的基本要素。申言之,示范判决机制适用的领域是证券市场投资者因同一侵权行为而受到侵害,基于同一事实而共同产生的众多民事赔偿请求,即在纠纷中存在利益同一或同质的多数当事人。在示范判决机制中,法院挑选具有代表性的个案,作出的裁判在特定条件下能够直接适用于其他同类案件。此时,作为示范的个案当事人事实上代表了其他人进行诉讼,就共通性的事实或法律问题充分行使诉讼权利,争取有利裁判结果。其理论基础较接近于法定的诉讼担当,内含了“化多为少”的代表机制,对平行案件的当事人来说,符合权利实现的间接性。此外,在示范判决中关于共通性的事实认定和法律适用意见可在一定条件下扩张至平行案件,这是示范判决机制的落脚点,也是提高诉讼效率、避免矛盾裁判的必然要求。

其次,示范判决机制与代表人诉讼具有互补性,应被视为一种替代性群体诉讼制度,他们各有其优势和劣势。代表人诉讼作为我国立法专门设立的群体诉讼制度,本身具有优先适用的特殊地位,即对于起诉至法院的群体性案件,应当首先考虑适用代表人诉讼。这正是基于代表人诉讼本身具有的公正与效率优势,因为代表人诉讼是建立在当事人意愿之上的诉讼制度,只要当事人有选出特别授权的代表人的可能性,代表人诉讼就是最有效率的。但是,当群体性案件规模过大、分散且原告之间关于法律适用有不同意见的,代表人诉讼的适用就存在客观障碍。法院只能将不愿意推举代表人的当事人作为单独案件审理,形成单独诉讼,或者部分当事人委托同一律师代理的,将该部分当事人合并成一个共同诉讼。对于这样的单独诉讼、共同诉讼组合,且各案件本身存在不可分割的利益关系时,示范判决机制就可以作为代表人诉讼的补充,充分发挥群体诉讼制度的作用。

此外,由于有支持诉讼机构的介入,示范判决机制还带有一定公益诉讼的属性。但众多的当事人对于其诉讼请求能否被法院受理或对胜诉与否存在疑虑时,尝试性地以支持诉讼的方式率先提起诉讼,无疑是一种最经济、风险最小的方式。示范判决生效后,带有共通性的事实和法律结论就成为一种公共产品,众多的当事人可以从中获利,从而起到保护中小投资者合法利益的作用。如此,示范判决机制的效率优势才能得到最大限度的发挥。

二、示范判决机制的具体程序

证券示范判决机制,从程序上可以分为四个阶段:一是示范判决机制的启动;二是示范案件的选定;三是示范案件审理及判决;四是平行案件的分流。由于我国诉讼体例与大陆法系的德国较相近,具体程序多参照德国《投资者示范诉讼法》的相关规定。

(一)示范判决机制的启动

示范判决机制只是一种替代性的群体诉讼制度,但个案对共通性争点的决定对其他同类事件而言在具有超出个案的意义时才有适用余地。两大法系在示范诉讼的启动要件上存在不同的立法例。德国《投资者示范诉讼法》规定依当事人申请启动,当事人在申请中应指明事实与证据,阐明示范诉讼申请之决定对其他处于相同境况之法律争端来说,具有超出单一法律争议的意义;英国《民事诉讼规则》则将民事示范诉讼的启动权委诸法院行使。

首先,不应当否定当事人的程序选择权。民事诉讼以解决纷争为己任,程序设计以保障诉讼当事人的程序权利为宗旨。既然示范诉讼系为降低诉讼门槛、促进纠纷之划一解决和一次性解决而设,则其程序设计自然应符合民事诉讼之根本规律,以当事人进行主义为其基本要求。故允许经当事人申请而启动示范判决机制,是为赋予当事人程序选择权,其有权使用简便、快捷的程序或避免使用无实益的程序的权利。但当事人提出申请后,法院应当对申请是否符合示范判决机制启动要件进行审查。

其次,也应当允许法院依职权启动示范判决机制。一方面,是考虑到示范判决机制并非法定的群体诉讼制度,仍在实践摸索阶段,需要法院的程序引导。另一方面,则是考虑到申请并参与示范案件的审理需要耗费较多的时间与精力,当事人可能出于"搭便车"的目的怠于主动启动该机制,故应以法院依职权启动的方式予以补充。

(二)示范案件的选定

从德国《投资者示范诉讼法》的规定来看,其是将群体性诉讼中的共同事实或法律问题从个案中抽象出来形成一个新的"案件",再由上级法院从众多个案当事人中挑选出示范诉讼原告,从而可以在一种"两造诉讼"的框架内先行审理共通性问题。由于审理内容本身就限于经提炼、归纳后的共通性问题,并不限于个案,故须重新挑选原告来实施具体的诉讼行为。示范诉讼的申请人与示范诉讼原告在很大概率上并不是同一人。但从我国示范判决机制的设计来看,共通性问题的明确是通过代表性个案的先行审理来实现的。故重点在于对示范案件的挑选,其案件被挑选为示范案件的当事人自然成为示范判决程序的原被告。同时,为了提高程序效率,示范判决机制的启动可以与示范案件的选定结合起来。

申言之,示范判决程序的启动可以依任何一方当事人的申请或者由法院依职权启动。若由当事人提出申请的,其案件本身应符合示范案件选定条件,申请书中应阐明申请其案件的审理目标、相关证据情况及该案超出个案争议的意义所在。当事人提出申请后,法院应予以审查是否准许,审查标准包括:(1)是否已达到群体性案件认定标准,即同类案件(以单独诉讼计数)是否已超过10件;(2)是否符合示范判决机制的适用条件,即同类案件是否存在共通的法律争点、事实争点或者证据争点,以及个案对共通性争点的审理是否具有超出个案争议的意义;(3)案件选定方面,申请案件是否就上述共通争点具有代表性和申请、是否出于拖延诉讼的目的而提出。若当事人申请案件符合示范案件选定条件的,法院可以将其确定为示范案件并启动示范判决程序。法院经审查后,若认为当事人申请案件不符合示范案件选定条件,但确有启动示范判决机制之必要的,可以依职权在同类案件中另行选定示范案件并启动示范判决机制。此外,在示范案件的选择上,若单个案件无法全面反映共性问题的,法院也可将若干单独诉讼案件合并为普通共同诉讼形式的示范案件组合。示范案件的选定,将导致其他同类案件诉讼程序的中止。

为保障其他同类案件当事人的参与权,使示范判决机制发挥群体诉讼的功能,法院应将示范案件选定的结果、平行案件的范围、示范案件的审理目标、示范判决的效力以及当事人的参与权等事项及时书面告知申请人、示范案件及平行案件当事人和就示范案件所涉及同类纠纷后续起诉的当事人。或者,也可以考虑参考德国《投资者示范诉讼法》中电子公告的可能性。

(三)示范案件的审理及判决

示范案件的审理遵循审慎裁判的基本原则,并以解决共通性事实争点、法律争点或证据争点作为示范案件的审理目标。较之代表人诉讼,个案分别审理的方式虽然缺少人数众多这一基本要素,不具有群体诉讼所有的通过众多人数而形成的势能,但其在事实上也能起到群体诉讼的某些功能,关键在于要使示范案件的审理过程能够清楚地显示并使当事人意识到示范案件背后的群体利益。如果考虑到示范案件的影响力,原告方认真进行诉讼活动当然不言而喻,被告方必然会拼命进行抵抗。在此基础上如果能够进行充分的审判,引起社会各界的关注,意义显然是十分重大的。[①] 因此,应在庭审开始前对要解决的共通法律争点、事实争点及证据争点予以明确,如将虚假陈述行为是否成立、虚假陈述实施日和揭露日的认定、投资差额损失的计算方法、市场系统风险的认定等列为要在示范案件中解决的争点。在审理过程中,法官应合理运用释明权,引导当事人就共通争点展开充分辩论。由于示范判决关系重大,要特别注意避免共通争点的认定受到个案特殊性的影响,如虽然原、被告对某一争点达成一致意见,但该意见忽略了同类问题的群体性,可能会导致这一结果事实上无法适用于整个群体时,法官可以酌情公开与之不同的法律见解,使当事人有机会就新的意见展开辩论。

示范案件的诉讼程序应尤其注重信息公开。由于示范判决机制是基于单独诉讼,平行案件的当事人不是当然的诉讼主体。并且,为保证示范案件审理的效率,也不宜将所有平行案件当事人列为第三人。因为一旦允许平行案件的当事人介入

---

① 参见[日]小岛武司:《诉讼制度改革的法律与实证》,陈刚等译,法律出版社2001年版,第46页。

示范案件,诉讼的规模就可能会变得很庞大。这不仅不利于提高诉讼效率,而且也在很大程度上冲淡了示范诉讼以点及面的设计初衷。但示范案件的裁判结果关系到群体利益,也关系到后续案件当事人具体的程序选择。如通过了解示范案件的审理过程,平行案件当事人认为示范案件原告已经用尽其所知道的攻击或抗辩事由的,可能会选择直接援引示范判决的结果;如果其认为其掌握有示范案件原告所不知道的,但足以影响共通争点认定的新证据,则可能会选择继续诉讼。因此,应通过示范案件庭审的信息公开,使包括平行案件当事人、潜在的当事人在内的群体成员都可以充分了解示范案件所使用的证据、事实调查及辩论过程。

最后,示范案件裁判文书应当围绕示范案件的审理目标充分展开论述,分析共通的证据,认定共通的事实,阐明共通的法律适用观点。其中,认定事实的证据应确实充分,认定的共通性事实不得是在事实真伪不明,依照举证责任分配规则作出的事实认定。当事人若对判决结果不服的,可以依法提起上诉。在示范判决发生法律效力后,应将判决结果及时告知平行案件当事人。

此外,参照德国《投资者示范诉讼法》的规定,如果在平行案件审理过程中,发生原告撤诉、与被告达成调解的或者原告死亡、丧失诉讼能力的情形时,法院应可以重新选定示范案件。原因在于,调解体现了当事人对自身权利的处分,是建立在自愿基础上的一种行为,并不意味着调解书与法院依据事实和法律作出的判决书在实体内容上完全一致,即该案件的裁判结果并不能达到示范判决机制所欲实现的目的,原告撤诉或丧失诉讼资格的情形也是同理。因此,若有继续适用示范判决机制之必要的,应另行选定示范案件。

(四)平行案件的分流

示范判决机制基于单独诉讼的模式适用,故存在后续单独诉讼案件的分流问题。首先,类推适用《民诉法解释》第 80 条关于代表人诉讼判决扩张的原理,示范判决关于共通性争点的认定可以扩张至平行案件,但同时应当赋予平行案件当事人异议权。一方面,如果双方当事人都对援引示范判决结果无异议的,法院可以根据原告的主张和援引的事实与法律适用意见分别作出裁判,不再对共通性事实认定和法律适用进行审理;另一方面,因为平行案件的当事人没有直接参与示范案件程序,如果硬要其受示范案件裁判结果的拘束(尤其是不利拘束),显然有悖于程序公正的基本法理。故当其不同意示范判决结果并且希望通过后续诉讼提出救济的,允许他们提出异议应有必要。同时,为了避免对异议权的滥用,可参照德国《投资者示范诉讼法》的规定设定异议提起的条件,如只有当平行案件的当事人就共通争点提出足以影响案件结果的新证据时,该异议才应当被法院听取,且当该异议成立时示范判决的效力不发生扩张。为进一步提高诉讼效率,若后续需作出判决的案件较多,法院可以根据具体情况将其合并为若干组共同诉讼,在判决书中只需要将当事人的名单列出,对案件涉及的共同事实问题和法律问题进行综合性的说明,并将分别核算的结果作为判决书的附件即可。

其次,为当事人提供明确的诉讼预期、引导其达成和解或调解是示范判决机制的重要价值之一。示范判决生效后,法院或专业调解机构可以示范判决为基础进行调解。对诉讼程序被中止的案件,若当事人达成和解或调解的,法院不再开庭,由当事人和解撤诉或者由法院出具调解书。对示范判决生效时还未起诉的投资者,如果其与被告和解不再考虑起诉,或通过法院的委派调解机制达成调解的,应由法院对调解协议予以司法确认。

三、示范判决机制的可行性

从我国现阶段司法实践和投资者维权现状出发,建立证券纠纷示范判决机制极具现实意义,且该机制与我国现行法律规定并无冲突,可行性较高。下文以虚假陈述民事赔偿案件为例逐一说明。

(一)诉讼方式符合司法实践

证券侵权民事赔偿诉讼的特点在于,违法行为具有单一性、争点较为集中,但各个投资者的具体诉讼请求、法律适用意见又不同,相互之间利益的不一致。示范判决机制的诉讼方式以单独诉讼和若干普通共同诉讼的组合为主,这与现阶段虚假陈述民事赔偿案件的司法实践相符,也与该类案件的特点相符,即争议焦点相对一致、侵权行为容易认定、当事人之间存在利益冲突。其中,个性问题是法院得以拆分群体诉讼为单独诉讼的基础,而共通性问题则是得以简化程序、提高诉讼效率的契机和空间。

首先,从各地法院审理的虚假陈述民事赔偿案件的裁判文书来看,该类案件争议焦点相对一致,基本集中于是否构成证券虚假陈述行为、因果关系的认定、虚假陈述揭露日的认定、投资差额损失的计算方法及市场系统风险的认定上。就同一被告的案件而言,由于侵权行为相同,个案审理中除具体赔偿金额因各投资者交易数据不同之外,在案件其他事实认定和法律适用上则基本相同,裁判文书多是直接复制首例判决。这是使用示范判决机制的基础,即在个案中就可以解决所有的共通性问题。若情况复杂,也可以通过若干个案组成示范案件组合,以明确所有的共通性问题。

其次,从侵权行为来看,《若干规定》对于证券虚假陈述民事赔偿诉讼设置了"前置程序",即原告提起民事诉讼,须提交"有关机关的行政处罚决定或者人民法院的刑事裁判文书"。在实践中,大部分投资者都是以证监会等行政监管部门的行政处罚决定书为依据提起诉讼,即符合《若干规定》中所规定的前置程序要求,该比例为92%。虽然自2015年4月立案登记制实施后,证券虚假陈述民事赔偿案件的受理不再以行政处罚和刑事判决为条件,但在实践中尚未发现未经行政处罚或刑事判决法院径行、主动认定上市公司成立证券虚假陈述行为的案例。并且,《若干规定》作为现行有效的司法解释,在未被正式修改前,取消前置程序的法律依据尚不充分。因此,法院在审理中可以直接采信有关行政程序或刑事程序中关于信息披露不真实、信息重大性等的认定。故在该类案件中,关于虚假陈述行为的认定相对简单,但关于虚假陈述行为与购买决定之间的因果关系的确认却很困难。由于每个投资者的交易情况并不相同,因果关系的认定只能在单独诉讼中分别进行。因此,相比移植德国《投资者示范诉讼》中将共通性问题提炼出来先行审理而言,以单独诉讼的方式分批审理更契合该类案件的现实需要。

最后,该类案件之所以要以单独诉讼的方式受理,与各原告都要求自身利益的最大化,进而导致当事人之间利益不一致有关。按照传统侵权法理论,原告起诉要求被告承担损害赔偿责任时,要求证明存在侵权行为、损害事实及两者之间的因果关系。关于侵权行为,由于一般有行政处罚或刑事判决等"前置程序"的存在,双方当事人并无较大争议。但关于因果关系,特别是对系统性风险的认定,由于《若干规定》并没有作出明确解释,也没有对如何认定系统风险的程度进一步作出规定,在实践中司法自由裁量权较大,双方当事人争议的空间也较大。再如损害事实的认定,在实践中适法不统一的现象也较为突出,增加了案件判决的不确定性。如关于买入均价的计算,各地法院案例中就有算术法、冲抵法、加权法等各种不同的计算方法。大多数投资者进行股票交易往往很复杂,会随着股价的波动多次买入、卖出,在此情况下,不同的计算方法就会得出不同的损失金额。因此,从谋求利益最大化的角度出发,各投资者都会在诉讼前按照自己的交易情况,去寻找各地法院对自己最有利的判例来计算自己的索赔金额,故导致各原告之间存在利益冲突。

综上所述,尽管当事人的诉讼标的是同一类的,但是每个当事人实际的权利主张和诉讼标的额通常却是不同的,强行要求各当事人统一意见未免强人所难。在被告偿付能力的总量一定的情况下,各当事人之间存在利益冲突更是不可避免的。因此,允许当事人单独诉讼,虽然会在一定程度上增加法院的工作量,但从诉讼公正和程序保障的角度,却是必需的。事实上,示范判决也正是建立在单独诉讼的基础上。有学者分析了单独诉讼在权利保障方面的功能,认为分别审理和判决更符合传统民事诉讼的功能和价值取向。(1)可以保证每一主体在诉讼程序中都有请求作出正当裁判的权利,并获得同样的程序保障。这样有利于避免因一方人数众多造成的强势对法院和社会带来的压力,更符合公平原则。(2)当事人本人的参与程度更高,代理人直接对当事人负责,在审理过程中可以总结沟通,有利于当事人自主地对自己诉讼中的实体权利和诉讼权利作出相应的处分,法院可以针对每一个当事人的具体诉求进行具体的判断。(3)判决是针对个案作出的,赔偿数目等一目了然,而且在裁判作出后无须考虑赔偿额的分配问题。(4)案件处理的个别性所导致错误的风险和成本相对较低,可以通过个别救济解决。[①] 此外,在后续案件的处理中,如果部分当事人能够达成一致意见,也可以将若干单独诉讼合并成一个普通共同诉讼,以进一步提高诉讼效率。如《若干规定》中规定,“多个原告因同一虚假陈述实施对相同被告同时提起两个诉讼的,人民法院可以将其合并为一个共同诉讼”。那么,对能够合并的单独诉讼予以合并,甚至可以在其中选出代表人参加诉讼,成为若干人数确定的、小规模的代表人诉讼,即普通共同诉讼和单独诉讼的组合,也是具有可行性的。

(二)诉讼原理与法律规定并无冲突

示范判决机制所欲达到的目的是减少对群体性案件中共通性事实、法律问题的重复审理,并为后续同类纠纷提供准确的诉讼预期。因此,这种机制的内容要包

---

① 参见范愉编著:《集团诉讼问题研究》,北京大学出版社2005年版,第333~334页。

括:(1)仅就群体性案件中有代表性的一部分先行审理,同时中止其他诉讼;(2)在这个先开展的诉讼程序中,要澄清对于所有同类事件都重要的问题;(3)在保障平行诉讼当事人诉讼权利的情况下,扩张判决的效力,简化后续程序。

事实上,在用好、用足现行法律资源的情况下,通过单独诉讼、合并审理及与非诉解决机制的灵活组合,并借鉴代表人诉讼中既判力的间接扩张理论,完全可以在现行法律框架内实现示范判决机制的目的。具体而言,在不考虑审限的情况下,个案的分批审理不存在法律上的障碍:进入诉讼程序的案件,即发生诉讼时效中断的效果。另外,只要原告的交易记录能够覆盖所有可能的时间点,即在实施日前有股票余额、实施日至揭露日之间有股票的买入和卖出、揭露日后一直持有股票等情况,能够覆盖《若干规定》确定的投资者损失计算的全部区间的,则在该案中关于虚假陈述行为成立、实施日和揭露日的认定、损失计算方法的确定等问题对其他平行案件都有具有普遍的示范意义。再者,理论上可以通过类推适用《民诉法解释》第80条关于代表人诉讼判决效力扩张的规定,实现示范判决关于共通性问题效力的扩张,在后续案件中只审查原告是否满足索赔区间及具体损失金额的计算问题。因此,示范判决机制的内容在诉讼原理上与现行法律规定并无冲突。

第二节 证券支持诉讼

一、证券支持诉讼的必要性

支持诉讼是证券纠纷示范判决机制中不可或缺的一部分,有利于保障弱势群体当事人的诉讼权利平等。具体而言,一方面可在示范案件中保障双方当事人诉讼能力的均衡;另一方面可在后续同类事件中保障各投资者之间的诉讼公平。

首先,在示范案件中由专门机构支持原告诉讼是有必要的。由于我国证券市场的投资者以散户居多,相对于证券公司、上市公司而言,投资者多处于经济资源上的弱势地位。当其权益受损时,因信息不足、能力有限、举证困难、诉讼成本过高等因素而放弃救济是常态。若实施示范判决机制,对示范案件原告而言,为就诉讼的共通事实和法律问题争取对全体投资者有利的判决,必然在一定程度上增加了其负担,也对其诉讼能力提出了更高的要求。因此,有必要通过支持诉讼的方式,使示范案件原告在诉讼人力、财力、物力等综合能力上得到大幅提升,使之在共通争点的论争中真正实现与被告的平等对话,这会对鼓励中小投资者通过诉讼来维权起到非常好的促进效果,进而维护证券市场的良好秩序。

其次,在后续同类事件中为中小投资者提供支持诉讼也是有必要的,这主要体现在证据支持上。事实上,证券侵权纠纷的受害者往往不止一人,且所受损害都基于相同的原因事实,有些投资者已起诉到法院、有些投资者还对案件情况一无所知。如果受损害的投资者中有大部分都没有得到救济,会纵容侵权行为人逍遥法外。故有必要在示范判决生效后,由支持诉讼人协助投资者依照示范判决的内容搜集、整理证据,包括调取账户信息、交易记录并计算索赔金额等,降低维权成本,建立快速索赔渠道。

最后,对法院来说,支持诉讼人介入诉讼,也为示范判决机制的顺利进行提供了便利。由于示范判决程序的启动以及示范案件的选定需在法院查明、辨析多数当事人之间的共性事项和个性事项的基础上进行,对诉讼资料的整理工作要求较高。若有支持诉讼人在协调投资者之间关系,发掘案件的共性和整理争点的基础上,支持投资者起诉并提出示范案件选定申请的,法院可以在符合示范案件选定条件的前提下优先选定该支持诉讼案件为示范案件。此外,在示范判决生效后,通过支持诉讼人对后续投资者证据的初步审查,可以筛查掉一部分没有胜诉可能的投资者,有利于进一步降低诉讼规模;通过对投资者索赔金额的计算,可以将法官从大量程式化的计算工作中解脱出来,实现司法资源的有效利用。

二、证券支持诉讼的方式

我国有关支持诉讼的现行立法只有《民事诉讼法》第15条,“机关、社会团体、企业事业单位对损害国家、集体或者个人民事权益的行为,可以支持受损害的单位或者个人向人民法院起诉”。该规定并未明确可提起支持诉讼机构的范围,也没有规定支持诉讼的具体方式,导致在具体适用时存在很多困惑。特别是在提起支持诉讼的资格、支持诉讼人的诉讼地位等问题上,存在较大争议。

首先,关于支持诉讼的资格。有权支持诉讼的,应限于合法登记的、对受害者负有保护责任的机关、团体、企事业单位，公民个人不能作为支持诉讼的主体。[①] 对于名义上开展公益活动但法律身份属于营利性公司的民间社团，如较难分辨其公益性质的，也不宜被纳入可以提起支持诉讼的团体范围。在证券群体性纠纷领域，投服中心作为对中小投资者负有保护责任的证券金融类公益机构，与案件没有直接利害关系，符合上述法律规定。

其次，关于支持诉讼的诉讼地位。应明确的是，支持诉讼虽可以通过选派有专业知识的人作为原告诉讼代理人等方式进行，但支持诉讼本身不是代理起诉，所以支持诉讼人不等同于诉讼代理人。从支持诉讼的长远发展来看，可以借鉴美国"法院之友"(amicus curiae)制度的经验。该制度是指，案件当事人以外的人在案件审理过程中主动地或经当事人邀请，向法院或其他裁判机构提交与案件有关的事实或法律意见，利益集团支持当事人参加诉讼是其中一种类型。[②] 参照这一制度，对支持诉讼人而言，其可以就案件的处理发表书面的意见，各方当事人可以对之进行辩论。

综上，对于证券支持诉讼的方式，宜明确为以下几项。

1. 出席庭审发表支持诉讼意见。支持诉讼人可以在起诉时向法院递交《支持起诉意见书》，也可以根据庭审情况，在法庭辩论终结时发表支持诉讼意见供法庭参考。其他当事人就支持诉讼意见可以发表自己的观点。这一方式主要是在示范案件审理过程中，因为示范判决对证券群体性纠纷的走向起决定性作用，有必要由投服中心从专业角度提出支持诉讼意见，增加示范判决的权威性。

2. 调查取证。支持诉讼人可以自己名义调查取证。法院对该类证据在庭审时应当提交各方当事人进行质证，经质证确认的可以作为定案的依据。具体而言，投服中心可从中登公司获取账户信息、从沪深交易所获取交易数据，在依照示范判决所确定的索赔区间、计算方法等基础上计算投资者的索赔金额并提供相应证据，法院分批次组织被告质证后予以认定。这一方式主要适用于平行案件的审理过程。因为每个当事人的权利主张和实际标的额通常是不同的，在平行案件中当事人可以直接援引示范判决，平行案件的审理过程往往只是一个核实、计算的"对账"过

① 参见潘申明：《比较法视野下的民事公益诉讼》，法律出版社2011年版，第249页。

② 参见叶青、王晓华：《论法院之友制度及其在我国的移植障碍》，载《现代法学》2008年第2期。

程。在已明确交易主体、交易期间以及对应的统计、分析或者计算方法等内容交由投服中心完成,在此基础上可进一步节省法院的审理成本。另外,如果投服中心可以在法律上确认为鉴定机构,可以鉴定程序的方式确定平行案件的投资损失;可以上述支持诉讼的方式协助当事人按示范判决所确定的计算方法提出权利主张及相应证据。

此外,支持诉讼还可以通过从物质上、法律上给予帮助以及选派有法律知识的人作为原告诉讼代理人等方式进行。

第三节 其他辅助机制

一、诉调对接机制

为促进证券群体性纠纷的多元化解,法院应结合案件的具体情况,在尊重当事人程序选择权的前提下,实现诉讼机制与非诉解决机制的灵活转换,包括完善委派、委托调解机制、构建司法确认绿色通道等。

具体而言,在登记立案之前,如果当事人同意接受调解,法院可将案件委派给专门调解机构,依照示范判决的内容进行诉前调解。如果当事人达成调解,可以申请法院对调解协议进行司法确认。若在规定的调解期限内不能达成调解,当事人坚持诉讼的,则立案进入审判程序。对已进入诉讼程序的案件,法院也可根据案件的具体情况,在征求当事人意见后委托给专门调解机构,依照示范判决的内容进行调解。如果达成调解的,当事人可以选择撤诉或由法院出具民事调解书结案;如果调解不成,则继续审理。

综上,通过调解前置、调解与诉讼的灵活转换,一方面有利于彻底地、迅速地解决纠纷,另一方面可大大节省司法资源和当事人讼累。

二、费用激励机制

就理论上而言,示范判决可提供明确的诉讼预期,有助于未参加诉讼的多数利害关系人经由示范判决而预知自己的权利和义务,从而促使其余或部分纠纷在法院外得以解决。但是在实践中,可能会出现原告和被告都宁愿继续诉讼的情况。申言之,在示范判决原告胜诉的情况下,被告不愿意调解的原因很简单。因为如果所有案件都按照对原告有利的诉讼判决达成调解,被告的损失太大,通过众多的单独诉讼至少可以拖延赔偿的时间。在示范判决中原告败诉的情况下,平行案件原告也可能会继续诉讼以求获得有利的判决。虽然当事人对示范判决的异议只能在一定情况下被法庭听取,但若当事人没有达成调解的动力,也会大大降低示范判决机制的作用。因此,有必要建立经济激励机制,以推动平行案件当事人达成调解。

具体而言,从积极方面来说,若当事人达成调解的,法院可以依法减免部分诉讼费用;从消极方面来说,若当事人拒绝接受依照示范判决提出的调解方案,且在后续诉讼程序中不能获得更有利的判决结果的,对方当事人要求其赔偿由此导致后续诉讼程序中增加的交通、住宿、就餐、误工、证人出庭作证等必要费用的,法院可予支持。

结 语

为妥善审理证券群体性案件,应当建立一套规范而详细的示范判决机制。这种机制的立法体例,从长远来看,应当在民事诉讼法和证券法中固定下来,作为和代表人诉讼并列的诉讼形式。但是,由于我国长期以来只有代表人诉讼,且实践中还存在诸多问题,所以可以预见,以单独诉讼、共同诉讼和示范判决机制灵活组合的群体诉讼解决机制还是一个比较遥远的目标,特别是示范判决机制,需要在实践中不断摸索经验。

因此,在短期内,可以结合我国现有的关于群体诉讼规则的若干司法解释,结合实践经验,尽快规定示范判决规则开始试点。这一立法与实践并没有多大冲突,在某种意义上只是对当前行之有效的做法的明晰和规范,立法压力不大。下一步则是通过实践经验的积累,最终形成比较成熟的、具有可操作性的民事诉讼法条文。

参考文献

一、论　文

1. 庄淑珍、董天夫:《我国代表人诉讼制度与美国集团诉讼制度的比较研究》,载《法商研究》(中南政法学院学报)1996年第2期。

2. 夏蔚:《代表人诉讼若干问题研究》,载《政法学刊》1997年第4期。

3. 刘学在:《代表人诉讼之裁判效力扩张的几个程序问题》,载《法学》1999年第2期。

4. 肖建华:《群体诉讼与我国代表人诉讼的比较研究》,载《比较法研究》1999年第2期。

5. 李龙:《论民事判决的既判力》,载《法律科学》(西北政法学院学报)1999年第4期。

6. 沈冠伶:《示范诉讼契约之研究》,载《台大法学论丛》2004年第6期。

7. [德]布里吉特·居普里斯:《程序法视野下的消费者权益保护——德国团体诉讼的成功经验和集体权利实现的未来》,载《中德法学论坛》(第7辑),南京大学出版社2009年版。

8. 吴英姿:《判决效力相对性及其对外效力》,载《学海》2000年第4期。

9. 肖建华:《论判决效力主观范围的扩张》,载《比较法研究》2002年第1期。

10. 肖建华:《诉权与实体权利主体相分离的类型化分析》,载《法学评论》2002年第1期。

11. 杨峰:《美国集团诉讼及其对完善我国证券侵权群体诉讼制度的借鉴意义》,载《福建政法管理干部学院学报》2002年第4期。

12. 宋崇玉、王燕:《论虚假陈述民事案件的诉讼方式》,载《现代法学》2003 年第 1 期。

13. 翁晓斌:《论既判力及执行力向第三人的扩张》,载《浙江社会科学》2003 年第 3 期。

14. 钟志勇:《证券民事侵权诉讼前置程序与共同诉讼》,载《法律科学》(西北政法学院学报)2003 年第 6 期。

15. 梁卫军:《美国的集团诉讼及其我国证券民事案件的借鉴意义》,载《学术论坛》2004 年第 2 期。

16. 张泽涛、陈斌:《法学家论证意见书及其规范——美国"法院之友"制度的启示》,载《法商研究》2004 年第 4 期。

17. 潘剑锋、陈福勇:《论证券民事侵权赔偿案件的诉讼方式》,载《政法论坛》2004 年第 3 期。

18. 章武生、杨严炎:《我国群体诉讼的立法与司法实践》,载《法学研究》2007 年第 2 期。

19. 章武生:《论群体性纠纷的解决机制——美国集团诉讼的分析和借鉴》,载《中国法学》2007 年第 3 期。

20. 杨严炎:《示范诉讼的分析与借鉴》,载《法学》2007 年第 3 期。

21. 章武生、杨严炎:《群体诉讼的价值与功能》,载《法学评论》2007 年第 5 期。

22. 杨瑞:《示范诉讼制度探析——兼论我国代表人诉讼制度之完善》,载《现代法学》2007 年第 5 期。

23. 杨峰:《德国团体诉讼对完善我国证券侵权诉讼制度的借鉴》,载《求索》2007 年第 12 期。

24. 章武生、张大海:《论德国〈投资者典型诉讼法〉》,载《环球法律评论》2008 年第 3 期。

25. 叶青、王晓华:《论法院之友制度及其在我国的移植障碍》,载《现代法学》2008 年第 2 期。

26. 汤维建:《论团体诉讼的制度理性》,载《法学家》2008 年第 5 期。

27. 吴泽勇:《群体性纠纷的构成与法院司法政策的选择》,载《法律科学》(西北政法大学学报)2008 年第 5 期。

28. 齐树洁、徐雁:《群体诉讼的困境与出路:示范诉讼制度的建构》,载《中州学刊》2009 年第 1 期。

29. 单丽雪:《群体性纠纷非诉讼解决机制探析》,载《渤海大学学报》(哲学社会科学版)2009 年第 1 期。

30. 吴英姿:《代表人诉讼制度设计缺陷》,载《法学家》2009 年第 2 期。

31. 曾艳:《我国证券集团诉讼制度的构建》,载《天津大学学报》(社会科学版)2009 年第 2 期。

32. 肖建国、黄忠顺:《任意诉讼担当的类型化分析》,载《北京科技大学学报》(社会科学版)2009 年第 1 期。

33. 刘毅、张谷:《示范诉讼及其在我国审判实践中的运用》,载《人民司法》2009 年第 11 期。

34. 吴泽勇:《〈投资者示范诉讼法〉:一个群体性法律保护的完美方案?》,载《中国法学》2010 年第 1 期。

35. 陈立峰:《美国早期中立评估制度之评介——兼与我国民事审前程序的比较》,载《浙江树人大学学报》(人文社会科学版)2010 年第 2 期。

36. 吴泽勇:《群体性纠纷解决机制的建构原理》,载《法学家》2010 年第 5 期。

37. 杨严炎:《我国群体性纠纷和群体诉讼产生的原因及对策研究》,载《河南大学学报》(社会科学版)2010 年第 6 期。

38. 周学峰:《证券集团诉讼的滥用与制约》,载《西部法学评论》2011 年第 2 期。

39. 李德恩:《群体性纠纷多元解决机制中的司法能动问题》,载《上海交通大学学报》(哲学社会科学版)2011 年第 4 期。

40. 周晨:《浅析美国早期中立评估机制(ENE)在中国诉前调解中的构建》,载《法制与社会》2011 年第 25 期。

41. 肖建华、陈迎宾、宋芳:《论我国证券欺诈代表人诉讼制度的完善》,载《天津法学》2012 年第 3 期。

42. 吴光明:《证券团体诉讼诉讼文化之探讨——美国与我国台湾地区比较法角度之观察》,载《交大法学》2014 年第 3 期。

43. 江和平、黄琪:《民商事纠纷中立评估机制的中国发展之路》,载《法律适用》

2015年第7期。

44. 段宇衡、彭雨晨、段吉福:《大陆与台湾地区投资人保护机制对比的研究》,载《成都工业学院学报》2015年第3期。

二、专著(按出版时间排列)

1. 汤维建:《美国民事司法制度与民事诉讼程序》,中国法制出版社2001年版。

2. 肖建华:《民事诉讼当事人研究》,中国政法大学出版社2002年版。

3. 章武生主编:《民事诉讼法新论》,法律出版社2002年版。

4. 何兵:《现代社会的纠纷解决》,法律出版社2003年版。

5. 范愉编著:《集团诉讼问题研究》,北京大学出版社2005年版。

6. 李响、陆文婷:《美国集团诉讼制度与文化》,武汉大学出版社2005年版。

7. 张艳蕊:《民事公益诉讼制度研究——兼论民事诉讼机能的扩大》,北京大学出版社2007年版。

8. 沈冠伶:《诉讼权保障与裁判外纷争处理》,北京大学出版社2008年版。

9. 汤维建等:《群体性纠纷诉讼解决机制论》,北京大学出版社2008年版。

10. 章武生等:《外国群体诉讼理论与案例评析》,法律出版社2009年版。

11. 薛永慧:《群体纠纷与群体诉讼研究》,知识产权出版社2009年版。

12. 杨严炎:《群体诉讼研究》,法律出版社2010年版。

13. 李卓:《公益诉讼与社会公正》,法律出版社2010年版。

14. 张嘉军:《民事诉讼契约研究》,法律出版社2010年版。

15. 潘申明:《比较法视野下的民事公益诉讼》,法律出版社2011年版。

16. 李国光主编:《最高人民法院关于审理证券市场虚假陈述案件司法解释的理解与适用》,人民法院出版社2015年版。

图书在版编目(CIP)数据

支持诉讼维权案例评析. 2018年 / 郭文英, 徐明主编. -- 北京 : 法律出版社, 2018
ISBN 978-7-5197-2650-8

Ⅰ. ①支… Ⅱ. ①郭… ②徐… Ⅲ. ①诉讼法-案例-中国 Ⅳ. ①D925.05

中国版本图书馆CIP数据核字(2018)第203866号

支持诉讼维权案例评析(2018年)
ZHICHI SUSONG WEIQUAN ANLI PINGXI(2018 NIAN)

郭文英 徐 明 主编

策划编辑 陈 妮
责任编辑 陈 妮
装帧设计 李 瞻

出版 法律出版社
总发行 中国法律图书有限公司
经销 新华书店
印刷 固安华明印业有限公司
责任校对 李景美
责任印制 吕亚莉

编辑统筹 财经法治出版分社
开本 787毫米×1092毫米 1/16
印张 16.25
字数 280千
版本 2018年9月第1版
印次 2018年9月第1次印刷

法律出版社/北京市丰台区莲花池西里7号(100073)
网址/www.lawpress.com.cn
投稿邮箱/info@lawpress.com.cn
举报维权邮箱/jbwq@lawpress.com.cn
销售热线/010-63939792
咨询电话/010-63939796

中国法律图书有限公司/北京市丰台区莲花池西里7号(100073)
全国各地中法图分、子公司销售电话:
统一销售客服/400-660-6393
第一法律书店/010-63939781/9782 西安分公司/029-85330678 重庆分公司/023-67453036
上海分公司/021-62071639/1636 深圳分公司/0755-83072995

书号:ISBN 978-7-5197-2650-8 **定价**:73.00元